國立中央圖書館出版品預行編目資料

古玉簡史／邱福海著. --初版. --臺北市：淑馨，
民 82-86
　　冊；　公分
　　ISBN 957－531－305－4（第一冊：平裝）. --
ISBN 957－531－340－2（第二冊：平裝）.
--ISBN 957－531－389－5（第三冊：平裝）.
--ISBN 957－531－537－5（第四冊：平裝）

　　1. 玉

794.4　　　　　　　　　　　　　　82004194

古玉簡史 ④ 《明・清及翡翠篇》

作　　者◇邱福海
發 行 人◇陸又雄
編　　輯◇尤淑芬
美術編輯◇張瑜娟
出 版 者◇淑馨出版社
地　　址◇台北市安和路二段 65 號 2 樓（日光大廈）
電　　話◇7039867・7006285・7080290
郵政劃撥◇0534577～5 淑馨出版社
印　　刷◇六景彩印實業有限公司
電腦排版◇健弘電腦排版股份有限公司
法律顧問◇蕭雄淋律師
登 記 證◇新聞局局版台業字第 2613 號
版　　次◇1997 年（民國 86 年）1 月初版
　　　　　1997 年（民國 86 年）1 月一刷
定　　價◇380 元

ISBN 957-531-537-5(第四冊：平裝)

◇【版權頁】

❖目　錄❖

凡◈例

一、本書為「古玉簡史」一套四冊中，第四冊「明、清」兩朝。

二、本書仍援前例，以獨立的編、章、節作劃分。

三、「翡翠」進入我國的時代甚早，確實年代，目前已不可考。初
　　不受重視，近代則身價日高。唯均以首飾、裝飾為主，未能融
　　合於我國傳統玉器文化中，故本書僅以附編列入。

四、文史學科中，有「現代史」一節，但與玉器文化所涉不多，故
　　筆者不列。

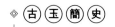

緒◈論

　　元朝立國時間甚短，但靠其剽悍之戰士，與飄忽的馬隊，在爭戰中，所向披靡，建立了人類有史以來，疆域最廣闊的帝國；目前，許多西方史學家，對這一階段，屠戮極慘的民族攻伐，稱之為「黃禍」，仍戰慄不已；其實，這一階段，也正是藉著戰爭，東、西方文化得以迅速交流的黃金時代，對人類的文明發展，仍有其重要的貢獻。

　　而明朝的藝術文化與手工藝，卻是承襲元朝而來，像洪武開國之初，就是審定元時的舊匠籍，以確定匠人的身份，即足證明。

　　但是，朱元璋有意的誅戮全部開國功臣，與明成祖「靖難」之後的瓜蔓誅連惠帝舊臣，甚至明英宗「南宮復辟」後，盡毀景泰階段文物，與誅沒景帝舊臣……等，一連串屠戮大臣的凶殘手段，使歷代的明朝皇帝，與前朝相比，都缺乏世家、大臣與賢相的輔佐，再加上朱氏血胤的不正常，怠惰、疏懶的皇帝特別多，使朝政長期落在奸臣與權閹手中，不但忠義、賢良之士，多遭荼毒，使生民再受塗炭，也更扭曲了我國傳統，以玉器「比德」的玉器文化，像明朝官制，只有一品官員，才能佩飾玉帶，而在被查抄籍沒的權閹、奸臣宅中，動輒查出數千條之譜，甚至代表爵位的玉印、玉冊，也常從無德無行的方士與僧徒手中抄出，尤有甚者，這許許多多權閹、貪官、汙吏的宅邸中，竟多有私人的「玉器庫」，其中所藏，不但有玉帶、玉盤、玉杯、玉屏……等，各類裝飾器、服御器、擺飾器，更有許多令人匪夷所思的奢侈器，像玉痰盂、玉尿壺、玉唾壺……等；也就是在這一段，我國吏治最敗壞的時期，使我國形而上的玉德觀念，逐漸蕩然，而玉雕工藝，也逐漸走向堆砌、浮華，我們觀察明朝中後期，玉帶銙上減地數層的透鏤方式，可以作為這一

階段，玉器文化走向頹喪的代表。（如圖一A）

　　此外，自隋時，大運河的開通，繼而南宋的經營，使我國南方的發展，已經優於北方，而人文薈萃的蘇州，在明時，已是我國雕玉、琢玉的中心，「良玉雖集京師，工巧則推蘇郡」，正是最好的寫照，再加上以蘇州為中心的山林江湖隱逸，像陳白陽、唐伯虎……等書畫大家，為玉工提供圖譜，使玉雕與我國的傳統書畫，完全結合在一齊，繼而，在當地產出了一位，我國玉雕史上，不世出的奇才陸子剛，他選用極精純，出自西洋的優良解玉砂──寶砂，

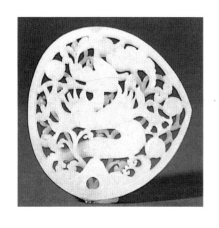

（圖一A）明朝中後期，為我國有史以來，吏治最敗壞的一個階段，不但奸臣當道，權閹亂政，甚至帝皇，也曾奢侈、怠惰到數十年不上朝。在這種君、臣均不知「比德于玉」的大環境下，減地數層，穿插鏤雕的一些浮靡刀工，卻成為玉雕工藝的主流。

精工細琢，製作出來的玉器，不見毛腳、刀痕，也不見滑刀、走刃，曲線柔合，圓潤如意，直似不食人間煙火，這種近乎鬼工的玉雕藝術品，在當時腐敗貪婪的官場上，頓時成為新寵，根據可靠的地方志書記載，陸子剛所琢的白玉水仙簪，一支即價值數十金之譜，而陸子剛為對自己的作品負責，在每件完成的玉雕上，都署上自己的名款。也因為陸子剛的玉雕，太有名、太值錢了，蘇州專諸巷的玉工，開始傚效，繼而模仿的風氣，流傳大江南北，竟然形成一股風潮，也因為這種精蕪雜陳、魚目混珠的仿造風氣，竟然使傳世的諸多子剛玉器，迄今仍無法主觀的分別出真偽！

　　另在實用科學方面，明朝後期，出世了宋應星其人，著有天工開物一書，自「乃粒」以至「珠玉」，共十八卷，詳細的闡述了，

我國明朝各類實用科學的發展，對玉材的產出、販運、雕琢、偽仿……，也都有精練的描述，其中，雖有少部份，因為傳言而形成錯誤的認知，但大體言，仍是瑕不掩瑜，尤其宋應星，把生民日日所需的糧食，列為天工開物第一卷，而以貴族、豪富、享樂階層，所佩飾、把玩、收藏的珠玉，列為全書最後一卷，並明言，是「重糧食輕珠玉」，確已深得我國玉器文化的真諦！

　　此外，在明朝階段，影響我國民生最大的，就是蕃薯與玉米兩種糧食傳入我國。這兩種產量極大，可在山地、旱田種植，且一種有葉被覆，一種深藏土內，對我國傳統的米麥糧食，易遭水、旱、蝗災的缺點，完全不同，故而我國有了以玉謳歌的糧食——玉米（又名玉蜀黍）。但是，明朝的統治階層，太過腐朽，搜刮民間，直似刮骨吸髓，致使飢民蠢起，肇使本身並無政治能力的李自成，得以攻破北京，竊位自娛；明史曾稱：明非亡於清，而係亡於李闖。依史言，確是如此，但實質上，明朝卻是亡於風起雲湧的千百萬飢民，筆者所紋：「得米如玉，卻仍亡國」，正是其來有自，但也因為李闖與清朝，兩次的大規模軍事行動，席捲全國，致使明朝一些豪奢的陳列器，甚至子剛玉器，也都因為兵荒馬亂，形成大量的散失，甚或真假莫辨！

　　清朝係由滿洲貴族建國，雖然滿洲長期處仄關外，但卻是我國一支極悠久的塞外民族，自周初時，貢弓矢，至唐時的渤海國，宋時的金朝，都曾長時期接觸中原文化，對我國玉器文化，也有深入的瞭解，及至努爾哈赤與皇太極在關外建立政權，初僅以劃地建國為志，及至皇太極（天聰皇帝）九年，自征伐察哈爾的林井汗處，獲得元宮玉璽一方，以此符命，而遂有一統天下之志，次年，即改族名為滿洲，建元為崇德，改國號為清，大舉興兵，欲窺關內，而終得逞。惟初時，宇內未平，海內未定，玉料來源尚缺，故而玉雕作品不多，但依清史所記，清宮璽印，均以玉製作，可見該時，仍受我國傳統玉器文化的影響。

　　後至乾隆，因為對自身十大武功的標榜，與漢化的深入，極喜玉雕，致而開創了我國有史以來，宮廷製玉的鼎盛階級，為我國綿

延近萬年的玉器文化，留下了「乾隆雕」的渾名，與一些重達千萬斤的玉山，如「大禹治水山子」、「秋山行旅圖山子」……等，極大件玉雕作品，尤其難能可貴的是，乾隆藉著開疆拓土，使我國始自於穆天子傳、周禮、山海經……等，敍述我國玉材原產地新疆和闐的一些產玉傳說，都作了澄清與證實。

像在清高宗御製詩五集卷九十八提到：

「崑崙，在今和闐西南回部，水皆東注，是和闐之河，當與崑崙通。而和闐夏月，水盛漲，玉子隨流而下者最多，其質較山產者尤精，則水玉多自崑崙山來也。」

文中，「和闐之河，當與崑崙通」，與夏天山上積雪融化，沖下許多玉材，「水玉多自崑崙山來也」，正式確認，和闐水玉也是來自崑崙山，只因為玉礦石形成階段，小顆粒者，品質佳者較多，再加以透過水流，淘蝕玉材中的粗糙部份，故而水玉較山玉為佳，但二者，卻是同一產地──崑崙山脈──。

但崑崙山脈中，支脈甚多，在乾隆時代，產山玉最著名的，則是地處新疆西部，葉爾羌城西南的密爾岱山（又名密勒塔山），當時的回疆通志中，記敍此山產山玉的狀況為：

「闕勒山、又名密爾岱，一名末勒台，在葉爾羌西南兩百餘里，山極高峻，積雪春夏不消，或即所謂崑崙也；遍山皆玉，五色不同，有重至數千斤者，名『擦子石』。」

乾隆曾花了十數年，千百萬銀兩，自密爾岱山，運下一大塊這種又名「擦子石」的山產玉，製作出「大禹治水山子」的極大件玉雕，雖稱雕工精美，但玉質粗礦，礬紋特多，卻是事實。乾隆為誇示自己的「十大武功」，花費極多的民脂民膏，製成此器，以為炫耀，吾輩實不必人云亦云的稱之為如何偉大，因為就事論事，此件大型玉雕，確非佳作，玉質亦極差！（如圖一－Ｂ）

雖然，乾隆時代，已經完全瞭解產山玉、水玉的實際地點與狀況，也證實，始自於晉人張匡鄴所著西域行程記的記載，是相當正確的，但該文中所敍：

「玉河在于闐城外，其源出崑崙山，西流一千三百里，至牛頭

（圖一B）乾隆耗費千萬人力、物力，製作出「大禹治水山子」的極大件玉雕，衆人均人云亦云的稱美；其實，這種又名爲「擦子石」的崑崙山玉，質地粗窳，歷代均不爲人所重，本圖即爲「大禹治水山子」的局部圖，雕工尚可，但玉質卻差，而能得享盛名的原因，乃在於它的「巨大」；乾隆好大喜功，卻不明玉器文化的眞諦，故致罹陵墓被盜，骨骸狼藉的身後慘事。

山，乃疏爲三河，一曰白玉河，在城東三十里；二曰綠玉河，在城西二十里；三曰烏玉河，在綠玉河西七里。」

　　雖然千百年來，河道已有變化，但白玉河、綠玉河、烏玉河的名稱，已深植人心。惟有識之士，卻有一千古疑問，一直未曾解開：爲何？

　　　　　　白玉河以產白玉爲主？

　　　　　　綠玉河以產綠玉爲主？

　　　　　　烏玉河以產烏玉爲主？

　　首先，我們認爲：「玉河其源出自崑崙山」，是絕對正確的，只是「至牛頭山，乃疏爲三河」，則是張匡鄴的記敍有誤，實際情形是：

　　「玉河都是源自崑崙山脈，而因爲該山某些地區，『遍山皆玉，五色不同』，河流起源，流經白玉礦脈，沖刷至下游，自然以產白玉爲主，故名曰『白玉河』，如若河源，流經綠玉礦脈區，則河流下游，自然以產綠玉爲主……」

　　雖然乾隆時代，因為回疆的平定，使中土對和闐玉材的產出，都能完全的瞭解，但是綜觀乾隆一朝，文字獄特多，無故的征伐、屠戮亦多，而乾隆本身，更是好大喜功，常戲侮大臣，甚至以唯我獨尊的心態，動輒提詩詞於古書畫，或修琢改雕上古玉器，及至其晚年，則更攬權怠忽，以致豢養出，我國有史以來，最大的一個貪官和珅，乾隆崩後，嘉慶掌權，查抄、籍沒和珅家產，竟發現和珅為相二十年，家產卻有國家歲入的十年多之總和，僅玉器庫中的玉痰盂，就有兩百多個；乾隆終生愛玉、玩玉、刻玉，並動輒稱：「以玉比德」，卻未身體力行，故而在此階段，已種下清社將傾的病因！

　　惟進入我國甚早，但名聲卻不彰的硬玉屬類，自乾隆後期，以「翡翠」之名，益受時人重視、寶愛，以致價格日高，後至清末，因為慈禧太后的刻意揄揚，價值更高，隱隱然已成為百珍之冠，唯這類玉材，僅以「色、勻、形、透」作為鑑賞標準，以裝飾、首飾為目的，從未融入我國玉器文化中，故而本書僅以附編列入。（圖一C）

（圖一C）「翡翠」進入中土的確實年代，目前已不可考，惟自乾隆後期，即價格日高，及至清末，因為慈禧太后的揄揚，已成百珍之冠，但這類玉器，從未融入我國玉器文化，故而本書，僅以附編列入。

　　明、清兩朝，爲我國自富強走向積弱，乃至於瀕臨被瓜分、亡國的一個階段，尤其「英、法聯軍」與「八國聯軍」的兩次破京之禍，使大內珍藏，被破壞湮失，甚至流向外洋者，不知凡幾；而清朝聚斂最甚的乾隆與慈禧，清亡未及十六年，即均遭盜寶者破陵毀棺的身後慘事，因而這一階段，流散於民間的玉雕精品，並不亞於內苑珍藏，故而本書所用圖片，部份爲國立歷史博物館所出版清代玉雕藝術中之圖片，而原件珍藏者葉博文君，同意筆者無酬翻照，確爲雲天高誼，謹於此，特致謝忱！

　　本書「古玉簡史」一部四册，至本册結束。回首前塵，寫作之困頓，歷歷如目，尤因筆者，均於國外寫作，可資參考之書籍資料極少極少，且三年餘，兩次跨國移居，所參考書目，均多遺失，爲恐掛漏，唐突先進，故不再表列參考書目。古人雖有「爲學如負薪，後來居上」之語，但筆者以末學後進，卻不敢有此妄想，僅望有益於愛玉人士而已。

　　而以乾隆、慈禧，聚斂玉器、翡翠之豐，以致罹身後慘禍，亦當爲我輩，僅知蒐玉、玩玉，而不知「比德于玉」者戒！

　　此外，亦對於鼓勵筆者寫作本書，及所有使用本書的國內外古文物研究者，同致敬意與謝忱。

　　　　　　　　一九九五年三月於紐西蘭・奧克蘭・北岸市

【第一編】 用玉普及的大明帝國

　　明、清二朝，為我國有史以來，用玉最普及的一段時期，也是我國封建歷史中，最後的兩個朝代。而相對於滿洲入主中原、建立的清朝；明朝，則可以說是在我國歷史上，最後一個漢人所建立的封建王朝，而這個王朝，卻是夾雜在外族蒙古與滿洲，所建立的兩大帝國之間；從文化、政治、習俗上，我們可以看到一些傳承的影子，但並不清晰；可是，我們若從玉器文化的角度來看，卻完全不同了，明代繁盛的民間製玉業，促進了民間用玉的普及，卻是完完全全受到元朝的影響。

第一章 ◈ 明代製玉業大興的歷史因素

第一節 ◎ 蒙古西征，不殺匠人

　　元朝堀起於大漠，習於「逐草放牧，彎弓射雕」，但手工藝的發展，卻僅偏限於一些生活實用器的製作，後成吉思汗統治大漠，數次西征，在所向披靡的征戰中，遇城不降，待破城後，必屠全城；但有嫻熟工藝技巧的匠人，可以免死，使在極短的時間，元朝建立了自己的工藝系統，他並不只是中土文化的傳承，而是集中亞、北亞、中歐、東歐，甚至包括波斯手工藝，基督教紋飾之大成，此所以，馬可波羅在東遊記中，所敍述的華夏之美，是何等的雄渾廣闊。（如圖一）

　　此外，基於工匠藝人的難得，元朝對工匠的待遇，比宋朝好多了，不但生活無虞，而且還有不差的社會地位，這完全不同於我國歷代歷朝，對匠人的歧視。例如，在比較開通的唐朝，名滿天下的畫家閻立本，貴為宰相，但為皇帝與達官貴人作畫時，卻需跪著畫。製玉工匠的地位，則更低了，自史初，以至我國歷朝，史籍所載，僅限於佩玉的君子、士人、達官、君王，卻從無製玉者的名字留下，玉匠的身份，是卑下的，玉匠的工作，是單調的，終生孜孜於切、磋、琢、磨，堅硬過石的玉材，將成品奉獻給統治階層與享樂階層，卻無法求得聞達。但蒙古，卻以另一種態度，對待匠人，自元朝入主中原後，在社會職業的十個階層中，工匠與醫者相近，卻較讀書人高出了許多，這個階段，製玉工匠的地位，確實高過了我國歷代，以佩玉「自勵」、「自勉」、「比德」的儒士。也就在這個工匠社會地位，能得到尊重的大環境下，我國歷代師徒相傳、父子相授的製玉行業，得到了適度的滋潤，迅速的發展起來。

　　而明朝建立後，完全依據元朝的舊籍，定以前的匠戶為匠籍，並且明令規定，這些編入匠籍的手工藝工匠，子孫世代承襲，不得無故脫籍改行，但他們卻也不需長年累月的為皇室服務，每年，只需抽出一部份時間，到京師，或官家指定的地方服役，其餘時間，

（圖一）本圖所示，爲：元代青花瓷器中的代表作，「海水龍紋八稜瓶」，不論青花色澤，裝飾圖紋，整體造型，都已跳脫我國傳統藝術的範疇與束縛，但卻壯觀、華麗；元朝所建立的工藝系統，不只是中土文化的傳承，而是集中亞、北亞、東歐……等，藝術紋飾之大成，明朝承襲元朝的一些工匠管理制度，促使了明朝民間製玉業的興盛。

則可將成品拿到市場上販售，於是，民間用玉，自然興盛了起來。

第二節 ◇ 製玉業共同祖師的出現

　　我國是一個多神崇拜的國家，各種行業，常將歷史上最出名傑出的同業，供奉為祖師，按時供拜，以求福佑。像木匠行業，共同崇祠的祖師魯班，商人崇祠的陶朱公，都是這種，將本業傑出人士，以「聖」格化、「神」格化，予以崇祠為行業共祖，我國所特有的現象，而這種共同祖師的崇拜，卻常可凝聚出不可忽視的同業力量，促使這個行業，更團結興盛；在明朝階段，我國製玉行業的祖師——丘處機——，正式出現了，這也是促使明時，製玉業大興的主因之一。

　　丘處機，在我國道教史上，是極負盛名的一位人物，他是我國道教北派的創始人。有關他行俠仗義、劫富濟貧的傳聞很多，但很少人知道，他與製玉業所結下的終生之緣。

　　相傳，丘處機是生長在山東登州棲霞的一個小市鎮，家道略貧，父親是一個挑著書箱，走串各地私塾，販賣紙、墨、筆、硯，唐詩、千字文，及描紅字帖的小販，稍通文墨。邱處機在這個環境中成長，但自小卻對雕玉工藝情有獨鍾，每日，都往鎮旁的玉作坊嬉遊，後經該作坊的老師父，收為徒弟，學會了琢玉的許多高深技藝；及略長，其父過世，邱處機即繼承父業，擔箱販賣紙筆文具，其時，約在北宋後期，北方局勢，甚不安定，開館授徒的私塾，愈來愈少，使他逐漸不敷生計；一日，丘處機在市集，販賣文具，與一精通相法的「走方相士」為隣，相士見其面相，搖頭惋惜而嘆，丘處機大詫，詳予追問，方知：他的面相格局，在相法上不差，但嘴角兩側，各有一道皺紋，向後略延至面頰，此紋在相法上，稱「鎖口紋」，或稱「螣蛇紋」，是為「大凶」，傳說生有此紋者，註定餓死，即相法上所稱的：「螣蛇入口，必為餓殍。」丘處機得知後，即心灰意懶，無意生計，終至流落街頭，乞討維生；其時，金朝時常出兵攻宋，所過之處，雞犬不留；乞討亦不易生存，相法中所云：「螣蛇入口，……」之讖，似將兌現。

　　一日，丘處機乞食至一河邊，河上無橋，往來行人，必須涉水而過，頗爲危險；該時，正有一老婦人，欲涉水過河，丘處機心想，自己既已來日無多，何不幫助別人，即背負該老婦人過河；事後，覺得此一行爲，頗有意義，即留駐河邊乞討，兼而背負老弱婦孺過河，分文不取，行之三年，從不怠慢，亦無勞煩怨言，三年後，忽有一玄衣老道士，涉水而來，直呼其名，曰：「處機！處機！聰穎慧根，三年辛苦，功德圓滿，膝蛇下降，延年益壽。」於是，二人協助鄉人，造成石橋，飄然而去。據傳，該玄衣老道就是王重陽，丘處機拜渠爲師，學得道術，修煉成功後，雲遊各地，行俠仗義，道號「長春」，該時，已至南宋與金朝對峙的階段，丘處機每到一地，必尋訪「玉作坊」，與「玉雕藝師」交換經驗，學習技術，足跡遍及河南、四川、陝西、甘肅……等地，至今，仍有不少地方，留傳有長春子訪察雲遊的傳說，最遠，他曾藉度化成吉思汗的機會，率徒到過蒙古，在成吉思汗金帳前，說法論道，成吉思汗及蒙古貴族，驚爲神人，崇信膜拜不已，其隨行的弟子李志常，將沿途見聞，與丘處機論道蒙古的事跡，記錄成：「西遊蒙古記」一書。

　　丘處機亦藉與成吉思汗會晤的機會，曾順道赴和闐，瞭解眞玉產出的環境，以及相玉、選玉的諸多技巧。元史・丘處機傳記紋：

　　「丘處機，登州棲霞人，自號長春子。……金、宋之際，俱遣使來召，不赴。歲乙卯，太祖自乃蠻，命近臣徹伯爾、劉仲祿，持詔求之……，處機乃與弟子十有八人，同往見焉……，經數十國，爲地萬有餘里……，既見，太祖大悅，賜食，設廬帳甚飭。太祖時方西征，日事攻戰，處機每言：

　　『欲一天下者，必在乎不嗜殺人。』

　　及問爲治之方，則以：

　　『敬天愛民爲本。』

　　問長生久視之道，則告以：

　　『清心寡欲爲要。』

　　太祖深契其言，曰：『天賜仙翁，以悟朕志。』命左右書之，且以訓諸子焉，於是，錫之虎符，副以璽書，不斥其名，惟曰『神仙』

，……時國兵踐蹂中原，河南北尤盛，民罹俘戮，無所逃命。處機還燕，使其徒持牒，召求於戰伐之餘，於是，為人奴者，得復為良，與瀕死而得生者，毋慮二、三萬人，中州人至今稱道之。……」

後南宋日益腐敗，賈似道之流，雖貴為宰相，卻整日攜妓乘船，遊嬉於西湖，國已不國，終為元朝所滅。依據學古錄書中云：

「……昔者，汴宋之將亡，而道家之說，詭幻益盛，乃有豪傑之士，佯狂玩世，志之所存，則求返其真而已，謂之『全真』，士有識變化之機者，往往從之，門戶頗寬弘，雜出乎其間者，不可勝紀。而澗飲谷食，耐辛苦寒暑，堅忍人之所不能堪，力行人之所不能守，以自致於道，亦頗有所述於世……。」

所以，在宋、金、元之際，全真教並不崇尚鍊養、符籙等非理性的神仙、鬼神之術，而以「苦己利人」為宗旨，結納、奧援平民百姓，隱隱然與異族統治者相對抗，是一個入世救人的宗教！

待元定都北京後，丘處機為拯生民百姓，亦入北京，建白雲觀修持，據知，渠律己極嚴，終生戒聲、色、葷、腥，為我國道教北派的祖師，而我國道教傳統中，北派的生活戒律，優於南派，亦源自於丘處機本身的修持典範。

但丘處機卻深諳元朝統治階層，對工藝人才重視的傳統，為使漢人，免於徭役、拉伕，造成妻離子散、家庭破碎的人間悲劇，特在北京白雲觀，教人雕玉、琢玉；數十年間，在白雲觀學習過雕玉工藝的漢人，據稱多達萬人，白雲觀也成了一處極有名的玉作傳習所，因為丘處機工藝精巧嫻熟，修持亦深，故民間傳說，渠已具有：「返瑕為瑜，點石成玉」的功力。

後丘處機得道，但白雲觀卻仍巍然長存，成了我國道教北派的重要道觀，而也因為白雲觀與製玉業的淵源，長期以來，每年正月十五，丘處機的生日，玉雕藝人必齊聚白雲觀，祭拜丘處機，而白雲觀道士，則以白麨大饅頭（以示玉器）饗之，久而久之，漸成慣例，如此，到了明初，丘處機已是我國玉雕業，共同崇祠的祖師了。（如圖二）

此外，亦有傳說，丘處機向道之心甚堅，為求專心學道，曾親

（圖二）丘處機自幼喜愛琢玉工藝，與玉器結了終生之緣，元初時，他曾在大都（北京）道觀中，教人琢玉，使許多受塗炭的生民，得以存活於亂世，據聞：丘祖工藝嫻熟，修持亦深，已有：「返瑕成瑜，點石成玉」的功力；到了明朝，就已成為我國製玉業，共同崇祠的祖師了；本圖所示，為民間傳說，渠曾杖責枯樹，而使其復生。

手「引刀自宮」，故而，在北京，宮內太監，亦奉丘為祖師，但卻與玉雕業所崇丘為祖師的原因，完全不同，毫無關連。惟因我國幅員遼闊，民俗信仰亦多，故而，在少部份地區的玉雕業，亦有崇祠，其他尊神為玉雕祖師，像在南方某些區域，有崇祠卞和為祖師……等，但從「卞和獻玉」的典故分析，卞和似非玉雕師傅，故而，以普遍性與事理分析，丘祖長春子為玉雕業的共同祖師，應是正確的。

　　並且，這個行為，在明初，已經很興盛了，因為傳說在當時，道士至玉作坊化緣時，常口唸水凳歌訣，均可化得甚為豐盛；所謂「水凳」，即為玉雕工藝中的「砣具」，又名「水作凳」，這首歌訣，相傳，就是丘處機所作，為使學玉雕的人，便於記憶的歌訣，這些點滴記錄，都顯示了丘處機對玉雕、玉作的貢獻。

第二章 ◈ 明朝的建國

第一節 ◈ 明王出世，羣豪並起

元時，因爲種族的歧視，使漢人及南人（長江以南，原南宋轄地的漢人）的社會地位極低，飽受壓榨欺凌，使元末民間的反抗，都充滿了民族主義的色彩。

元順帝至正期間，政治腐敗，社會黑暗，這時，除了依附官方的道教、佛教，仍然活動外，從民俗信仰中，培植出來的彌勒教、白蓮教，亦以秘密結社的方式，暗中滋長。這些宗教，雖以減人苦痛，助人增長爲意旨，但卻都有「殺韃子」的民族主義成份，並藉著宗教與民族的雙層凝聚力，在基層民眾中，擁有了相當大的力量。

其中，有一民間信仰，稱爲明教，倡言「明王出世」，勢力最大，但長期以來，卻被衛道之士，稱之爲「魔教」；其實，這支宗教，是頗有歷史淵源的外來宗教。

「明教」，相傳爲三世紀時，由波斯人摩尼(Mani)所創，融合拜火教（祆教）、基督教、佛教等教義而成；當時，波斯王薩頓深爲崇信，故而很迅速的，在波斯傳播起來，其後，雖受拜火教的攻擊，而有所抑止，但以波斯爲中心，西起羅馬帝國，東至中亞，都有不少信徒。因爲中亞回訖人深信此教，故而自初唐，即因回訖的入貢，而逐漸進入中土，因其經典中，有一部化胡經，敍述老子西入流沙，托生於蘇隣國的故事，而有唐一代，帝室爲提高身份，均以老子後代自稱，曰：「……朕之本系，起於柱下（即老子李耳）……」（詳見本書第三册第五編第五章），故而甚受唐朝皇室的支持，甚至爲回訖摩尼（意即僧侶），陸續在長安、洛陽、太原、洪州、荆州、越州……等地，建立「大雲光明寺」，以供其宣教。

此教奉祀摩尼佛與具智大明使，進入中土生根後，逐漸中國化，演變成，摩尼佛與佛教的彌勒佛合而爲一，具智大明使則與道教

的太上老君（老子），合成一人，但終因其教名中，有一「摩」字，為衛道人士斥為「魔教」，而受貶斥；自唐武宗會昌年間，大殺摩尼教徒開始，歷代歷朝，均將此教列為「魔教」，懸令禁傳。而此教也逐漸轉入地下，成為民間的秘密結社之一。

摩尼教徒的特徵，為終生茹素，祀拜時，衣白衣，朝拜日，夕拜月，勸人去惡行善；在進入地下多年後，已與白蓮教、彌勒教……等官方禁教，逐漸融合，教義混淆，已不可分；大體言，這類民間秘密結社的宗教，盛世則隱，亂世則顯，像宋時，方臘在浙東起事，戕官搶糧，方臘即自稱明教教主，後清朝的川楚教匪，甚至庚子年間亂國的義和團，仍可看到明教的影子。

元順帝至正十一年，朝廷大徵十五萬民伕，為黃河在白茅口的決堤，疏濬舊河道，使民眾在飽受水患天災之苦後，更蒙受人為的徭役之災，尤其監修的元朝官吏，鞭打河工，剋扣工糧，更使得民不聊生；此時，在黃陵崗附近，挖出一座美石雕刻的石人，但卻只有一隻眼睛，其上卻刻有文字曰：

「莫道石人只一眼，此物一出天下反。」

果然，自此始，飽受欺凌，積壓已久的反元力量，驟然羣起，天下大亂；劉福通、韓山童即藉此事件，自稱「明王出世」，率民興兵，揭竿而起，因以紅帕包頭，身穿紅衣為記，故名「紅巾軍」；另浙江方國珍，蘇杭張士誠，江西彭瑩玉、徐壽輝、陳友諒，安徽郭子興……，各地豪強，都占城舉事，元軍倉皇敗逃，羣雄逐鹿中原。

其中，定遠人郭子興，響應紅巾軍，奉小明王名號，占領濠州城，其帳下，有朱元璋其人，曾作過牧牛童、乞丐，也曾在皇覺寺出家，當過和尚，但經陣仗時，卻機智勇敢，於是將自己的養女馬氏，許配給他，從此，朱元璋漸露頭角，成為義軍領袖之一。

第二節　牧童皇帝，削平羣雄

元順帝至正十五年，郭子興病逝，其子陣亡，朱元璋就順理成章的，成為這支義軍的領袖；朱元璋領軍後，謙恭待人，禮賢下士

，並整頓軍紀，因爲當時各地，羣雄並起，不少部隊，都是視搶掠姦淫爲常事，但朱元璋的部隊，卻紀律嚴整，不荼毒地方，使他的聲譽鵲起，但是，大家都不知道，包藏在謙虛態度之內的，卻是一顆欲得天下的野心，這也是朱元璋能在爾後，陸續削平羣雄的主要原因；尤其是在至正十七年，攻占徽州時，會見當時一位退隱避世的儒士朱升，致問時務與進退之道，朱升教他：

「高築牆，廣積糧，緩稱王。」（見明史・列傳二十四）

簡而言之，這種策略，就是厚積實力，減少樹敵，謀定而後動。在天下紛亂，羣雄並起的混亂局勢中，這種以逸待勞的謀略，確爲上策；未數年，朱元璋蓄積實力漸足，即出兵殺陳友諒、捉張士誠、執方國珍，底定江南。

朱元璋在消滅了陳友諒，占有湖廣全境後，即兵分三路，進軍蘇、浙，此時，私鹽販子出身的張士誠，已成甕中之鱉，朱元璋自審，羽翼已成，天下可得，即在討伐張士誠的檄文中，公開責罵自己賴以起家的明教爲邪教，文稱：

「……使愚民誤中妖術，不解偈言之妄誕，酷信彌勒之眞有，冀其治世，以甦其苦。聚爲燒香之黨，根據汝穎，蔓延河洛，妖言既行，奸謀遂逞，焚蕩城郭，殺戮士女，荼毒生靈，無端萬狀……。」

從這篇檄文起，朱元璋正式與明教劃清界限，表面上，他把元後期，生民所遭受的一切戰火荼毒、流離，全歸罪於明教；而骨子裡，因爲他深知，民間宗教力量的强大，自己因緣際會，居然能成大事，其後，亦必有能人，可憑藉成事，不可不防，於是，明教及與其相關的彌勒教、白蓮教……等，均又被列爲邪教而懸禁，而他自己爾後，再提出身時，就已經簡略的說：

「皇帝詔曰：朕本農夫，託身淄流（和尚）……。」

朱元璋既已與明教劃清界限，即沒有再尊奉小明王名號的必要，他假意派人要迎小明王到應天，趁渡江時，弄翻渡船，將小明王活活溺死。

至正二十七年，朱元璋派徐達爲「征虜大將軍」，率師北伐中

原；二十八年（西元一三六八年），朱元璋在北伐軍進攻順利下，於元月，即帝位於南京，建朝爲明，年號洪武，即爲明太祖，同年八月，徐達北伐大軍，攻破元朝大都（即現今北京），元順帝率后妃、太子，及蒙古貴族，逃往大漠之中的上都（即現今內蒙的多倫），至此元亡。

　　朱元璋幼時，父母兄長均亡，受盡人間坎坷，且自郭子興親兵作起，經十數年奮鬥，終於成爲君臨天下的皇帝；但因爲他本身所經歷的成長環境，既是孤兒，又是乞丐，多受人欺凌、藐視，所以，形成他的個性，對他人的猜忌、懷疑，極爲嚴重；筆者熟讀明史，深深體會到，朱元璋自即帝位後，雖曾陸續的南征北討，平定各地區的割據勢力，也曾實施了一些「利民」措施。但渠自登上皇位起，所念兹在兹的，卻爲：「如何使他自己，與後世的朱氏子孫，穩坐帝位。」

第三節◎胡、藍大獄，誅盡功臣

　　朱元璋登基後，中央政府的組織，仍承襲元朝舊制，設「中書省」，總管天下政事，有左右丞相各一人，統率百官，處理政務；到洪武十三年，有人密告，惟一的丞相胡惟庸謀反，致興起大獄，從此，胡案就成了朱元璋誅殺功臣、勳戚、文武大員的藉口，不但多數公侯，都遭牽連，全族數代，均被屠誅，且持續了數年之久，總共誅殺了三萬多人；甚至，連開國時，名列「勳臣第一」的韓國公李善長，在年至七十七歲時，也遭牽連，使全家七、八十口，盡遭族誅，有人爲李善長喊冤，謂：「善長已晉勳臣第一，生封公，死封王，已位極人臣；若言其欲謀反，尚有可能！因爲，可以澤及後代子孫；但若欲協助胡惟庸造反，卻不可能，因爲，若助胡奪得皇位，李善長再有功，也不過仍是『勳臣第一』而已！」此確爲鞭辟入理的分析，但是，朱元璋的目的，就是在誅殺當年協助他共打天下的功臣；這一點，他有些像漢高祖劉邦，但是，漢高祖所殺的，只是功高震主，能力比他強的韓信、英布、彭越……等少數幾個異姓王；朱元璋則是，有意的誅除，全部開國功臣，並滅其家族。

　　洪武二十六年，朱元璋又以謀反的罪名，誅殺被封為涼國公的藍玉；藍玉是大明開國階段，繼徐達、常遇春、李文忠等開國名將老邁後，最主要的大將，曾多次北伐，驅逐蒙古，對明朝建國的穩定，極有貢獻；朱元璋除抄斬其三族外，並將與其有往來的功臣大將，也都列為叛黨，藍玉一案，誅連人數，亦達兩萬人。

　　自胡、藍二案後，史敍：當時，朝中大臣，每日上朝，冠帶整齊後，即先與妻兒訣別，交代後事，待下朝歸來，則相擁而泣，慶幸全家又多活了一天；在這種氣氛下，太子朱標實在看不過去了，曾進言勸諫，朱元璋故意丟了一根滿是棘刺的荊棘杖在地上，要朱標拿起來，太子怕刺，略有難色，朱元璋即喻稱：「你怕刺，不敢拿，我幫你把刺都拔掉，你就好拿了。」朱元璋就是用如此態度，來維護他的朱家大明江山，太史公所云：「狡兔死，走狗烹；飛鳥盡，良弓藏。」明太祖奉行的最徹底，而我國歷代開國功臣，明朝諸將，水準雖不高，卻多寬厚、行仁，但被禍最慘，除湯和等一、二人，及早退隱家鄉鳳陽，得以倖存外，幾乎全被他們共同打天下，牧牛童與和尚出身的兄弟朱元璋，剗除殆盡（如圖三）。例如：藍玉謀反案，瓜蔓株連告一段落後，史書所敍為：

　　「……於是，元功宿將，相繼盡矣！」

（圖三）朱元璋疑心特重，將其共同打天下的伙伴，幾乎全都殺光，史敍：「元功宿將，相繼盡矣！」明朝開國諸將，水準不高，但多寬厚、行仁，卻被禍最慘，幾乎全被他們，牧牛童出身的伙伴，剗除殆盡，本圖為原庋藏於明孝陵享堂的朱元璋畫像之一，圖中：兩頰、下巴、額頭、鼻子，均特凸出，在相法中稱為：「五嶽朝天」，主大貴，但此相，亦為極決絕、陰狠之相。

「……於是，勇力武健之士，芟夷略盡，罕有存者！」（均見明史列傳二十）

這就是明朝開國，定鼎天下後，功臣的下場！

明朝自洪武元年（西元一三六八年）建國，至明思宗崇禎十七年（西元一六四四年），自縊於煤山，共享年二百七十六年，歷經十六帝。其傳國世系爲：

一、明太祖朱元璋，年號洪武，計三十一年。

　（太子朱標早亡）

二、惠帝朱允炆（皇太孫），年號建文，計四年。

三、明成祖朱棣（太祖四子），年號永樂，計二十二年。

四、明仁宗朱高熾，年號洪熙，不足一年而亡。

五、明宣宗朱瞻基，年號宣德，計十年。

六、明英宗朱祁鎮，年號正統，計十四年（「土木之變」被也先俘虜，羣臣立其弟景帝）。

七、明景帝朱祁鈺，年號景泰，計八年。

　（明英宗復辟，年號天順，計八年）

八、明憲宗朱見深，年號成化，計二十三年。

九、明孝宗朱祐樘，年號弘治，計十八年。

十、明武宗朱厚照，年號正德，計十六年。

十一、明世宗朱厚熜，年號嘉靖，計四十五年。

十二、明穆宗朱載垕，年號隆慶，計六年。

十三、明神宗朱翊鈞，年號萬曆，計四十八年。

十四、明光宗朱常洛，年號泰昌，光宗僅登基二十九日即亡。

十五、明熹宗朱由校，年號天啓，計七年。

十六、明思宗朱由檢，年號崇禎，計十七年。

　（李自成破北京，思宗自縊煤山，至此明亡。）

前文曾敍述，明太祖朱元璋的行事爲人，深怕自己子孫，不能掌握大明江山；我們從明朝的傳國世系中，卻可以分析出，既有叔奪姪位，亦有弟占兄位，也有不願作皇帝，而願作大將軍的瘋子；更有朝政不理，官員遇缺不補，以「金錢珠玉爲命脈」的「財迷」

；尤其令人訝異的是，居然還有，不愛過問朝政，只願劈、鋸、刨、漆，終生迷戀木匠工作的皇帝……。明朝朱氏帝系，昏庸、怠惰的皇帝特多，為我國歷朝之最，筆者讀明史，常嘆稱：「朱氏血胤，確非正常」。但朱元璋並不作如此想。

第四節 ◈ 建立「鐵桶江山」，卻致「靖難」之變

朱元璋在洪武初期，均設有丞相，但他發現，丞相實權甚大，只要帝皇稍懦弱，即有被架空的可能，而他又對自己的子孫，沒有信心，於是，藉胡惟庸一案，正式廢除丞相，由皇帝直接統轄吏、戶、禮、兵、刑、工六部，來處理政務；並且，告誡臣民子孫，爾後均不得設置丞相，若：「臣下有敢奏請設立者，論以極刑。」這種君權集中的方式，對鞏固皇室，確有助益，但卻造成皇帝日理萬機，像洪武後期，明太祖每天要看奏章兩、三百份，並處理四、五百件事情，一人體力，如何應付？這也是形成明中葉開始，宦官以司禮、秉筆……等名義，能獨攬朝綱的原因；尤其，皇帝怠惰，又無賢相輔佐，僅靠知識水準低落、胸襟狹隘、心理不正常的太監，主持批閱奏章，使自明中期起，朝政就已長期陷入黑暗。

也因為明太祖朱元璋告誡子孫，不得設立丞相，而卻又日理萬機，無人協助，於是陸續設置了華蓋殿、文華殿、武英殿、文淵閣、東閣等殿閣學士，以品級較低的文官充任，協助皇帝閱讀、起草文書，而本身並無實權，但自成祖永樂時期，開始讓這些學士參與一些政務，這些人，雖協助天子處理中樞事物，卻又必須避諱「丞相」之名，故而稱之「內閣」。

此外，朱元璋對前朝弒篡頻傳、外重內輕的現象，深有瞭解，於是，他師法漢高祖，自洪武十一年開始，陸續大封諸子，為外藩親王。朱元璋有二十六子，除長子朱標為太子，九子與二十六子早夭外，其餘二十三子，均被封為親王，分駐在全國各戰略要地，這些封王，在自己的封地，建立王府，設置官屬，地位甚高，但卻不能干預地方行政，牧民之責，歸於地方官吏，王府所擁有的，卻為軍事指揮權，這些獨立、直屬中央的武力，平時，可以監視地方守

軍，敉平民間暴亂，更可屏障首都，如若皇室有難，則可迅速起兵勤王。

明太祖的想法，長子為太子，以後繼承作為皇帝，其餘各子，分封各地，共同拱衛長兄，如此佈署，足可稱為「鐵桶」般箍合，朱家的大明江山，必定固若金湯。卻未料，他亡後，僅不足一年，即發生了兵連禍結達三年之久的骨肉倫常之禍——「靖難」——。

「靖難」的原因，古史稱：太子朱標早亡，皇長孫允炆繼位，是為惠帝，年號建文；元年，聽從重臣黃子澄、齊泰的勸說，實施削藩，半年間，連廢五王，終於使北方最大的藩封燕王反叛，以「清君側」的理由，攻向中央所在地的南京。

燕王朱棣，為明太祖第四子，在開國初期，即曾多經戰陣，屢建功勳，相對他姪子惠帝的優柔寡斷，幾不可同日而語；他起兵時，為掩飾行為的正當，特別引用朱元璋在祖訓中的訓示：「……朝無正臣，內有奸逆，必舉兵誅討，以清君側……。」，自稱是舉兵「靖難」；三年後，燕王攻下南京，建文帝在兵荒馬亂中，不知所終，燕王即繼帝位，是為成祖，年號永樂。

我國自古以來，開國帝皇為求一姓之穩坐江山，多在定鼎天下後，立即實施中央集權，大肆排擠、誅殺功臣，惟恐這些開國元勳，勢力過大，能力又強，子孫不能駕馭，但在這種集權的過程中，卻常常變生肘腋，為近親所竊；像漢初的「呂后稱制」，隋文帝的驟亡，唐初的「武則天代唐」，乃至於宋太祖亡時的「斧影搖紅」……等，都有共通的發生原因與環境條件。

燕王雖即帝位，卻有一最大心病，就是惠帝的失蹤。因為，他深知「靖難」，只是權宜的政治口號，事實，卻是奪得了姪兒的帝位。未能確實知道惠帝的下落，終是稱帝登基的隱憂，再加上當時士林、儒士，非議這種手段的人，隱隱然不少，他除了強力壓制、屠戮，像誅殺建文帝的文學博士方孝孺十族，及寸磔油烹兵部尚書鐵弦外，更有系統的誅戮建文舊臣。史稱成祖的這種行為，為「瓜蔓抄」，像是順藤攀蔓般的羅幟罪名，被殺官員及其家屬，約達數萬之眾。

　　也因為成祖即位後的酷刻行為，反使民間更懷念惠帝，致使對惠帝的下落，多有傳說，且都淒美、蒼涼，令人一灑同情之淚。像傳說最盛的惠帝出家，即有許多人言之鑿鑿，並傳稱惠帝為僧時，曾作有一詩，其中有曰：

　　「款段久忘飛鳳輦，袈裟新換袞龍袍；

　　　百官此日知何處，唯有羣鳥早晚朝。」

　　言詞間孤單、落寞，且有餘哀；在如此環境下，明成祖如何能放心；於是，骨子裡為找出惠帝下落，表面上，卻是加強對外關係的政策，長期開始實施，像：鄭和七下南洋，胡濙奉命尋找張三豐，甚至廣派使臣，往訪四夷，採取通好態度的政治措施，都有這方面的目的。可是，卻在這種特殊環境下，無意中，促使我國玉雕藝術的大盛。

　　另，有關建文帝行蹤之謎，為我國歷史上，一大宮闈懸案，正史均模稜兩說，如明史‧恭閔帝紀，稱：

　　「……都城陷，宮中火起；帝不知所終，燕王出帝后屍於火中，越八日壬申，葬之；或曰，帝由地道出亡。……」

　　又如明史‧程濟傳，稱：

　　「……金川門啟，濟亡去。或曰，帝乃為僧出亡。……」

　　正史尚如此記敍，民間的傳說流言，就自然更多了，甚至明史記事本末，綜合各類傳聞與時人筆記，對建文帝的出亡與行蹤，還作了編年記述，大約的情節是：

　　「燕王大軍攻破南京後，帝自行舉火燒宮，再與臣子內侍程濟、楊應能、葉希賢等一行，化裝成僧侶，從暗道潛出，至城郊的神樂觀，再經湖南、湖北，進入四川，定居一小段時間後，再由四川入雲南，在武定獅山隱居，至晚年，常有落葉歸根、終老故都之念，當時，成祖已崩，繼位的仁宗、宣宗，也相繼過世，係為明英宗初期；後經迎奉於京師宮內供奉，以壽終，葬之西山，不封不樹……。」

　　數百年來，治史者，對這段公案，均真假難辨；但號稱我國「西南第一山」的雲南武定獅山，確有許多信而有徵的遺跡，像獅山

正續寺藏經樓，樓下稱為「帝王宮」，上有「帝王衣鉢」的金匾，神龕內塑像三尊，正中一尊，即額題為「明惠帝」，塑像摩頂慈容，身著袈裟，兩側配殿神龕，供奉相傳為陪惠帝出亡的諸臣牌位，並有一碑記「建文茫亡十一先生記」，係顧岱所作，云：「康熙七年冬，僧水谷建閣成，祭祀建文帝於閣，為敍其從亡至滇者十一人……」，樓前，懸有許多匾聯，多與建文帝行蹤有關，其一曰：

「僧為帝，帝亦為僧，數十載衣鉢相傳，皇覺依然正覺歸；

叔負姪，姪不負叔，八千里芒鞋徒步，獅山更比燕山高。」

雖然，這幾處遺跡，眾多傳聞，尚不足解開，建文出亡之謎；且明成祖即位後，許多作為，也稱得上雄才大略，但「獅山更比燕山高」一語，似我國民間，對「靖難」之功過，已有定評！

第三章 ◈ 明朝的中衰與腐化

第一節 ◎「土木之變」與「南宮復辟」

明朝自成祖遷都北京後，陸續實施移民屯田，獎勵墾荒，整飭吏治，疏通運河……等一連串措施，促使國家逐漸走向富裕，也彌補了「靖難」之時，兵連禍結的社會瘡痍，而繼任的明仁宗、明宣宗，也都是兢業國事，訥諫修政的英主，所以，史稱這一階段為「仁宣之治」，但可惜的是，這兩位英主，卻都是盛年早崩，像明仁宗（洪熙）僅在位十個月，而明宣宗（宣德），亦僅在位十年，崩時僅三十歲，但這兩位皇帝，在許多勤政的措施中，不但與民休息，更訥諫修德，崇尚節儉，使當時的社會，步入極佳的經濟狀況，為後世所不及，許多古史學者，在研究過仁、宣二朝的諸多典章、措施，及帝皇、大臣的作為後，都認為：此二帝如若均能長壽，則漢時的「文景之治」，與唐時的「貞觀之治」，可能再現於明。

宣德十年，宣宗崩，其九歲的兒子朱祁鎮即位，改下一年國號為正統，即為明英宗；大明王朝自英宗起，就開始逐漸走向衰亡。

明英宗寵信自幼伴其讀書、玩樂的太監王振，甚至稱其為「先生」，而不直呼其名，致使王振權傾一時，不但百官無敢拂逆其意，甚至勳戚、公侯，也都在見面時，拜稱其為「翁父」，而不敢呼其名；王振派人摘除了，由明太祖明令，懸掛在宮門口，其上鑄有：「內臣（宦官）不能干預政事，預者斬！」十個字的鐵牌，不但使當時吏治大壞，更使自成祖起，宦官逐漸干政的現象，趨於表面化，像英宗不辨忠奸的令王振掌管「司禮監」，這是明朝宮廷裡，二十四個宦官衙門中，最重要的一個，不但掌管皇宮中的禮儀、刑事、與管理雜役，更重要的是，替皇帝管理一切內外奏章，代皇帝批答臣下的公文；皇帝口述的命令，就是由「司禮監」中的「秉筆太監」，用硃筆記錄，再交內閣，擬詔頒發。

王振即利用這個職位，以及英宗年輕，且與外官接觸少的環境，歪曲篡改聖旨，以控制、威懾百官。稍忤其意，即投獄殺害，故

而權傾當朝，甚至英宗在宮中舉行，大宴百官的「宮宴」，王振也冠帶參加，才到宮門口，百官就望風叩拜，幾已不知皇帝為何物！但英宗卻仍執迷不悟的，以為王振是忠臣，像正統十一年，英宗已是二十歲的成年人，他不但頒賜無數珍寶，給這個專橫、奸險的禍國權閹，還在敕書中稱他：

「……性資忠孝，度量弘深……。」

「……夙夜在側，寢食弗違，保護贊輔，克盡乃心，正言忠告，裨益實至……。」

王振這種利用內侍的特殊地位，以弄權的方式，為明朝爾後陸續出現的奸險權閹，如劉瑾、谷大用、魏忠賢……等，預舖了出路，終至使大明王朝，斷送了天下。

正統十四年，瓦剌進犯大同；瓦剌為原元朝退回大漠後，經互相攻伐，分裂出來的一支，兵力雖強，但尚不足與明朝數代經營的國力相比，但王振卻妄求冒濫邊功，為自己生色，竟攛弄英宗御駕親征，在只有兩三天的準備時間下，倉促湊足五十萬大軍，留英宗的惟一胞弟郕王留守，勳臣、外戚、宰相、尚書、言官、翰林、扈從大半，幾乎可以說是傾國而出，出居庸關，過宣化府，沿途大軍的行止，都由不知兵的王振指揮。才出兵數日，部隊就已經因為缺糧，餓死不少士兵，百官多諫勸英宗回朝，但王振為了想邀請皇帝，臨幸他的故鄉蔚州，得以誇耀鄉里，竟悍然斥罵諫勸的官員，罰他們整天長跪在荒草中；後大軍終於在距離懷來縣二十餘里的土木堡被圍，在缺水的狀況下，大軍潰散，幾乎全部死傷或被俘，英國公張輔以下，五十餘名大臣，亦均陣亡，明英宗遭瓦剌生擒；在亂軍中，護衛將軍樊忠痛罵王振：我為天下誅此賊！將其擊斃於錘下，但已無補於大局。瓦剌首領也先，擄獲明軍二十多萬騾馬，及所有衣甲、器械、輜重，簇擁英宗，暫退北方，此即為，有關大明王朝氣數的「土木之變」。

英宗被俘後，也先本欲挾此奇貨，要挾中朝，或要求割地，或要求賠款，或要求奇珍異寶，當均可滿其貪壑；不料，當時朝廷，由一軍事奇才，兵部侍郎于謙主政（兵部尚書鄺埜，隨英宗出征，

已陣亡於土木堡），在滿朝文武，均惶惶不知所措時，建議由英宗之弟郕王監國，主理朝政，隨即登基，遙尊英宗為太上皇帝，此即為明景帝，年號景泰；于謙並調兵遣將，大敗瓦剌軍於京城外圍，瓦剌本欲以明英宗為要挾，不料，中原已另立新皇帝，手中人質，已非奇貨，且中朝立場，非常堅定，不與其議和言好，也先無計可施，只得於景泰元年八月，將英宗送回，明英宗回朝後，以太上皇名義，幽居南宮，至此，方結束了明朝開國以來，最大的一次危機。

而禍國的權閹王振，亦遭滅族抄家。在查抄王振家產時，發現王振，除在京師有大宅豪邸五處外，更有貯存金銀珠寶的倉庫六十四座，僅清點一號倉庫，就查獲：高達七尺以上的極珍貴珊瑚二十五株，徑尺玉盤九十七面，其他珍寶無數，金銀無法點算，各類珠玉寶石，更是不可勝數，可見王振生前貪墨的嚴重。而據僅在一庫中，就查抄得玉盤近百面，除顯示王振聚斂的可觀外，在文化上的意義，卻告訴我們，在明朝初、中期的富裕社會中，玉器的使用，相當普及，在豪富之家，已非「比德」之器，而已淪為錦衣玉食的餐具。

明景帝在位期間，因為英宗依然幽居南宮的潛在威脅，有意泯除正統時期，所留存的一些年款文物，並在景泰三年，廢去英宗時所立的太子朱見深為沂王，並立自己唯一的兒子朱見濟為太子，此一舉措，為部份大臣所不滿，未料，朱見濟隨即夭折，使景帝的傳子計劃，亦告落空。

景泰八年（西元一四五七年）元月，明景帝因病不能視朝，在以石亨、徐有貞為首的一批失意政客策劃下，發動宮廷政變，率人潛入英宗幽居的南宮，撞門毀牆，接出英宗，擁至奉天殿，登朝視事，此即史稱的「南宮復辟」，又稱「奪門之變」。

英宗復辟後，改年號為「天順」，貶斥景帝為郕王，但未及數日，郕王即暴卒，因何而崩，史均未述，成為明史上一大疑案；同時，英宗亦毀去景帝在天壽山下所預建的山陵，不准其葬於皇陵，僅以親王禮儀，草率的葬於西山，並賜諡號為「戾」。此外，更有

計劃的銷毀景帝期間，有年款的文物器用，故而至今，我們幾乎不見明景帝七年期間的古文物傳世，即爲此一歷史糾葛所肇成；雖然，英宗有意如此，而景泰年間的文物，也多被消除殆盡，但卻因爲一種自西域傳入中土的手工藝，僥倖的使景泰年號，尚得以數百年不墜，那就是——景泰藍——的風行。（如圖四）

其實，我們要追溯這項技藝的起始，可能在很早以前，即曾在中土萌芽，至少在戰國時代洛陽金村出土的銅鏡上，已經略有塡琉璃琺瑯的痕跡（參考本書第二册、圖一五四）。後來這種技藝，可能失傳了，但是，卻在西方，發展得甚爲完備，到九至十一世紀的拜占庭王朝時，各類燒製琺瑯器用的製作，已達到極高的水準，也就在這一階段，這種工藝，又再逐漸傳入中國。

琺瑯器，因爲製作方式的不同，可分爲「招絲琺瑯」、「畫琺瑯」及「內塡琺瑯」三類。「琺瑯」名稱的起源，細予分析，應是我國漢、唐史書，記稱佛菻而來，此名稱即是大秦，也就是羅馬帝

（圖四）「景泰藍」的正名，應爲「招絲琺瑯」；明時，又稱之爲「大食窰」，說明此一技藝，係自波斯（大食）傳入；其實，在十一世紀時，羅馬帝國的拜占庭王朝，就已經把這項技藝，發展的很純熟了，後經中亞，傳入中國，經過明初的發展，在景泰年間，工藝更有進步，宦富人家，均視爲至珍，故而後世，均以「景泰藍」名之。

國。想當初，這種軟玻璃彩料，初入中土，並無名稱，故而就以產地命名；再加上這種彩料，製作完成後，外表潤瑩似玉，特加上「玉」字旁，以示珍貴，方有「琺瑯」之名。

此類製品，在元朝期間，於中土，已經大為風行，像曹昭所著的格古要論中，紋及「大食窯」：

「以銅作身，用藥燒成五色花者，與『佛郎嵌』相似，曾見香爐、花瓶、盒兒、盞子之類，但可婦人閨中之用，非士大夫文房清玩也；又謂之鬼國窯。……」

「佛郎嵌」，應是指「內填琺瑯」。曹昭沾染中國傳統文人氣息甚深，不但排斥這種外來的手工藝製品，稱為：僅婦女閨閣可用，士大夫文房清玩，則不宜用之。又非常藐視的稱之為「鬼國窯」，這種心態，正足顯露出，西方自十八世紀「產業革命」後，工業、產業帶動國力，一日千里，而我國卻躊躇不前的原因。

曹昭的見解，確是不對的，元末吳淵穎，有詠「大食瓶」詩一首，曰：

「西南有大食，國自波斯傳，茲人最解寶，厥土善陶埏；

素瓶一二尺，金碧燦相鮮，晶瑩龍宮獻，錯落鬼斧鐫。…」

證實：這種外來的手工藝「招絲琺瑯」，在中原已大受歡迎，「招絲琺瑯」就是「景泰藍」。

其製作方式為：以銅或金銀等金屬為胎，再在胎身上，以細薄同質料的金屬片，焊出各類圖案花紋，然後再依圖案花紋的需要，填入各類琺瑯彩料，經燒烤、補色，再燒烤、打磨、補修、補色後，即完成全器，這種製器，因為琺瑯的色澤光亮，顏色多種，敷燒成全器後，燦爛耀眼，五光十色，為人所喜。製作方法自進入中土後，到明朝景泰年間，繼而大盛，當時工匠，並發展出許多新的填彩與製作工序，此外，製胎、釉藥、招絲、圖案、佈局各方面，也都有長足的進步。尤其特殊的是，這一階段，以藍色底為主色的成品最多，也最精美，故而大家稱之為「景泰藍」，久而久之，相沿成習，以至於今，「招絲琺瑯」的原名，反而不彰。（如圖五）

這種工藝品，在景泰年間前後，風行的程度，極難想像，富貴

（圖五）明英宗「南宮復辟」後，貶景泰帝爲郕王，並賜諡號爲「戾」，且有計劃的銷毀，有景泰年款的各類器用，致使目前，景泰年間古文物，幾乎已不見傳世，但卻因爲「掐絲琺瑯」的盛行，得使景泰年號，能長存於世；本圖所示，即爲有景泰年款的「景泰藍」，彌足珍貴，現藏於台北故宮博物院。

之家，往往耗費千金，方購得一器，視爲至寶。

　　此外，這種技藝，也對我國傳統的手工藝，造成了相當大的影響。像景泰之後的成化年間，瓷器中出現「鬥彩」（即在燒成的青花瓷器上，某一部份填上琺瑯彩，使圖彩「兜合」，再入窯燒一次而成），其填彩的方式與構想，必是受到「景泰藍」製作的影響，即可見一斑。

　　同樣的，在玉器製作上，也受到這種新興起的工藝影響，尤其在玉器圖紋、線條上，所受影響最深，我們從一些出土的明代中期玉雕上，細予分析，仍可看出有些圖紋，略帶波斯風格的線條，就是受到「景泰藍」風行的影響（如圖六）。

　　明英宗因緣際會，居然成爲我國歷史上，極少見的二次登基皇帝，但卻並未一改往日昏庸，「南宮復辟」後，不但盡毀有景泰年款的器用，甚至因爲擁立景帝的舊恨，竟誅殺朝廷柱石功臣于謙，

（圖六）明朝自仁宗、宣宗二帝階段起，「琺瑯器」大爲風行，這種軟玻璃料，當時中土不見，係來自西方佛菻（即羅馬帝國），故以產地來源命名，且製成器後，光潤奪目，晶瑩似玉，因而加上了「玉」字偏旁，成爲一個新的外來語——琺瑯——；因爲當時的風行，這種器用的紋飾，也影響了明朝的玉雕紋飾。本圖所示的螭紋、盤長紋、花卉紋……，都可見於玉雕。

史敍：于謙被籍沒抄家時，家產是：

「無餘資，蕭然僅書籍耳！」

于謙此人，爲明朝中葉，最重要的一位政治家與軍事家，如果不是他，極力主張，儘速立景帝，以斷瓦剌要挾，大明王朝很難延續，尤其他提出孟子所言：「社稷爲重，君爲輕」，確是智謀、眼光，高人一等，尤其他的節操，更是廉節無瑕。因爲明朝該時，在官場上，已經賄賂成風，于謙自外省調入京官時，朋友爲他擔心，希望他多少送些禮，即使土產也好，不料于謙卻說：「我唯有清風而已。」並賦詩明志曰：

「兩袖清風朝天去，免得閭里話短長。」

　　但這種清廉、有智謀，能安危扶傾，安邦定國的大臣，卻因為英宗的私心，慘遭誅抄，但也留下「兩袖清風」這一句，形容為官清廉的成語，供後人歆歆、憑弔！

　　而相較於抄家時，有六十四倉庫金銀珠寶，僅一庫中，就有近百面盈尺玉盤的權閹王振，賢與不肖，當顯而易見，但英宗卻以香木，刻了王振的像，予以招魂厚葬，並為他建祠，賜名「精忠」。這個昏君，又作了七年皇帝，到天順八年而亡，由太子朱見深即位，改元成化，即為史稱的明憲宗。

第二節◎「弘治中興」，曇花一現

　　因為憲宗自幼，即曾經歷，父皇遭也先俘虜，繼而被送回幽居的鉅變，自身雖貴為太子，但在叔父為帝，隨時有可能被廢的恐懼中，後居然真的被廢，但又因「南宮復辟」，得以再身為太子，以至繼位大統，這種凶險坎坷的經歷，使憲宗的身心發展，極不正常；成化年間，憲宗除了寵信，在東宮時，照顧他的宮女，後納為妃，年長他十九歲的萬貴妃外，更因為身世、地位，無常變幻的恐懼，使他極為迷信佛、道。當時，被封為法王、大智慧佛、西天佛子、大國師、國師、禪師……等尊稱的僧人，不可勝數，更有不計其數的道人，被封為真人、高士等名銜。這些釋道人物，因為有皇帝頒賜的敕書、玉印、玉帶，算是有正式封銜，出入乘轎輿，士卒開道，隨從常多達數千人。在如此不正常的社會階層發展下，統治官僚系統，更是貪瀆腐化，朝綱亦一片混亂，尤其是，憲宗本身，亦是一個心智不正常的怪人，雖已貴為「萬乘之尊」的皇帝，但仍是不擇手段的聚斂財物，蒐羅寶物，進送萬貴妃，有明顯的「戀母情結」；此外，他更大派「傳奉官」，這種官吏，既非經吏部選銓，也非經科舉得進，而是由皇帝，依據其貢獻財物的多寡，寶物的珍稀，來批定任命，這種公然賣官鬻爵的行為，卻由皇帝開始，真是不可思議。

　　此外，在成化年間，因謀反被誅的宦官曹吉祥，在籍沒其家產時，得到大量莊田，憲宗居然收歸己有，於是，明朝自憲宗開始，

出現了「皇莊」的名稱，不但皇帝公然與民爭地，更壞的是，其他皇親國戚，勳臣貴富，亦競相效尤，動輒指民地為閒田，請求皇帝賜給，所請數目，少則數百，多則上千公頃，憲宗則是得其所哉的，自己先占一部分，再賞賜一部分，也因為這種皇帝、皇族、國戚……等統治階層，競相侵占田地，導致平民無地可耕，變成流民，也是促成明末流寇李自成、張獻忠……等，相繼堀起，斷送大明王朝的主因。而這卻是，肇始於明憲宗時代的蒡政。

筆者按：所謂「皇莊」，就是由皇室直接管理的莊田，明朝早在仁宗洪熙年間，就已經有「仁壽宮莊」與「未央宮莊」兩處皇室莊田，但不同的是，這兩處莊田，本來就是皇室的財產；不像明憲宗沒收權閹曹吉祥的莊田，納為己有，他不但不體恤那些被曹吉祥巧取豪奪田地的平民百姓，甚而更侵占民田，擴大皇莊，像到了明武宗正德九年，京畿附近的皇莊，占有土地的面積，已達三萬七千五百多公頃，另再加上宗室、勳戚、官僚，所侵占的田地，已近天文數字（像憲宗後期的權閹汪直，當權僅數年，就占地達兩萬多公頃），這種不知體恤民力，不知藏富於民的政權，最後，當然會被流離失所的百姓（流寇？）所推翻！

以此言，明朝自英宗而至憲宗，以近亡國邊緣，幸而繼任的孝宗，尚稱英明，方足延續國祚於不墜；憲宗成化二十三年結束，其子朱祐樘即位，年號弘治，即為史稱的明孝宗，他也是明朝中葉以來，惟一稱得上勵精圖治的賢主。他一矯成化年間的缺失，罷斥傳奉官兩仟多人，遣返有封銜的真人、佛子計一千多人，任用徐溥、李東陽、謝遷、王恕……等人輔政。這些忠誠的正直君子，帶動了朝政的革新，而孝宗本人，也勤勞國事，每日在皇宮平台，召見臣僚兩次，更不近女色，崇尚節儉，使大明王朝，又逐漸走上正軌，這一階段，即為明史專家，所樂於稱道的「弘治中興」；可是，在這一個階段，王公、勳戚，與民爭田的不正當發展，卻沒有完全戢止，最為可惜。孝宗在位十八年而亡，其子即位，改號正德，即為明武宗，他的作為，與其父完全不同，是我國有史以來，最昏庸、腐化、荒唐的皇帝之一；故而，「弘治中興」，僅似「曇花一現！」

第四章 ✥ 大明王朝的衰頹與覆亡

第一節 ◎ 正德荒嬉，嘉靖「家盡」

武宗即位時，年方十五歲，只知遊嬉、玩樂，完全不理朝政，所寵信的，是以陝西興平縣人劉瑾為首，八個終日陪他玩樂的太監，其中包括谷大用、馬永成、羅祥、魏彬、張永……等人，時稱「八虎」，權傾一時，他更令馬永成與谷大用，分別掌管特務機構的東、西廠，並由劉瑾任「司禮監」，且掌握禁軍、京營，在這些毫無教養、學識的太監掌握大權後，朝政一片烏煙瘴氣。尤其，劉瑾把始自於明太祖時的一項苛政——廷杖——，作了更苛刻的修改，並不斷的執行。

「廷杖」，是我國自有皇朝以來，對官員與知識份子，最大的蹧蹋及侮辱，這種刑罰，本身並無條例規範可言，完全以皇帝的喜怒、好惡為標準，這源自於朱元璋出身低微，文化素養極差，在驟得大位後，所發展出來的一種，對屬下既不人道，又不留體面的體罰措施。行杖地點，係在皇宮前午門的御路旁側，由太監來監視，宮尉將受杖人，用麻布袋自肩下束起，再用繩子綁住雙腿，四面拉住，讓犯官俯臥受杖；廷杖時，遭活活打死的官員，極常發生；但在武宗正德朝以前，受廷杖，尚不須剝去內外褲，還給官員保存了基本的顏面，劉瑾專權後，開始定規，廷杖時，須先把受杖犯官的褲子剝下，再行杖刑，這種行為，不但未顧及官員的基本尊嚴，且使杖死的人更多。像正德十四年，羣臣勸諫武宗，不要到江南遊嬉，正德居然把勸諫的一百四十六個大小臣工，不但在午門外罰跪五天，更都拉去杖責，當場就打死了十一人。

明朝「心學」大儒，強調「知行合一」學說的王陽明，可稱得上是一代儒宗，只為仗言援救被冤的諫官戴銑等人，得罪了劉瑾，竟也被剝下褲子，廷杖四十，幸而未被打死，但還是被貶至最邊遠的瘴癘之地貴州龍場驛，去作一名驛丞。

後因「八虎」內部的爭權，導致劉瑾被誅抄家，明史記紑，劉

謹的家產，包括：

「……黃金二十四萬錠又五萬七千八百兩，元寶五百萬錠又一百五十八萬三千六百兩，寶石兩斗，金鉤三千，玉帶四仟多束……」

當時在中土，極為珍稀貴重的寶石，居然有兩斗之多，玉帶金鉤，則更是以「千」論計。

可見劉謹貪瀆聚斂的龐大，但劉謹之後，朝政並無改善，而只是換了一個大肆貪墨、聚斂的太監而已，像武宗後期時，太監錢寧被抄家，計抄出玉帶兩仟五百多束，黃金十幾萬兩，白銀三仟箱，胡椒數千石。

依據明史輿服志中，規定明朝文武官員的服制是：

「文武官朝服，洪武二十六年定，……一品，革帶與佩俱玉；二品，革帶綬環犀……。」

「文武官公服，洪武二十六年定，……腰帶，一品，玉，或花或素；二品犀；三品四品金荔枝；五品以下烏角鞓；用青革，仍垂撻尾於下……」

「文武官常服，洪武三年定，……其帶，一品玉，二品花犀，三品金鈒花，四品素金，五品銀鈒花，六品、七品素銀，八品九品烏角……」

另有記述稱：

「歷朝賜服文臣，有未至一品而賜玉帶著，自洪武中，學士羅復仁始；衍聖公秩正二品，服織金麒麟袍、玉帶，則景泰中，入朝拜賜，自是以為常……。」

由上可知，明朝文武官員，非至一品，不能佩玉帶，甚至連清貴襲爵的孔子子孫衍聖公，也不能佩玉帶，一直到景泰年間，明英宗被也先俘虜，天下動盪、不穩，明景帝才於衍聖公入朝時，頒賜玉帶，以示籠絡，由此可見玉帶在明朝官場上的珍貴。

可是，自英宗朝王振起，那些胸襟狹隘、奸險陰毒的權閹們，不但身著蟒袍，腰圍玉帶，而家中所藏玉帶，甚至多達三、四仟條之譜，天下賦稅，盡皆讓這些禍國殃民的閹人中飽，天下焉得不

亂？（如圖七）

　　但明朝的「亂」，卻是由上而始，像武宗正德十二年，佞臣江彬撮弄武宗說：「宣府樂伎中多美女。」武宗竟微服出居庸關，到達宣府，自稱總督軍務威武大將軍朱壽，又自號鎮國公，公然在白天，率衆闖入民宅，或要酒喝，或強擄百姓妻女。柴火不足，就強拆民房當燃料，鬧得整個宣府城，市肆蕭然，白晝戶閉。但正德卻認爲，這樣的生活，比在京城作皇帝，要過癮多了，後又陸續嬉遊至大同、黃花鎮、密雲……等地，史紋：每經一處，自民間強搶來的婦女，用數十輛大車，強載而去，不少婦女，不堪旅途困頓，竟至死於途中，但武宗仍遊興不減的經偏關、渡黃河，沿途經過榆林、綏德、太原，每到一處，都鬧得鷄犬不寧，百姓敢怒不敢言，擾

（圖七）明史・輿服志記紋：明朝文武官員，至一品，方得用玉帶，形制爲：「或花或素」均可，在官場上，是象徵權力與地位的標誌；但是，依據史料所記：明代各朝，那些弄權的太監，家中所藏玉帶，竟達數千之譜，眞是駭人聽聞，而且，他們所蒐藏的玉帶，絕不會是素面的，必是精雕鏤刻的珍品，即如本圖所示。

民之甚，罄竹難書。

　　正德在北方玩膩了，又想到南方嬉遊；其時，正德武宗十四年，駐守在南昌的寧王朱宸濠反叛，兵勢浩大。自古，這種藩王作亂，足以動搖國本，而正德念茲在茲的，卻是江南美女佳麗。「宸濠之亂」幸賴知兵的王陽明，趁宸濠傾兵攻安慶時，暗中出奇兵，攻宸濠的藩府所在地南昌，而使變亂，得以敉平；武宗得知捷報，居然大怒，除了將消息封鎖外，亦不獎勵士卒，因若如此，則不能以親征宸濠的名義，南下江南遊樂，武宗沿途，縱使官校、太監，搜索鷹犬、珍寶、古董、以及美女，到處大抓處女與寡婦，百姓膽戰心驚，惶惶不可終日，家有妻女者，連夜送到外地藏匿，甚至發生了百姓女家，強搶男子，硬行婚配，以為避禍的慘事。

　　正德十五年九月，武宗嬉遊到清江浦，竟起意駕小船，到塘中捕魚，因舟覆落水而病，繼而病死，方結束其荒淫、荒唐、腐化的一生，得年僅三十一歲，身後無子，遺詔興獻王世子朱厚熜入繼帝位，改元嘉靖，是為世宗。

　　世宗亦是一個極昏庸的皇帝，尤其自嘉靖初年，因欲尊生父興獻王為皇父，強調「繼統不繼宗」，造成朝廷大嘩，雖然，世宗用嚴刑，將反對的首輔楊廷和罷官，並杖責了一百三十多個官員，其中有十九人，當場被打死，但是羣臣反對的聲浪，仍然不斷，致使世宗，極不愛上朝與羣臣接觸。

　　但是，世宗嘉靖與武宗正德的荒廢朝政方式，卻完全不同，世宗所為者，乃是，迷信道教，無心理政，但他所信奉的道教，卻是走向偏鋒，趨於末流的神仙術、房中術之類，以祈求採補養生，而能長生不老；當時，那些不正派的道士，也利用世宗求仙長生的心理，百般愚弄，像自稱能祈雨、求雪、召鶴，求五色靈龜、靈芝、仙桃……等，甚至「化物為金銀」，其中，許多都是利用民間雜耍的手法，來混矇欺騙。像道士買通太監，夜間偷放一個桃子在內宮，然後騙世宗說，是從空中掉下來的仙桃，世宗也深信不疑。他尤其崇信一個，名為邵元節的道士，為他建「真人府」，撥予士兵，專作「真人府」的打掃清潔工作，並頒賜玉帶、冠服與玉印……等

一品大員的符信器用，甚至世宗有了兒子，也認為是邵元節的符咒
醮祈之功，後邵元節病死，世宗居然以伯爵之禮，給予厚葬；並寵
信另一個道士陶仲文，陶仲文自稱能驅邪捉妖，其實都是一些江湖
遊士的騙局，但都讓世宗深信不疑，在短短兩年期間，先封他為「
少保」、禮部尚書，又兼「少傅」，後更加封為「少師」，其中，
「少保」、「少傅」、「少師」三者，在明朝官場，稱為「三孤」
，是極為名貴的宮銜，得一者，均極不易。大明自開國以來，勳臣
、武將，建有奇功，如劉伯溫、徐達、常遇春等人，也從未有一人
，身兼三孤者，而陶仲文以一道士，卻能得之，但其所依仗的，亦
僅是一些荒誕不經，拿妖捉鬼的騙術。像陶仲文騙世宗說，如果常
吃「先天丹鉛」的神藥，就能長生不老，而所謂「先天丹鉛」，卻
是用十三、四歲小女孩的初潮月經，所煉製的，世宗信以為真，竟
大肆徵選幼女入宮，以供採藥煉丹。明末名士王世貞，曾在西城宮
詞中，吟詠此事，並感嘆這些無辜小女孩的身世悲涼，詩曰：
　　「兩角鴉青雙結紅，靈犀一點未曾通，
　　　自緣身作延年藥，憔悴春風雨露中。」
　　在這些已毫無理性可言的迷信崇祠中，正史記載：嘉靖年間，
僅宮中用於禱祀的糜費，每年都要用掉黃蠟二十多萬斤，白蠟十餘
萬斤，香品三、四十萬斤，用於製作香蠟上供，而同一時期，冀州
一地的饑荒，就活活餓死了十餘萬人。
　　更可悲的是，世宗迷信道教，已近乎愚蠢，像自稱有長生之術
的陶仲文死了，世宗仍相信其術，繼續修煉不止，根本不理國事，
如此荒怠朝政的結果，使奸臣當道，像嚴嵩父子，就是一例，而這
又與世宗的迷信有關，因為嚴嵩能夠堀起於朝中，並不是他有安邦
定國的才能，而只是他為世宗所撰寫的禱祀青詞，最能把世宗心裡
的話說出來，因而獲得拔擢，而嚴嵩在掌得大權後，卻招財納賄，
賣官鬻爵，大肆搜刮，尤其其子嚴世蕃，以貪墨所得，縱情聲色，
其姬妾多到，史稱：
　　「粉黛之女，列屋駢居，衣皆龍鳳之紋，盡飾珠玉之寶，張象
床、圍金幄，朝歌夜弦，宣淫無度……。」

又如嚴嵩父子府中，藏有數百個以美玉雕琢的「玉唾壺」，盡是各級官員進獻。這種穢器，以「比德」的玉材雕作，業已駭人聽聞，而嚴世蕃卻仍不屑使用。他吐痰時，皆由貌美的侍婢，以口承接，史稱：世蕃方發聲，美婢之口已巧就，謂之「香唾壺」。

也因為嚴嵩父子，太過驕倨、招搖、霸道，為其他權奸所乘，利用道士扶乩時，以仙人之語，說嚴嵩父子是奸臣，世宗最信這些言語，即將嚴嵩放逐，其子問斬，史紋，嚴嵩父子被抄家時，計抄出：

「黃金可三萬餘兩，白金（銀）兩百餘萬兩，珍寶服玩，所值又數百萬兩……」

明朝後期，因為皇帝的昏庸腐朽，與奸臣太監的貪鄙奸橫，所形成的政治腐敗，使任何一個權臣的家產，動輒百萬、千萬兩計，渠鉅產如何而來？大明的統治根基，業已腐爛，即如世宗時名臣海瑞，在諫疏中所痛陳的：

「……民曰：嘉者，家也；靖者，盡也；……民窮財盡，靡有孑遺……」

海瑞更曾上疏，直指世宗迷信的錯誤與荒謬，文曰：

「……陛下之誤多矣，其大端，在於齋醮。齋醮，所以求長生也，自古聖賢垂訓，修身立命，曰順受其正矣，未聞有所謂長生之說；……陛下受術於陶仲文，以師稱之，仲文則既死矣，彼不長生，則陛下何獨求之？至於仙桃、天藥，怪誕尤其，昔宋真宗得天書乾祐山，孫奭曰：『天何言哉！豈有書也！』，桃必採而後得，藥必製而後成，今無故獲此二物，是有足而行耶？曰：天賜者，有手執而付之耶？此左右奸人，造為妄誕，以欺陛下，而陛下誤信之以為實，……今大臣持祿而好諛，小臣畏罪而結舌，臣不勝憤恨，是以冒死願盡區區，惟陛下垂聽焉！」

純就奏疏文采言，這並不是一篇上好的文章，尤其提到，世宗迷信陶仲文的長生之術，而陶仲文自己都早死了，而世宗仍迷信不已。又如：「桃必採而後得，藥必製而後成」，都是童稚皆知的淺顯道理。雖然文采不豐，但仍然無礙於海瑞，成為一代名臣，因為

，要上這篇奏疏，所需要的膽量，確是無人可及！因為嘉靖後期，羣臣阿諛，權閹肆虐，誰敢說皇帝的齋醮長生之術不對？

但海瑞，卻正是這麼一位人物，史敍：他是瓊山人（海南島），自號剛峯，以剛直不阿、鐵面無私自許，在他受命巡撫應天十府時，平常欺壓良民的豪富，都聞聲搬逃別處，甚至炫耀富有的人家，以紅漆粉飾大門，聽說他來了，也都趕緊將大門，改漆成黑色；但前述奏疏，太過觸忤帝皇，海瑞自知必死，親自買了一付棺材，與妻子訣別後，昂然待罪於朝，但家中的童僕佣人，卻嚇得逃跑一空。

果然，海瑞被問成死罪，下入詔獄，幸而兩個月後，世宗為求長生，吃了太多金石藥，暴斃而崩，其子繼位，改元隆慶，即為明穆宗，才使這位名臣海瑞，僥倖逃過一死。

我國自隋、唐起，以帶飾作為官秩的等列之器後，玉帶即一躍而成為禮儀用玉的主流，千餘年來，沿用不輟（至清朝方止）。到明朝時，這種源自於「胡服」，又名「鞢鞢」的帶上裝飾用玉，不但是一品官員的重要標誌，更是高級官員服御器中，奢華的代名詞。因為禮儀僅規定用玉帶，卻可以「或花或素」，所以，在明朝玉帶飾中，多由長方形玉帶板組成，但亦有長方形、桃形與小豎玉條，共同組成，形式變化甚多，不一而足；一般雕工，多以素面，與粗糙的透雕為主，但那些奢華的精緻製器，則不但鑲嵌極貴重寶石（即本編第四章所敍），而作工，也包括減地、剔地，甚至減地三、四層，以分層的方式，凸顯主體紋飾之美，以收視覺效果；這些玉雕精品，在當時所值，僅只一片，即足數口之家半年之溫飽，而一玉帶，少則亦有玉板十餘片，在那些貪墨的贓官府庫中，動輒有數仟條之多，盡是直接、間接搜刮百姓所得，甚至江湖術士、無德道士，不但受頒玉帶，而私下收藏，也動輒百條之譜，「嘉靖者，家盡矣」，大明王朝至此，確已日薄西山，逐漸走向覆亡。（如圖八）

第二節 ◇ 張居正革弊興利，不敵神宗貪財好貨

（圖八）這種以分層雕琢，來凸顯主體紋飾之美的玉作，極費時費工，如若玉質佳美，在明朝，則更爲珍貴，僅一片之微，即足數口之家，半年之溫飽。但在貪官、權閹的私庫中，動輒有數千條之多，搜刮民力，以至於斯；「嘉靖者，家盡矣！」，大明王朝已走向覆亡。

　　世宗死後，其子朱載垕繼位，改元隆慶，即爲穆宗，這給了臣下一個革弊興利的機會；內閣首輔徐階，學前朝名臣楊廷和的方式，假世宗遺命，把那些當年撮弄皇帝嬉遊、荒淫的道士，搜捕下獄，所有建宮觀、廟宇、建醮的糜貴活動，也都停止，最重要的是，大量起用，在嘉靖朝，因上疏言事，而被罷官、拘囚的官員，也因爲如此，使隆慶朝產生了，爲挽救大明王朝頹勢，而進行的政治與經濟改革，其領導人，就是湖北江寧人張居正。

　　此人確有一些政治抱負，他於隆慶元年入閣，曾上了一封「陳六事書」給皇帝，指出嘉靖朝以來的各項弊端，與興革當急之務，像省議論、振紀綱、重詔令、覆名實、固邦本、飭武備……等，都能切中時弊，極具識見，穆宗對這些條陳，均表讚賞，但天不假年，在位僅六年即崩，太子朱翊鈞，當時年僅十歲，即位後，改元爲萬曆，就是明神宗。

　　神宗初期，張居正以皇帝年幼而能掌握朝政，肆力改革。像在萬曆九年推行的「一條鞭法」，就是我國自唐朝實施兩稅法以來，

賦稅史上的一次最大興革；此外，張居正所推行的，重新丈量全國土地，裁減官府冗員……等措施，使萬曆初期的十數年間，國家又逐漸走向富庶，明史記事本末稱讚張居正的政治革新，是使「海內肅清，邊界安全」，當時官倉的積粟，也都逐漸豐滿，國庫稅收節餘，多達四百餘萬兩，確是「治績炳然」。但是，張居正的銳意革新，也得罪了許許多多的既得利益份子，在張居正死後，即不斷非議、誣陷他的作為，終於使他封號被革，家產被抄，長子被逼自殺，其他子孫家人，都被發遣邊疆的身後慘事，自此起，大明王朝又重返積弊，以至亡國。

　　明神宗初即位時，張居正任首輔，頗獲當時皇太后的支持，位高權重，而神宗只有十歲，除了對張居正有所敬畏外，更遵從他的諍言規勸。張居正死於萬曆十年，其時，神宗已是二十歲的青年，因為少了賢相的規諍，生活日趨腐化，尤其特殊的是，神宗雖已貴為淹有四海的天子，但卻拚命蒐刮財貨、珠寶，並大量掠奪百姓的民田。其時，皇帝所擁有的皇莊，僅在順天府（即現今北京周圍）一帶，就多達兩萬一千多公頃；他更利用各種名目，向各部公庫需索他最不需要的金銀，納入內府。像他一次採辦珠寶，就耗費白銀兩千四百多萬兩；宮廷每年供嬪妃所用的脂粉費用，也多達四十多萬兩；年例的皇宮袍服織料，更多達十五萬匹。自萬曆十年後，明神宗的搜刮、奢侈、浪費，逐漸變成一種喪心病狂的「病態」，史稱其為「以金銀珠玉為命脈」的人，但他卻惟恐搜刮不足，更自萬曆二十四年起，派出大批宦官，遠赴各地，充任礦監稅使，巧立名目，強徵各稅。像當時稅收關卡的繁複，已至匪夷所思的地步，百姓日常賴以唯生的舟、車、舍、米、糧、菽、粟，無一不需抽稅，甚至牛、馬、豬、狗、雞、鴨，亦需納稅，一年所榨取的稅金，多達白銀以千萬兩計，不是便宜了那些權閹酷吏，就是繳入內府，供皇帝揮霍，甚至存放在庫窖中，發黑銹蝕，風化成爛泥般，不復可用，而民間卻「百用乏絕」，十室九空。不但如此，「好貨成癖」已成病態的神宗，更縱情聲色，荒怠朝政，甚至怠惰到：「不視朝，不御講筵，不親郊廟，不批答奏章」的地步，致使中央與地方的

官吏，缺額也無法補充，整個國家統治機器，完全陷於癱瘓。神宗享國四十八年，是明朝歷代帝王中，享國最久的一位，但卻有二十多年，不與臣僚共商朝政，大臣的奏章，皇帝的手諭，就靠太監傳送；當時，各地形成的民憤，與東南沿海的倭患，竟無人理會，幸靠戚繼光、吳大猷、朱紈等少數忠烈之士，苦心經營，幸也成效卓著。

明神宗的荒唐、怠惰及貪婪成性，已至無可救藥，不但對國事如此，對簡單的家事，也搞得一塌糊塗，他雖早已有長子，但卻因寵信的鄭貴妃也有了兒子，而對太子的冊立，舉棋不定。照一般宗法制度「有嫡立嫡，無嫡立長」的原則，應立皇長子朱常洛為太子，大臣屢次上書，神宗都藉故拖延，如此，更助長了宮廷內的明爭暗鬥，廷臣分成兩派，相互攻訐，足足爭了十五年，神宗才冊立長子為太子。廷臣認為，太子是「一國之本」，故而稱這一段爭執，為「爭國本案」。

萬曆四十三年，有不知名的男子，手持棗木棍，不知如何，居然闖入大內，太子居住的慈慶宮，打傷內侍、太監，一直闖進大殿簷下，才被勉強制服，後經查，此人名張差，是由太監引領進宮，欲行刺、打死太子，一時議論紛紛。神宗惟恐追查到寵信的鄭貴妃，居然把相關人員，秘予處死，以為滅口，就草草結案，此即明史三案中的「挺擊案」。

萬曆四十八年，我國有史以來，最貪婪、好貨，且又怠惰、腐化的明神宗，終於病亡，太子朱常洛接位，即為光宗；光宗在太子藩邸時，就已經縱慾荒淫，擁有不少寵姬麗人，其中最受寵的，是兩個均姓李的選侍（如筆者註），宮中習稱之為西李、東李。而西李之受寵，又在東李之上，彼此爭寵，早已把太子宮邸，攪和得一片烏煙瘴氣；另又因前朝鄭貴妃，怕光宗記恨「挺擊案」的往事，特地又選了四個絕世美女進獻，如此，光宗才登基二十餘日，即得了重病。鴻臚寺丞李可灼，獻上稱為仙丹的「紅丸」一顆，光宗服後，病情略解，精神大振，次日，再服一粒「紅丸」，竟驟然而亡，在位僅二十九天，是明朝在位最短的一位皇帝。其死因，眾說紛

紈，大臣也都紛紛上疏追究，但卻因爲事涉天子宮闈之事，也不了了之，此即爲<u>明史三案</u>中的「<u>紅丸案</u>」。

光宗死後，皇長子<u>朱由校</u>即位，即爲<u>熹宗</u>，年號<u>天啓</u>；但光宗<u>李</u>姓寵姬（<u>西李</u>），卻占住天子正衙的<u>乾清宮</u>，使登基的皇帝，只能住在偏殿「<u>慈慶宮</u>」，後在羣臣的催促下，該前朝寵姬，才自<u>乾清宮</u>，移居<u>仁壽殿</u>，此即爲<u>明史三案</u>中的「<u>移宮案</u>」。

筆者註：「<u>選侍</u>」，爲從宮女中挑選出來，侍候太子，故名「<u>選侍</u>」，地位極低。「<u>西李</u>」依恃<u>光宗</u>的寵愛，入居<u>乾清宮</u>，已完全不合禮制，待<u>光宗</u>死後，還能霸住天子正衙的<u>乾清宮</u>許久，實爲荒謬至極！

從前述三案，可知：<u>明朝</u>自<u>萬曆</u>以後，整個統治架構，不但已經鬆弛腐化，甚至皇宮內廷，也宮禁蕩然，毫無章法，把<u>張居正</u>興利除弊的一些成果，摧毀殆盡，使這個王朝，走向滅亡。

第三節 ◇ 魏閹亂朝，國脈已失

<u>萬曆</u>四十八年，七、八兩個月，<u>神宗</u>、<u>光宗</u>相繼病亡，「<u>東林黨人</u>」<u>楊漣</u>、<u>左光斗</u>等，驅走<u>光宗</u>寵姬「<u>西李</u>」於<u>乾清宮</u>，扶持皇長子<u>朱由校</u>即位，即爲<u>熹宗</u>，改<u>萬曆</u>四十八年八月以後，爲<u>光宗泰昌</u>元年，次年爲<u>天啓</u>元年。

早在<u>神宗</u>時期「爭國本」時，吏部文選郎中<u>顧憲成</u>，因擁立太子，而被罷官休致，回鄉<u>無錫</u>。而<u>無錫</u>城東，有一座<u>東林書院</u>，是<u>宋朝</u>名儒<u>楊時</u>講學的地方，<u>顧憲成</u>予以修復後，即與一批志同道合的朋友，在一起講學，大多都是不得志的士大夫。他們以君子自期，自負氣節，隱隱然成爲社會輿論中心，故而被朝廷「閹黨」，稱之爲「東林黨」。

<u>天啓</u>元年，朝廷幾乎全由<u>東林黨</u>人把持，朝政雖然耳目一新，但這些被譽爲正人君子的<u>東林黨</u>人，卻矯枉過正，偏狹傲慢，把一般官員，逼到初發跡的太監<u>魏忠賢</u>身旁，而<u>魏忠賢</u>，內有<u>熹宗</u>的乳母<u>奉聖夫人客氏</u>爲奧援，外則有非<u>東林</u>的官員，投靠爲羽翼，權勢日益顯赫。

　　天啟三年，魏忠賢兼掌東廠後，朝廷中東林黨人，全遭罷黜，變為「閹黨」所掌控。

　　而熹宗即位時，雖已有十六歲，卻一點也不喜歡繁雜的政事，惟對木匠工藝，情有獨鍾，經常自己動手，鉋、鋸、劈、接，作些木器，經年累月，樂此不疲。史敘熹宗：「性至巧，多藝能，尤其營造。」他自製的樓閣模型與傢俱器用，「雕鏤精絕，即巧工亦不能及。」此實我國有史以來的天下奇聞，日理萬機的聖天子，居然沈迷於木匠雜活。熹宗沈迷木工的程度是：「鎮日隨地盤坐，製造木器，甚或解衣裸體，大肆構工。」而朝政，完全由他的乳母客氏與權閹魏忠賢把持，魏忠賢瞭解熹宗的習性，每次，都是趁熹宗作木工到忘我時，拿一些奏章請示，熹宗不耐煩處理，使大權逐漸落在魏忠賢手上。

　　這個我國有史以來，最頑劣、卑鄙、陰殘的太監，在掌權之後，大肆培養私人勢力，剷除異己，使他的兄弟、侄親，均躍居高位，像他的侄兒，方是在襁褓中的嬰兒，不但封公、封侯，甚至又加封太師、太保的宮銜，而他所信任的太監與權臣，也都掌握實權，遍布宮廷內外，有「五虎」、「五彪」、「十狗」、「十孩兒」、「四十孫」……等渾號，形成一股恐怖的邪惡勢力，史稱「閹黨」；他們對大多數是正人君子的「東林黨」，極為殘酷的打擊與踐踏，且以魏忠賢的名義，修了一本三朝要典，把「挺擊」、「紅丸」、「移宮」三案，全翻了案，自此，這三案與「爭國本案」，就成了打擊羅幟東林黨人的工具。任何一清官，入了東廠，先受械、鐐、棍、拶、夾等各種刑罰，然後再施以斷脊、墮指、刺心，甚至以尖刃生取人心，或煮瀝青、生剝人皮……等，不一而足，滅絕人性的酷刑，待人已死，還要陳屍獄中一段時期，直到屍體腐爛，遍體生蛆，才用蘆蓆拖出，如此，使犯人家屬，無法辨認遺體，更無法知道死者忌日，以為祭奠。到最後，魏忠賢怕在野的東林黨人與知識份子，議論朝政，竟喪心病狂的拆燬全國書院，禁止講學；我們都知道，治國以人才為本，而人才出自教育，魏忠賢與閹黨，不但極力摧殘人才，更禁止講學，封堵了人才受教育的機會，這種作為

較之秦始皇的「焚書坑儒」，更滅絕人性。至此，大明的生機，已為這些身心俱有殘缺的太監，葬送殆盡。

但魏忠賢卻仍在朝中，權勢熏天。羣臣在奏疏中，凡提到魏忠賢的地方，均稱「廠臣」，而不敢直書其名；內閣在草擬聖旨時，居然以「朕與廠臣」，聯名並稱；魏忠賢出巡時，除禁衛、藩伕外，更有優伶、廚師、車夫……等隨行，動輒數萬人，所到之處，「士、大夫遮道拜伏」，並尊稱他為「九仟歲」；朝中無論大小事物，均需魏忠賢點頭後，才能辦理，熹宗近在咫尺，也無人請示，而熹宗卻仍作些工匠活計，自得其樂。到了天啟六年，無恥的浙江巡撫潘汝楨，在風光明媚的西湖畔，為魏忠賢建了一座生祠，以祠禱其長生。這種下作的逢迎手法，竟蔚為風尚，各處寡廉鮮恥的官員，爭相效尤，使魏氏生祠，幾乎遍及天下。而在京城，更不得了，魏氏生祠竟多到「都城數十里間，祠宇相望。」百姓入祠不拜者，一律處死。

這一階段，為我國歷史上，文人受荼毒最深，也是政治、學術最黑暗的階段，士、大夫不依附「閹黨」，或阿諛稍緩，立即身遭大禍，致使滿朝文武官員中，若非是身心殘缺惡毒的太監，就是無恥阿諛的小人，到最後，「堯天帝德，至聖至神」等諛語，都加奉在魏忠賢身上，甚至地方官員在迎魏忠賢的塑像，進入生祠時，都一體跪伏，行五拜三叩之禮，超過任何神明，最後，居然有無恥的文人上奏：

「孔子作春秋，忠賢作要典，孔子誅少正卯，忠賢誅東林黨。」
認為魏忠賢德比至聖，應配享孔子。

這就是明末閹黨專政時的文化亂象，但熹宗卻依然故我，到了天啟七年八月，臨死前，召集閣、部、科、道官員，頒佈遺詔時，還稱讚魏忠賢及其爪牙是：「忠貞，可計大事。」熹宗無子，死後，由其弟信王朱由檢繼任皇位，次年，改元崇禎，就是明朝最後一個皇帝——明思宗——。

思宗是明朝中、後期諸帝中，比較勤政與節儉的一個皇帝，他即位後，罷蘇杭織造，又因封疆多事，「禁衣飾侈僭，及婦女金冠

袍帶等。」自己的御用之物，也只用銅、錫或木製品，明史卷八十二，在食貨志（六）中，記述上供採造之事：

「太倉之銀，頗取入承運庫，辦金寶珍珠，於是，貓兒睛、祖母綠、石綠、撒孛尼石、紅喇石、北河洗石、金剛鑽、朱藍石、紫英石、甘黃玉，無所不購……。內使雜出，採造益繁，內府告匱，至移濟邊銀以供之，熹宗一聽中官，採造尤夥，莊烈帝（明思宗）立，始務釐剔節省，而庫藏已耗竭矣！」

雖然，思宗開始節儉，但大明王朝，已如同病入膏肓，「庫藏已耗竭矣！」

雖然，大明「府藏已耗竭矣」，但卻多入了貪贓、枉法的貪官與宦寺之家。明史中有宦官列傳、閹黨列傳、佞倖列傳、及姦臣列傳，這些奸險、陰毒、刻苛的小人，事敗後，家產被查抄，私蓄都

（圖九）明朝的官僚系統，貪污腐化已極，渠等所蒐藏的奢侈器用，多令人匪夷所思，圖示為：「嵌寶雲龍紋金把壺」，雖僅一壺，卻以金打造，其上所嵌之寶，可多可少，多者，各類珍稀寶石，均可堆砌於上，且因黃金極重，不宜使用，均以陳列誇耀為主；這種浮華的風氣，也影響了玉雕工藝，走向唯美、奇巧。

多得嚇人，像：「寶石數斗」、「黃金數千箱」、「胡椒數仟擔」
、「珊瑚數十株」……等，另有金絲帳、玉唾壺……等，令人匪夷
所思的奢侈器用。也就在這種大環境下，自明朝中後期，我國的玉
器蒐藏風尚，有了很大的轉變（如圖九）：

　　其一是，陳列器逐漸時興，因為，以往引以為貴的玉帶等服御
器，每個貪官權閹，都多不勝數，甚至多達四、五千條之譜，再多
送一條，有何意義？而行賄的禮品，務求新奇特殊，如此，方形成
大型陳列器，像玉山、玉屏、玉製文玩，逐漸時興起來。雖然價值
鉅萬，爭奇鬥艷，但卻都是來自民膏民脂！這種風尚，也為爾後清
初盛世陳列器的大量製作，開啟了先聲。

　　其二，則是鏤工細刻的精品，方足引起那些貪官汚吏的一點興
趣，因為，那些人的不義之財，太多太多了，尋常玉器，如何看得
上眼？而高古出土玉器，侷限於學識的不足，那些人既看不懂，又
不懂得欣賞，故而走向鏤工細刻，玲瓏奇巧的雕工，成為當時社會
上，賞玉、品玉的另一個方向。如此，方造成了「子剛玉器」的盛
名。

　　陸子剛是明朝後期的有名玉工，他是蘇州人，蘇州府志記載：

　　「……陸子剛，碾玉妙手，造水仙簪，玲瓏奇巧，花莖細如毫
髮。徐渭詠水仙簪：『略有風情陳妙常，絕無煙花杜蘭香，昆吾鋒
盡終難似，愁煞蘇州陸子剛。』」

　　徐渭就是自稱清藤居士的徐文長，也是蘇州人，依他詩中所敍
，陸子剛在生前，就已經很有名了。

　　另依據太倉府志的記載：

　　「凡玉器類砂碾，五十年前，有州人陸子剛者，用刀雕刻，遂
擅絕，今所遺玉簪，價一枚值五、六十金；子剛死，技亦不傳……
……。」

　　明朝收藏家陳繼儒，在他所著的妮古錄中，也曾提到陸子剛，
曰：

　　「乙未十月四日，於吳伯度家，見百乳白玉觶，觶蓋有環，貫
於把手上，凡十三連環，吳門陸子製……。」

　　綜合前述資料，可以確定一點的是，陸子剛善雕奇巧之器，刀工極佳，而據筆者蒐取史料，所知：陸子剛工藝高絕，故而對他的雕玉方式，有許多傳聞，但都是不正確的，他仍是用我國傳統的方式製玉，只不過他的刀工較細，淘洗的解玉砂較精裛而已。

　　雖如此，但陸子剛在作玉上所下的工夫，確非常人可及，也因此，相傳陸子剛對自己的製品，都非常自豪，習慣在自己的作品上，落上名款，「子剛」或「陸子剛」……等字，這是我國自有製玉業以來，惟一的一個特例，也因為是特例，許多達官貴人，並不習慣；相傳，有一皇室，向他訂製一把玉壺，價錢不計，唯一的條件，是不許落款；玉壺製成後，果然鏤工細雕，精美絕倫，而也不見落款，那皇室欣喜之餘，付款而去，但後來，那皇室的幕客，不相信陸子剛的製品會不落款，經過仔細找尋，果然在壺口內裡，找到了落款，那皇室大怒，差人將陸子剛拿入官府，毒打凌虐許多天，才釋放回來，經此大辱，陸子剛仍不改本色，所有製成品，仍然照舊落款。（另有一說：係為萬曆製玉，恐係訛傳。）

　　可是，也因為陸子剛堅持落款的固執，成了大家競相模倣的目標；時至清初，在眾多落款「子剛」的玉雕中，已經沒有辦法分辨，何者是原件，何者是仿造了。（餘詳見本冊第七章）

　　但可以確知的是：在明朝後期，陸子剛的玉雕，價值極昂，以一簪之微，竟值五、六十金，這也就是筆者前述，貪官、汚吏、權閹……貪瀆成風，所形成社會的賞玉習氣。

　　可是，民間的情形如何呢？明朝自萬曆末年，以至天啟、崇禎兩朝，我國北方，幾乎年年都有天災，旱澇相繼，飛蝗徧野，民不聊生，在許多鄉下，貧窮已極的市集中，常見有人，將面黃飢瘦的女人、小孩，反綁雙手，串拉在市集上出售，名曰「菜人」，意指可以買回去，殺了吃，這種慘事，對賣的人來說，固然是鋌而走險的唯一存活之道，而對被賣的人而言，一死百了，也是逃避饑饉的一種方式！「民不畏死，奈何以死畏之！」這時國法的規範，官府的酷刑，都不管用了，流民一批批揭竿而起，終至天下大亂。

第四節 ◈ 李闖破京，崇禎殉國

雖然正史上，對明末流寇，有所貶抑，稱之為：

「盜賊之禍，歷代恆有，至明末李自成、張獻忠，極矣；史冊所載，未有若斯之酷者！」。

這是源自於清修明史，而清朝強調，亡明者為流寇，而清朝係為大明皇帝復仇，用以安撫前明舊臣民的政治手法；但平實而論，李自成、張獻忠之流，雖多殘酷，但他們卻是依靠更殘酷凶惡的明朝統治系統，才得以堀起。

像前述「廷杖」制度的建立，與東、西廠、錦衣衛等特務組織，大多以太監作特務首腦等，都是對人性的極大反動；而明朝中葉，自英宗朝的王振起，歷朝都有宦官當權，這些宮廷內監，因為身心的殘缺，行事為人，多極心胸狹隘，且陰狠貪婪，尤其自嘉靖以至萬曆、天啟三朝，太監干政，荼毒百姓，已至無法無天的地步，甚至公然指定犯人，咬出不相干的富戶，方便他們去抓人凌虐勒索，此種下流手段，取其名曰：「干榨酒」。

而平民百姓，更在這些貪官、污吏、權閹的蹂躪下，生活無以為繼，尤其由皇室帶頭實施的「皇莊」制度，根本就是與民爭田，而各地區分封的藩王「莊田」，更是遍佈天下各處，動輒以萬頃論，像潞王在湖廣的私人莊田，就達四萬公頃，神宗封福王時，一次就給莊田兩萬公頃，同時，各地區的官吏、富豪，也更是聚斂土地不止，尤其不公平的是，這許多勳戚大僚，有免除賦役的特權，如此，極重的賦役，都擠壓在無田無財的貧困大眾身上，平民百姓根本已無法生存，而在萬曆末年至崇禎年間，針對關外用兵與剿寇，又陸續增派了「遼餉」、「剿餉」、「練餉」等新名目的苛稅，如飲鴆止渴般的搜刮民間，所謂：「舊征未完，新餉已催；額內難緩，額外復急。」卻不知，民間是否承受得起，崇禎元年，陝北延安府發生大旱，莊稼顆粒無收，餓殍遍野，甚至有人：

「炊人骨以為薪，煮人肉以為食！」（如圖十）

百姓在無路可走的狀況下，只有鋌而走險，而高迎祥、李自成、張獻忠……等，自民間堀起的流寇首腦，也陸續出現，雖然，官軍陸續圍剿，但此起彼落，大明王朝已左支右絀，疲於奔命，尤其

（圖十）本圖爲明周臣所作的「流民圖」，原作現藏美國。明朝自中、後期，因爲苛政，使無家可歸的流民極多，一地大旱，即餓殍遍野，「炊人骨以爲薪，煮人肉以爲食！」甚至把妻子綁赴市場，賣爲「菜人」，「民不畏死，奈何以死畏之！」，明末，天下大亂，流寇蠭起，都是百姓無路可走下的「鋌而走險」！

在崇禎八年，各路流寇，在滎陽舉行大會，參加的包括十三家七十二營，李自成在會議中提出，「分兵定所向」的流竄、進攻策略，這就是導致明朝京城淪陷的「滎陽大會」。

會後，李自成、張獻忠等人率部隊，突破明朝官軍的防線，直下鳳陽，焚燬了明太祖朱元璋爲其父祖朱五四、朱初一，所營建的鳳陽祖陵；這一措施，對大明王朝的心理打擊甚大，但也可看出流民，對朱明王朝的憤恨，同樣的，也顯露出民軍的紀律甚差；可是，官軍卻無力完全剿滅，其主要原因是，明朝後期的廣大農村，幾乎都已經破產，那些挨餓等死的農民，都成了民軍的預備部隊，只

要民軍所到之處，喊出一句口號：「均田免糧」，都能號召，難以數計的農民加入，官軍兵力再強，何以可能與全國的勞苦大眾相抗衡？此即所謂：

「吃他娘，穿他娘，吃著不盡有闖王，不當差，不納糧！」

所以，李自成自崇禎十二年，在商洛山二次起兵後，幾乎沒有打什麼硬仗，就連下數百城池，除了在太原、寧武關等地，有眞正的作戰外，其餘地方，明朝的守軍，可以說聞風瓦解，到了崇禎十四年，就已經攻破洛陽，部隊人數，更多達一、兩百萬人。崇禎十七年正月，李自成在西安稱帝，國號大順，年號永昌，並大封功臣。三月中旬，即進占北京門戶的居庸關，隨即圍攻北京，太監曹化淳暗開彰義門迎降，北京遂破。

崇禎帝見事急，於宮中鳴鐘，召集百官，竟無一人應召，大營兵將，也皆潰散，在走頭無路下，只有令兩宮及懿安皇后自盡，劍砍長平公主、昭仁公主後，自己亦自縊，死於景山、壽皇亭旁的槐樹下，身旁只有一個名叫王承思的隨侍太監殉死，朱明王朝至此，正式滅亡。

隨後，李自成據皇城，各級部隊對明朝宗室、勳戚、內監、官僚，大肆搜刮，名曰：「拷餉追贓。」大明皇室歷代的搜刮所得，及貴族、皇戚的珍藏寶物，在這些文化程度不高的民軍折騰下，喪亡殆盡，前述陸子剛所琢製的玉器精品，至今無人可識，即有一部份原因，是此次北京城的浩劫所形成。

多有史家評論崇禎帝為：「非亡國之君，而當亡國之運。」其實並不盡然。固然，自萬曆、天啟之後，大明國祚已病入膏肓，難以挽救，但崇禎本身，也要負相當的責任。他承襲了明朝皇室猜疑的本性，並且剛愎自用，苛薄寡恩，橫徵暴斂，誅大臣如同折草芥，在位僅十六年，居然史無前例的，換了五十個大學士、十四個兵部尚書，更造成了多數大臣離心離德的心態，至此尚不亡國，豈有天理！

第五章 ◈ 明時對外關係與玉器文化的發展

第一節 ◎ 與西域諸國來往，使玉材源源進入中土

　　明成祖以「靖難」的名義，硬奪得帝位，但卻未獲惠帝，因此心結，故而廣派耳目於天下，並派使臣往訪四夷，於是，短期內與哈密、撒馬爾干、火州、吐魯番、于闐……等西域諸國，都建立了艮好關係，尤其能表現出明成祖雄才大略的是，只要是藩國進貢，他絕不吝於賞賜，且賞賜均針對藩國所缺，這除了展現中國之富，華夏之美外，四夷小藩，爲貪圖賞賜的豐厚，使明朝各階段的藩國進貢，終年不斷，貢使亦長期絡繹於途。尤其是西域諸國，物產不豐，所貢物品，多均以駝馬、玉璞爲大宗。

　　而在明初，也對工匠的管理，作了相當幅度的改變，不同於已往各朝。因爲，我國自製玉工藝興起後，由於材料的珍貴，使這門手工藝，多成爲君王的附庸，後雖因爲政治社會的變化，使玉工星散，流入民間，但大體言，我國歷代玉工，仍多是爲統治階層治玉、雕玉，但是自明朝起，卻有了變化，這個變化，緣自於制度的改變。

　　明初，對各類工匠的管理，是承襲元代的舊籍，仍審定元時的極大批工匠爲「匠籍」，而且規定，這些匠籍人員的子孫，必須世代承襲，不得改業，不得脫籍換行；如此逐漸蔓衍，使工匠人數大增，技藝也有提升，尤其特殊的是，明朝不再將匠人納入宮中管理，而是採取服役制度，每一匠人，不必長年累月的爲皇室或王府服務，只需拿出一小部份時間，到京師服工役，役滿，即可自由活動；洪武十九年時，原規定有匠籍的手工藝技術專才，每三年必須到首都南京服役，時間爲三個月；到洪武二十六年，更把這種服役方式制度化：朝廷依據各門類手工藝的難易、繁簡，人數多寡，實際需要，及各地區匠人距京城路程的遠近，排定班次，概分爲五年一班、四年一班、三年一班、兩年一班及一年一班，五種輪流進京服役方式，每班服役時間，都是三個月，這種工匠，在明朝稱爲「輪

班匠」；可是，因為有些一、兩年就須輪班的工匠，憚於年年跋涉的舟車之苦，即長住京師，固定在官方的手工藝部門工作，這類工匠，則稱為「住坐匠」，但「住坐匠」，也只是每個月拿出十天，來為官方服役；也就是說，在明朝，不論「輪班匠」或「住坐匠」，都只有在為官家服役時間內，才由政府發給工錢，供應膳食，其餘時間，則是自由的。

也就在這個匠人繁衍眾多，且大多數時間都自由的社會條件下，使明朝的手工藝生產方式，產生了很大的變革；首先，就是大形的「作坊」出現，使產量提高了許多，所以，當時各類作坊，不論紡織、瓷業、漆器、製玉、染坊、製酒、竹木雕……等，動輒數十百人，工匠在其中，以勞力與技藝，換取工資，而作坊負責的坊主，除了提供原料，發放工資，管理工匠外，更要販售所生產的商品。

近年，筆者所見明、清兩代玉器甚多，在明墓出土的諸多玉器中，筆者本欲作些刀工方面的歸納、整理，但在研究中，卻發現，明朝的民間所用玉器，常見大量製造的痕跡，像：式樣劃一，作工粗糙……等；尤其特殊的是，在一器之上，常顯現出多種不相似的刀工與刀法。這只有一種比較合理的解釋，就是：

這些玉器，是在人數眾多的玉作坊中，採用類似生產線的產出方式，每人僅作一項工序，分工合力完成的，此所以筆者在前幾年的一本小書中，特別提到明朝玉器，已有大量生產的傾向。

可是，這種產出方式，必須要有一定的樣式、圖形，方便於分工，所以，藝術性必會降低，而這也是明代玉器雖多，除少數像子剛玉器的精品外，民間一般佩飾器，都略顯粗糙的原因。

可是，卻在這個生產方式的變革中，對玉材的需求，驟然提高了許多，幸而官方用材，因為明成祖對西域關係建立的成功，而不虞匱乏，像明史多處，記述西域諸國，屢次進貢玉璞的記錄：

「別失八里，西域大國也，……永樂二年，遣使貢玉璞、名馬，……三年，亦貢……。」

「撒馬兒罕，……貢玉石……。」

「哈烈，貢玉璞……。」

「黑婁，貢玉石……。」

「天方，遣使偕撒馬兒罕、土魯番，貢馬駝、玉石……。」

在這些不勝枚舉的記錄中，顯示明朝時，西域進貢皇室玉材的頻繁，與數量的增加，明顯的，明朝的皇室用玉，是毫不虞匱乏；可是，民間所需用的大量玉材，卻必須透過邊塞的「和市」來購買，再僱人運進中原，沿途不但要經過山水跋涉之苦，更有層層關卡的賦稅苛擾；在這種官方與民間，用玉材料來源不平衡的狀況下，民間用玉的取得，有了新的孔道。明史列傳西域四，記述天方國貢使進貢的情形：

「……嘉靖四年，……，遣使貢駝馬、方物，禮官具奏，所進玉石，悉粗惡，而使臣所私貨，皆艮……。」

很明顯的，對外國貢使言，藉進貢之便，私下賣玉，是一條致富的捷徑，而對西域諸方國言，既可藉進貢之便，換得中原帝皇豐富的厚賜，而貢使的運玉、販玉，也可獲得鉅大財富，確是一舉數得。例如：明史記敍景泰年間，撒馬兒罕遣使入貢玉石的情形：

「……所貢玉石，堪用者，止二十四塊，六十八斤，餘五千九百多斤，不適於用，宜令自鬻；而彼堅欲進獻，請每五斤，賜絹一匹，亦可之。……」

這明顯是一種痞賴的行為，所貢玉石，品質差到不堪使用，要他們自己賣掉或處理，可是這些藩使，卻堅持進貢，並且喊出價碼：「每五斤玉璞，換一匹絹也可以！」這種進貢方式，幾乎已經少有崇敬中原皇朝的意味；但是，明朝皇室，對這些藩國的進獻，基於懷柔四方的政策，均多所容忍，此所以，景泰三年，別失八里國遣使進貢，其中最大宗的貢品，就是粗礦不堪用的玉石，明史記稱：

「景泰三年，貢玉石三千八百斤，禮官言，其不堪用；詔悉收之，每二斤賜帛一匹。」

可是，這種藩使動輒以進貢名義，以幾千斤的大數量，進獻一些粗劣不堪使用的玉璞，換取回禮，而私下夾帶進入中原的玉材，卻質地美好，也能賣得好價錢，貴為皇室，也無法長期負擔。於是，嘉靖年間，正式下詔令：

「……令毋得多攜玉石，煩擾道途，其貢物不堪者，治都司官罪。……」

這種透過禮官，先行過濾玉材貢品的方式，當然有利於皇室所收納玉材的品質，可是，藉進貢之名，運美玉入中原販賣，並以劣石換取回禮的進貢之途，已經成了西域諸國獲得大利的淵藪；古史所紋：自明朝中、後期，許許多多西藩貢使，根本就是商人兼任，往復於兩地，年年奔波，名雖為進貢，但察其目的，則僅為套利而已，所以，終於引發了貢玉品質不良的冤獄：

「嘉靖五年，天方國中額庶都抗等八王，各遣使貢玉石，主客郎中陳九川，依敕令，簡退其惡者，使使臣怨恨，而通事胡士紳，對陳九川檢驗玉璞、貢物，一絲不苟的態度，也有宿怨，於是，聯合貢使，誣指陳九川盜玉，致使其下詔獄，眾官員營救不得，竟至流徙戍邊……。」

從這一段史實，我們可以知道，西域諸國，貪圖中原富庶，以進貢為名，用粗劣的玉璞，換取皇室所賞賜的帛絹、瓷器；以物品價值言，玉璞在西域，並不是珍稀之物，在中原，則特顯貴重，主要在於長遠的運輸費用，玉材重量似石，駝馬負荷甚重，間關萬里，方至中原，當然珍貴異常；可是，貢使的待遇，卻不同了，明史記載：

「貢使聲言進獻，既入關，則一切舟車、水陸，晨昏飲饌之費，悉取之有司，郵傳困頓，億軍民疲轉輸……。」

雖然，勞民甚極，卻使進貢玉璞，成了西域諸國，換取中原特產的最佳商業行為，也因為利潤太好了，許多小國，在初期，數年一貢，後逐漸兩年一貢，甚至一年數貢，西域各國進貢大明皇室，到最後，竟然演變成：

「諸蕃貪中國財帛，且利市易，絡繹道途，商人率偽稱貢使，多攜馬駝、玉石……。」

一批批的商賈，用不同西域小國的名義，自稱貢使，沿途受盡車馬照顧，而以極不易運輸的玉璞，列為貢物中的大宗，而中原皇室，也是多所禮遇，以每兩斤、每五斤作一個單位，換賜在西方極

為珍稀名貴的絲帛與青花瓷器，另再加上，商人私自夾帶的玉璞，勾結客使盜賣的玉璞……等，都是促進明代玉雕，走向普及化的重要原因。

第二節 ◇ 鄭和下西洋，促進文化與藝術的交流

燕王朱棣以側枝興兵，奪得姪兒的江山，但惠帝卻不知所終，燕王深知正統觀念在中國人心目中的重要性，故而亟欲知道惠帝的確實下落。明史、胡濙列傳敍述：

「……時傳建文帝崩，或言遜去，諸舊臣多從亡者，上益疑之，遣濙出，巡天下，名為訪仙人張邈邋……，徧行郡縣，察人情，及建文君安在？……傳言建文帝蹈海去，帝分遣鄭和等內臣數輩，浮海至西洋……。」

另明史‧鄭和列傳則記敍的更清楚：

「……成祖疑惠帝亡海外，且欲耀兵異域，示中國富強。……」

所以，鄭和下西洋的政治目的有兩個，一明一暗，暗的是，世界性的偵蒐建文帝下落，明的則是，耀兵異域，示中國富強，提高成祖在國際間的聲望，以掩飾「奪嫡」的不正統陰影。

可是，這種大規模的軍事外交行動，必須要有堅強深厚的國力，與出眾的外交人才，方足完成；而自明初太祖後期，由於全國性的普查人口，建立口賦資料的——黃冊——，與土地占有使用資料的——魚鱗冊——，使全國賦稅，大量增加；永樂年間，更因積極的開發土地，使全國糧食、棉、麻、絲等的產量，也增加了近一倍；在如此富饒的社會環境下，成祖更有計劃的，在「翰林院」中設置「八館」，培養通曉外國語言的人才，並特別拔擢反應敏捷、才貌儀表出眾的低階官員與宦官，作為外交儲備人才。

鄭和就是在前述環境中，膺選為出使西洋的特使，尤其他出身內廷太監，對成祖特別忠心，再加上他先世為回教徒，曾有往海外聖地麥加朝覲的家庭淵源，更有利他與東南亞，及中東回教世界中的國家打交道，所以，明成祖派遣鄭和，出使西洋，是相當成功

的。他歷經永樂、洪熙、宣德三朝，前後二十九年，七次下西洋，足跡遍及東南亞及印度洋沿岸，最遠曾到達非洲東岸的肯亞（古稱麻林）與索馬尼亞（古名木骨都束）。例如：鄭和在到達非洲的索馬尼亞時，曾受到當地國王的宴請，他贈送了茶葉、絲綢、瓷器給蕃王，而蕃王也致贈了非洲特產的動物馬哈魯（長頸鹿）、花福祿（斑馬）、千里駝雞（駝鳥），作進貢貿易的禮物，以為回報。

而鄭和出使各國，不但擴展了中國外交的關係，更有不少國家，遣使隨同鄭和，來到中國，名為朝貢，實則貿易，使外國商人，亦逐漸知曉到達中國的海路，飄洋過海，進入中土。在這種海上貿易逐漸發達的大環境下，也帶動了藝術文化的交流，對我國玉器文化影響最大的，就是：

第一、玉器紋飾的變化：因為，在這一階段，回教已儼然成為近東、中亞最大的一支宗教，而鄭和下西洋，所過各國，也多為受回教影響，或曾為波斯統治的國家，再加上太祖之后馬皇后，本身即為「回回」的歷史淵源，使明朝的玉雕紋樣中，涵蓄了更多的波斯風格，如果我們强要劃分元、明玉器的藝術風格，元代玉器，較受佛教密宗圖紋的影響，而明代玉器，則受到較强烈的回教藝術影響，應為最主要的分野。

其次，就是玉雕工具的改進。西方世界，經過十四世紀中葉黑死病的蹂躪，滌濯了一些陳腐的舊習俗，使藝術概念，走向一個融合的新階段；同樣的，在實用工匠技藝中，也都有一些新的進展，這些藝文與科學的進步，對我國傳統的玉雕工藝，也帶來了相當大的影響。像在明史‧外夷列傳中，就曾記有：

「撒馬兒罕……貢鑌鐵刀劍、甲冑諸物……。」

「黑婁，近撒馬爾罕……貢馬二百四十有七、騾十二、驢十、駝七，及玉石、硇砂、鑌鐵刀諸物……。」

其中「鑌鐵刀」、「鑌鐵刀劍」，當為鋼料更精純的高硬度合金鋼，此類冶煉合金鋼的技藝，當時在西方，已有相當進展，而在中土，卻為珍品，方被列為貢物，這些刀具的進入中原，對我國傳統的琢玉技藝，提供了更精良的利器。

　　另前述，「黑婁」所貢玉石、碉砂中的「碉砂」，即爲目前我們所稱的「金鋼砂」。這種砂料，硬度可達到九，爲近代工程界最主要的研磨材料。目前，市面上所出售的工業用磨輪，多是用此料製成，係屬剛玉礦物(corundum)。此類礦物英文名稱，源自於印度語kurand，其意即指「剛硬」，化學成份爲三氧化二鋁，若含紅或藍色離子，呈透晶體，即爲我們所熟知的「紅寶石」與「藍寶石」，而不具作寶石條件的剛玉礦物，仍可作上好的磨料；我國傳統的製玉技藝，以切、磋、琢、磨四類工序爲主，但都是靠解玉砂作介質，來切割、琢磨，硬度達六度左右的玉材。自西域傳入硬度更高、純度更純的「碉砂」後，逐漸取代傳統工匠所使用的「黃砂」與「紅砂」，不但製玉的速率，有大幅提升，整體的藝術性，也更走向精刻細鏤的圖案製作。

　　筆者按：或有製玉工匠，稱「碉砂」爲「寶砂」，惟我國自古，對化學成份，就沒有定義明白，所以，二者是否相同，已難究詰，但可確定的是，「碉砂」自元朝，即已陸續進入中國。

　　同樣的，在鄭和下西洋的往返中，所攜回的諸多各國地方特產貢物中，也不乏世界馳名的寶玉美石；雖然，我們考諸古史，有些名貴寶石，在明初之前，就早已傳入中土，像本書第三冊第三編第四章所敍，南京象山東晉時代，王氏宗族墓葬所出土的金鋼鑽戒指，或近年出土陝西省西安市郊何家村的唐代窖藏中，即有紅寶石與藍寶石，都足證明。但是，隨著三寶太監下西洋，所帶動的海上貿易風潮，使西方社會中的各類名貴寶石，已普遍爲中土社會中的富貴階層所接受，尤其，藉由鄭和下西洋的實地察考，使這些名貴寶石的產地，與中原構建了直接的通路，此亦爲鄭和下西洋，對我國玉器文化，所形成的另一個重要影響。

　　即以前述的紅寶石與藍寶石爲例，目前均名列爲世界四大珍貴寶石之一，雖然，傳入我國的確實年代，已模糊不可考，但我們仍可知，我國古名「喇」者，即爲紅寶石，元朝陶宗儀的輟耕錄記載：

　　「……大德（元成宗年號）年間，本土巨商賣『紅喇』一塊於官，重一兩三錢，估值中統鈔十四萬錠，用嵌帽頂上，自後每朝皇帝，相承寶重，凡正旦及天壽節，大朝賀時，則服用之，呼曰『喇』……。」

　　此當爲現代所稱之紅寶石無疑，古名又稱：「紅喇」、「巴喇」、「照殿紅」、「紅雅姑」、「紅亞姑」、「紅鴉鶻」……等，「雅姑」、「亞姑」、「鴉鶻」之音，應是源自於波斯語的「Yakut」，因爲，至今阿拉伯的珠寶商人，仍稱紅寶石爲「Yakut」。

　　在明史外國列傳七中，敍述錫蘭山國：

　　「……鄭和使西洋，至其地，其王亞烈苦奈兒欲害和，……和擒之，獻俘於朝廷……，王所居側，有大山，高出雲漢……，此山產紅雅姑、青雅姑、黃雅姑、昔剌泥、窟沒藍（爲綠柱石類的寶石，以近於海洋色爲上品，又稱「海藍寶」，「窟沒藍」即爲西語Aquamarine之音譯）等諸色寶石，每大雨，沖流山下，土人競拾之……。」

　　由此即可知，鄭和七次出使，對西方珍貴寶石的產出介紹，及在中土流通，所形成的直接影響。

　　另以藍寶石爲例，在「藍雅姑」之名前，早就有「瑟瑟」之名，而在魏書、北史、隋書中，亦均有記載，但其名起源，已不可考，故而近代學者，均難敍其詳，例如：章鴻釗在石雅一書中僅敍及：

　　「……於今考之，六朝之際，『瑟瑟』之出西域者，當與今稱藍寶石者爲近……。」

　　這是正確的，但筆者卻更認爲：「瑟瑟」，即爲明代時所稱的「藍雅姑」或「青雅姑」，也就是現代所稱的「藍寶石」，古名「瑟瑟」，必與藍寶石的原文名稱Sapphire的起源有關。

　　另明史・外國列傳七，介紹阿丹國：

　　「……阿丹，在古里之西，順風二十二晝夜可至；永樂十四年

，遣使奉表貢方物辭還，命鄭和齎敕及綵幣，偕往，賜之……。其王甚尊中國，聞和船至，躬率部領來迎，……永樂十九年，中官周姓者，往市，得『貓睛』（即金綠玉石中，難得一見的金綠貓眼，俗稱「貓兒眼」）重二錢許；珊瑚樹高二尺者，數枝；又大珠、金珀（琥珀，色呈赤紅者，俗稱『血珀』，在西洋評價中爲上品；但中土尚黃，故而呈金黃者，稱『金珀』，最爲貴重），諸色『雅姑』異寶……」

由此亦可知，鄭和下西洋，所帶動的海上交易風潮，使大量西方所珍貴的各類寶石，湧入中國，逐漸影響到我國佩帶玉器、首飾的習慣；就像明史・食貨志六中，記載世宗、武宗時：

「……於是，貓兒睛、祖母綠、石綠、撒勃尼石、紅喇石、北河洗石、金剛鑽、朱藍石、紫英石、甘黃玉，無所不購……。」

在這衆多寶石中，我們都可以從出土資料與文獻中，印證出，自鄭和下西洋後，確都已成爲天璜貴冑、富豪貴族的珍貴收藏，像：

一、祖母綠（Emerald）：在我國歷代，有子母綠、助水綠、珇瑪綠，祖母碌，助木刺……等不同的名稱，但都是源自於波斯原名（Zumurud）的音譯；這種寶石，在西方開發使用甚早，早在文明初期的古巴比倫帝國，即曾以此種寶石，奉獻於神明之前，繼而古波斯的迦勒底國、古希臘、古埃及，也都曾大量使用這類寶石，而在中土，至少在元末，對這類寶石，已有相當認識，像陶宗儀在輟耕錄中，即曾提到「助木喇」，而谷應泰的博物要覽中，更詳細紋及：

「西洋默得那國產祖母綠寶石，色深如鸚鵡羽……。」

雖然，將產地誤認爲出於默得那（麥地那，亦泛指現今伊朗、伊拉克一帶），是不正確的，但是，對祖母綠的品評，卻相當精確，因爲，他認爲：

「內有兔毫紋者，才爲眞品。」

這也與清秘藏所紋的：

「祖母綠，又名助水綠，以內有蜻蜓翅光者算。」

是一脈相通的，這就是我們近代，對天然祖母綠寶石的特徵，

所認識的——其內部組織結構，有綿絲狀的渣紋，一般多以「蟬翼」稱之——。

而在明代中葉，這種名貴寶石，已逐漸融入禮儀用玉的一部份，即所謂：「禮冠需貓睛、祖母碌。」

像大陸於一九五八年，有計劃的挖掘出了明神宗萬曆帝的「定陵」，在其玉帶上，即鑲有一顆品質極佳，又極大的祖母綠，現陳列於明十三陵定陵博物館中，也足證明，明代逐漸將西方傳入的珍貴寶石，轉用為禮儀用器，作了最好的註腳；但是，我們卻要知道，這種現象，並非是這些西洋珍寶，進入中土後，賦予了它們特殊的禮儀內涵，而僅在於它的珍稀與名貴，如若強加解釋，亦僅是多了一些以訛傳訛的產出過程，但卻均荒誕不經，毫不可信，像「貓眼石」的傳聞，即為一例。

二、貓眼石：在我國元、明時代，即盛傳係由神貓死後，埋於深山所形成，像元代伊世珍的瑯嬛記中，即敘及：

「……南蕃白胡山中，出『貓睛』，極多且佳，他處不及也；古傳此山有胡人，遍身俱白，素無生業，惟畜一貓，貓死，埋山中；久之，貓忽見夢曰：『我已活矣，可掘觀之。』及掘，貓身已化，惟得二睛，堅滑如珠，中間一道白橫搭，轉側分明，與生無異。……夜，又見夢曰：『埋於此山之陰，可以變化無窮，中一顆赤色有光明者，吞之，可以成仙。』……胡人掘得，及吞，即有一貓如獅子，負之騰空而去。……」

所以，「貓眼石」在我國，長期以來，又名「獅負」，就是從這個典故而來；其實，就本質言，貓眼石與貓，毫無關連，所有者，亦僅為「貓眼石」在磨成形後，有一道活光（或稱遊彩），形似貓眼的眸瞳而已；目前已知，許多寶石與次寶石，在生成時，與結晶平行面，生成有微細的管狀氣泡或纖維時，在琢刻後，都會形成一道類似貓眼的遊彩，這是光線折射的現象，與貓精的神話，完全無關。惟，目前國際間，所共同認定的真正「貓眼」寶石，是指：

材質為「金綠玉」的寶石，而又能產生貓眼般的遊彩特徵者，才能算是真正的「貓兒眼」。

金綠玉類的寶石，硬度達八·五，是屬於鈹鋁氧化物（$BeAl_2O_4$）的結晶體，早期，主要產地在錫蘭山（現今斯里蘭卡），其中有一類，色澤介於葵花黃與蜜黃色之間，俗稱「酒黃色」者，最為名貴，再加上，其內貓眼遊彩，必需細窄靈活，又需直線居中，故而極為難得，為寶石中的極品，而參考明代史料所紋：

「……貓眼石產南蕃，色如酒，中有一道白線，如貓睛者，為佳品，混濁者，青色者，則不足為奇矣！……」

「貓眼石，產三佛齊國，瑩潔明透如貓睛。……」

都足說明，貓眼石在明初鄭和之後，對產出地與材質，都已經能認識得很透徹了。

三、石榴石（紫牙烏）：其實，這是一個寶石族羣的共名，以現代化學成份分析，有鎂鋁榴石、鐵鋁榴石、錳鋁榴石、鈣鋁榴石、鈣鐵榴石、鈣鉻榴石等六種石榴石，顏色也包括：粉紅、紅、暗紅、黃綠、黃褐、暗綠等不同色系，但其中，近乎紅赤色，約與石榴子相近的顏色，最受人喜愛，故而又名「紅榴石」、「柘榴石」或「石榴子石」。在西方，早在古埃及時代，即曾用於鑲嵌裝飾與首飾，而傳入我國的年代，已不可考，惟可知，到明初時，這類寶石在中土，已經相當普遍，且甚受人喜愛，當時，就已名為「石榴子」，因為洪武年間的曹昭，在格古要論中，曾談到這種寶石：

「石榴子，出南蕃，類瑪瑙，顏色紅而明瑩，與石榴肉相似，故曰：『石榴子』，可鑲嵌用。」

同時，這種寶石，還有一個名稱，就是經常在古籍中出現的「紫牙烏」，或作「子牙烏」，筆者認為「牙烏」、「鴉姑」，都是源自於波斯語「Yakut」，其義即為寶石，但為有別於紅寶石，而且上品的柘榴石，顏色常呈暗紅色，或略帶紫的深紅色，故而方又有「紫牙烏」的名稱。這類價值略低的寶石，在明代婦女墓葬出土時，常有發現，或作鑲嵌戒面，或作鑲嵌裝飾，或作墜飾。（如圖十一）

四、蛋白石：現多直譯為「歐泊」，即為西名「Opal」的音譯，他的材質很單純，主要是二氧化矽（即黃砂），但是，結構卻

（圖十一）本圖所示，爲明代墓葬出土的耳飾，其上鑲嵌寶石的多樣化，即因鄭和下西洋，帶動海上貿易風潮，使西方各類珍貴寶石，已普遍爲中土的富貴階層所接受；其上紅者，爲「柘榴石」，當時國人不察，常與「

紅寶石」混淆；據傳：清乾隆有一顆紅寶石，重達五百多「克拉」，藏於圓明園中，後爲英、法聯軍盜去，筆者懷疑，應不是紅寶石，而是此類的「柘榴石」。

是一種極細小的礦物變體──鱗石英，且含有大量的結晶水，在組織內部，自身引起的光學作用，而形成寶石的變彩效果（即寶石轉動，會出現豐富的色彩），極具魅力；在明代，亦爲極受矚目的重要寶石之一，當時古名，稱──「閃山雲」或「五彩石」──（當爲形容其絢爛多彩的變彩效果）。而在輟耕錄中，則名之爲──「屋樸爾藍」──（此應爲音譯），此物在明朝，尚有一別名，就是「驪珠」，照字面解釋，當係引用「探驪得珠」的典故，這雖足以形容這類寶石的名貴可愛，但何時？爲何？出現此一名詞，目前已不可考。

　　五、碧璽（Bixi）：現代學名爲「電氣石」，因含有不同的金屬

離子，而可顯現不同的色澤，故而，目前我們已知，碧璽的色澤是
極豐富的，包括：紅、黃、綠、白、紫……等，也因爲如此，早期
，在我國對化學成份不甚了了的年代，有許多屬於碧璽類的礦石，
被稱爲「青雅姑」、「黃雅姑」，有的，則被稱之爲「喇」。但到
了明朝，這種現象，逐漸有了變化，像輟耕錄在「回回石」下，記
有：

　　　「……有名喇者，淡紅色嬌。」

　　似已明指，碧璽中經常出現的粉紅色澤（因其色淺，故又名「
單桃紅」，以別深紅的「雙桃紅」）。繼而「碧璽」、「碧霞璽」
、「碧洗」、「碧琊玖」、「碧珂」、「碧霞希」，甚至「碧霞珂
」名稱的相繼出現，證實：這類寶石，不但在中原大爲風行，並且
，透過佩用，使中土人士對他的特性、材質，甚至西洋名稱，都有
了更完整的認識。

　　其實，這仍是有環境因素的，因爲，在明初，已知在緬甸有豐
富的碧璽礦，即是屬於雲南轄區的猛密土司，其地約在現今的雲南
與緬甸交界處，而此處，自明初經藍玉、沐英等大將的討伐經營，
均已納入大明的版圖與藩屬，故而，在明朝後期，雖已國勢不振，
但各朝荒淫怠惰的皇帝，仍均曾派太監內官，到騰越採辦珠寶，史
紋：

　　　「採珠玉寶石，吏民奔命不暇。」

　　此處所提到的「珠玉寶石」，就是指以碧璽爲主的各類寶石，
此所以，自明初起，碧璽這類「次寶石」，即已陸續、豐富的進入
中原，因爲數量多，且顏色品質極多樣，可供選擇的空間很大，故
而逐漸成爲中原有色寶石中，不可或缺的一種；像到了明神宗萬曆
二十年，下詔命內監楊榮到雲南督理礦稅，楊在任上，即曾派千戶
張國臣回京上疏，在孟密開礦、採收碧璽的經過……。這都足證明
，在明朝，碧璽已是中原有色寶石中的大宗，而政府也長期派內監
督導開礦收稅；此所以，到了清初，在會典中，正式規定禮儀用器
，佩帶碧璽的等級與方式，像：

　　　「妃嬪帽頂用碧琊玖……。」

（圖十二）本圖所示，爲清朝王公，方能使用的紅寶石朝冠頂，俗稱「寶石頂」，名爲紅寶石，其實多爲碧璽材質，此一色澤，屬「雙桃紅」，有別於淡紅色嬌的「單桃紅」；碧璽在明朝時，爲豪富人家所喜愛，及至清，就已經演變成「辨等列」的禮儀之器了。

　　這也是明、清階段，我國碧璽材質的古文物，較爲多見的原因，像：鑲嵌器、別子、垂瑲、帽正、垂花，乃至爾後的插屏、紙鎭、文玩、鼻煙壺……等，不可勝數。（如圖十二）

　　六、黃寶石：這類寶石，在我國亦有黃晶、黃玉……等名稱；但是，「黃晶」常易與「黃水晶」相混淆；「黃玉」則易與「黃色和闐玉」、「帶黃褐色玉璞的玉材」及「帶有黃色土染的古玉器」相混淆，其實，這中間，材質品相，是完全不同的，雖然我國始自周朝，就已有：「以黃琮禮地……」的禮儀，但古人早對黃玉有了明確的定義，東漢玉逸在正部論中，形容上好的黃玉，是：「黃如蒸粟。」，明顯說明這類玉材色澤是「正黃」，具有似微透明，但卻不透明的蠟狀光澤，與我們所習知的黃寶石，是透明結晶體，能

造成光線折射與反射,是完全不同的。

　　但是,我國古時對外來寶石的分辨,因為礦物學與化學知識欠缺,大約均以色澤來分類,這就是所謂:

　　「古人辨石,所重在色而不在質,其色相似者,其名恆相襲。」

　　故而,方會有「紅寶石」與「紅榴石」不分的情形,而在古名上,黃寶石雖有「木難」、「酒黃」、「黃精」、「黃雅姑」、「黃雅虎」……等名稱,但卻包括了黃色系的剛玉寶石(即與紅、藍寶石同系列,僅色澤不同)、黃色綠寶石與黃色的金綠玉寶石……等,像近年,出土於明神宗定陵的古文物中,有一顆「黃雅姑」,經光譜分析,確定為金黃色的剛玉寶石,即足證明。

　　其實,真正黃寶石的原名,應是「托帕石」,這是音譯自Topaz,而原文的來源,是指中東地區紅海上的Topazios島,該島早期,盛產這種寶石,但島卻甚小,且長年為海上大霧籠罩,難以尋找,故而「托帕石」的原文意義,就是「難尋」。

　　這種寶石的成份,為含氟、氫氧根的鋁化矽酸鹽類$(Al_2(SiO_4)(F.OH)_2)$,硬度很高,超過八以上,以檸檬黃與酒黃色為上品,因其黃色澤純正,而我國自古,即以「明黃」為象徵天子正色的傳統,使這種寶石,自明代起,在中原,即已成為珍貴、重要的裝飾寶石。明末宋應星所著天工開物,在第十八卷珠玉篇中,論及寶石,曾提到:

　　「……屬紅黃種類者,為貓睛、靺羯芽、星漢砂、琥珀、木難、酒黃、喇子……。『木難』純黃色,『喇子』純紅……。」

　　其中所提到的「木難」,即為黃寶石。

　　七、珍珠:我國自古,即珠玉並稱,所以,中國可以算是最早發現珍珠,並且用為裝飾的國家,但因珍珠的主材質,是碳酸鈣,入土極不易保存,若入土後,墓室環境不佳,僅三數年,即被沁蝕得極為難看,甚或蝕腐成土,故而出土的珍珠,可以說幾乎不見,但仍無害於我們知道,中國人是最早佩用珍珠的民族之一,像在詩經、易經中諸多描述,在在顯示,每代每世的中國人,對珍珠的寶

愛與重視，而史記龜策列傳中記敍：

「明月之珠，出於江海，藏於蚌中。」

不但證明，當時我國對珍珠的形成，已經有了完整的瞭解，而且從出於「江、海」之句，亦足顯示，當代人們，已知道有「淡水珠」與「海水珠」的區別了。

且據史籍分析，最晚在宋朝，我國已經掌握了養殖珍珠的技術；因為，在龐元英所著的文昌雜錄中曾經提到，而文昌雜錄，雖僅有七卷，但所記敍，多為宋朝元豐時代的見聞或典制，不但翔實，而且傳世明確，歷代文史學者，都認為這本書，可彌補一些宋史記敍的闕佚，在此書中，記有：

「禮部侍郎謝公言，有一養珠法，以今所作假珠，擇光瑩圓潤者，取稍大蚌蛤，以清水浸之，伺其口開，急以珠投之，頻換清水，……比經兩秋，即成真珠矣！」

所以，自宋時，我國已經開始以人工養殖珍珠，是絕對可信的；及至明朝中葉的弘治年間，一年的養珠生產量，曾多達兩萬八千餘兩。除供國內需要外，也曾大量銷售西方各國。

可是，也因為長期傳統使用珍珠為珍飾，使這種珍品，蒙上了一層非理性的迷信色彩；第一，就是自「食玉者壽如玉」的食玉理論，延伸出食用珍珠的習慣，從早期迷信「延年益壽」，到後期的「養顏聖品」，都可清楚的看出發展與形成這一習慣的脈絡。

其次，因為我國文人與自然科學的脫節，再加上珍珠的珍稀與特殊的形成方式，使許許多多有關珍珠的迷信傳聞，逐漸由文人的口中、筆下，散播出來，也影響與偏頗了大眾對這種美飾的認知，像許慎在說文解字中，就認為珍珠是「蚌之陰精」。管子一書中也稱：「珠者，陰之陽也。」甚至，介紹我國實用科學最有貢獻的「天工開物」一書，宋應星也對珍珠的生成，作了相當不實的描述：

「凡珍珠，必產蚌腹，映月成胎，經年最久，乃為至寶。……」

但這也是長期以來，我國文化對珍珠認識的蓄積；首先，國人認為珍珠，乃是吸收月精而成，屬陰，具有不可知的靈異特性，故而，宋應星又敍稱：

「……化者之身，受含一粒，則不復朽壞，故帝王之家，重價
購此。……」

目前，我們已可確知，珍珠不但對防止屍身的朽壞、腐敗，毫
無幫助，甚至，珍珠本身，即是最易受侵蝕腐朽的珠寶，但她，卻
左右了我國數千年，對保護法身的觀念，「唅玉」、「唅珠」，一
直延續至今日，仍爲許許多多國人所迷信。

（圖十三）我國自古，珠玉並稱；古
人認爲：珍珠的形成，乃是「蚌之陰
精」，因爲屬陰，可保屍身不朽，故
而「唅珠」、「唅玉」，成了中國數
千年的傳統迷信；主因係：我國是世
界上，最早使用珍珠作佩飾的民族之
一。圖示爲清朝鑲珠髮釵，粉紅者，
即爲前文所敍「單桃紅」的碧璽；綠
者，則爲上品翡翠。

可是，宋應星認為：「凡珠在蚌，如玉在璞，初不識其貴賤，剖取而識之。」則尚為中肯之言，而他把我國最傳統的兩項珍寶，並列敍述，也正顯示了明朝社會，士大夫對珠、玉的價值認知。（圖十三）

八、鑽石：是傳入中國後，較具爭議性的一種寶石。早期，在中土名「金剛鑽」，當是出自印度「跋折羅」的梵文，其意指「金剛」，謂：「能壞物而不能壞者。」這與我們所認知，鑽石的摩氏硬度為十，是自然界所形成的最堅硬之物相吻合；而印度自古，即為人類史中，早期的重要鑽石出產地。

但是，這種珍寶，自傳入中土後，卻因為命名的特殊，使國人對他的產出，發生了極大的錯誤認知，就是因為「金剛」的譯名，使早期文人，都認為他與「金」，有直接關係，所以，才會有：「金剛，此寶出於金中。」、「金剛，生金中，百淘不消。」……等，荒誕不經的說法。

雖然，這類寶石，在我國早期文獻中，就曾不斷出現，像：「周穆王時，西胡獻昆吾割玉刀。」李時珍在本草綱目中，雖注稱：「（昆吾），即金剛之大者。」但我們未見實物，很難確定到底是何種材質！但在西晉起居注中，曾敍及：

「咸寧三年（西元二七七年），燉煌上送金剛，……生金中，百淘不消，可以切玉，……出天竺。」

雖然，敍述出了產鑽石的正確地點，但產出的方式，卻是謬之千里；一九七二年，大陸考古學家在南京象山，屬於東晉時代的墓葬中，發現了一件鑽石戒指的實物，故而筆者相信：印度鑽石隨著佛教進入中國而流傳至中原，是比較可信的說法。

而到了明朝，則可以確定的是，當時，世界產鑽石最大宗的非洲，已經與中原有了直接的連繫，透過進貢與海上貿易，非洲鑽石，也開始進入中土，像明史記敍魯迷國：

「魯迷，去中國絕遠，遣使貢獅子、西（犀）牛、琥珀、金剛鑽……。」

獅子、犀牛，都是非洲特產動物，與金鋼鑽同列為貢物，當可

確知，非洲鑽石，從明初開始，已經陸續進入中土了。

　　九、珊瑚與硨磲：珊瑚二字，均從「玉」旁，可知，在早期國人心目中，是與玉器同樣珍貴的寶物；其實，珊瑚是海中的一類腔腸動物，成蟲後，即附著在岩石，或其他先代珊瑚的骨殼上，捕捉浮游生物為食，並分泌石灰質作殼，久而久之，即形成各類形狀的海底珊瑚樹，其品種甚多，達兩千餘種，但其中，只有紅色的「珍貴珊瑚」，方為世人所寶，這種海底特產，雖然在我國珍寶世界中，出現很早，但卻多是以整枝陳列為主，像三輔皇圖記載，在漢朝宮苑的「積翠池」中：

　　「……有珊瑚，高一丈二尺，一本三柯，枝有四百六十三條，云是越王趙佗所獻，號『烽火樹』。……」

　　越王趙佗，即為本書第三冊第一章所敍，漢朝初年的南越國，開國之主趙佗，當時南越國定都廣州，海運發達，較易得到大型的異種珊瑚，而傳說由他所進貢的這棵珊瑚樹，也確是可觀，除了高達一丈二尺外，更有四百多條分枝，實是難得一見的重寶；因為，早期從深海中採取珊瑚，極為不易，在格古要論中，曾敍及：

　　「……珊瑚，生大海中，山陽處水底，海人以鐵網取之，其色如銀硃鮮紅，樹身高大，枝柯多者勝，有髓眼及淡紅色者價輕，此物貴賤，並隨珍珠。枝柯有斷者，用釘梢定，熔紅蠟粘接，宜仔細看之。」

　　不但具體的敍述了用鐵網採珊瑚的方法，並言明，如硃砂般鮮紅者，方為上品；更說明，因為我國傳統，把珊瑚當作陳列用珍寶，而珊瑚樹，則以枝柯多者為美、為勝，故而有商賈以釘梢銜接，並用紅蠟隱去裂縫、接痕的作偽方法。

　　另在財貨源流中，不但敍述了採集珊瑚的過程，更直接以珊瑚與玉並論，其文曰：

　　「珊瑚似玉，……海人欲取之，先作鐵網沈水底，……因紋網而出，或摧折在網中，故難得完者，大抵以樹高而枝柯多者為勝。」

　　鄭和下西洋後，南海島國與印度洋許多小島國進貢，多將珊瑚

列為貢品，進入中土後，以價高似玉，而更為社會豪富人士所寶愛，這也是形成爾後，清朝規定以珊瑚頂，作為一、二品大員的帽頂，成為禮儀用器的歷史因素。

另硨磲一物，在我國古文物材質中，也占有一席之地，他是佛教中所謂的七寶之一。雖然，依據般若經、法華經、阿彌陀經、無量壽經……等，對佛家七寶的說法，略有差異（如註），但卻都有硨磲一物，可知這種材質的文物，在佛教世界中，受重視的程度。

筆者註：

般若經言佛家七寶，為：金、銀、琉璃、硨磲、瑪瑙、珊瑚、琥珀。

法華經言佛家七寶，為：金、銀、琉璃、硨磲、瑪瑙、真珠、玫瑰。

阿彌陀經言佛家七寶，為：金、銀、琉璃、硨磲、瑪瑙、玻璃、赤珠。

無量壽經言佛家七寶，為：金、銀、琉璃、硨磲、瑪瑙、珊瑚、頗黎。

而硨磲本身，卻只是印度洋中的一種大型貝殼，是文蛤類貝殼中，最大的一種，雖無珍珠光澤，表面且呈褐或灰色，但殼甚厚，內部卻為光潤的白色，古人形容稱為「似白玉」，且組織綿密，質感甚佳；因為出產在我國南方印度洋的地理位置，相信必是隨同佛教，傳入中土，而由於鄭和下南洋的風潮帶動，使中原使用硨磲為飾品的風氣，逐漸興起，也因為這種材質原料，來源較豐，且光潤似玉，故而使用層面，亦較普遍，且不再侷限於釋家用品，到明朝中後期，閨閣中多有硨磲製品，可見當時風行的程度。也因為如此，到了清時，「硨磲」也演變成了「辨等列」的帽頂用器之一。

鄭和八次出使，七下西洋，率領龐大的船隊，航行於茫茫大海中，依據西洋蕃國志所記敘的方式：

「……觀日月升墜,以辨東西;浮針於水,指向行舟……。」

經年累月的長期記錄,海潮、風向、暗礁、急流、港口……等,完成了舉世聞名的航海圖與鍼位圖,更確定了長期以來,就已經存在,而中土人士,多不知所云的「海上絲路」航線,而且暢通了中國與南洋,及印度洋沿岸的亞非諸國,貿易往來,直接促進了文化的交流,對人類文明的進展,具有可觀的貢獻。

尤其,對外關係的拓展,使閩、粵一帶,艱苦之地的中國人,有了一個向外發展的新出路。自三寶太監下西洋始,我國外移的僑民,才正式大量開始,不但救活了不少因家鄉饑饉而瀕臨餓死的窮人,更促進了中南半島與南洋的開發,這也是南洋地區,特多三寶遺跡的原因。

此外,鄭和出使,所形成中國對外貿易的順暢,促進了彼此間土產、文物、珍寶的交流,對我國玉器文化的影響,更是極深遠,

(圖十四)明朝自鄭和下西洋後,許多西方的珍貴寶石,大量進入中土,影響了我國傳統的賞玉、品玉習尚;像西方寶石,多為透光的晶體,故而明代的玉雕作品中,特多鏤空雕作的成品。

尤其，我國歷史文化中，對玉石的定義，本就是：「玉，石之美者」，使諸多西洋寶石，在這個階段，也能在中土，廣泛的流傳，逐漸影響了我國長遠以來，所建立的一些品評美石的觀念，與玉雕的習尚；像西方美石，多為晶瑩透光，故而明朝玉雕作品中，特多鏤空雕作的成品，就是一例……等。（如圖十四）

第六章 ◈ 明朝科學、文學、藝術的成就，
對玉器文化的影響

　　自明朝初葉的十四世紀起，西方文明，挾科學的進展，一日千里，但是，中國的科技文明，也不遑多讓，像鄭和下西洋的艨艟臣艦與優良的導航設備，永樂時期北京紫禁城的修建，甚至永樂大典的編纂，在在都顯示，中土的科技文明，並未落後；可是，到了明朝後期，東來傳教的耶穌會教士，所介紹的西方科技，中土士大夫，不但茫然無所知，甚至落後到無從吸收起了，這就是，自明朝中葉，政治腐敗，導致社會凋疲、零落，士大夫因循苟且，所形成的現象；其實，明朝自始，民間工業發展力量就很強，其後，則受到一些哲儒，像王陽明……等，「知行合一」思想的推動，對於民間工藝業，也都有正面的助益，但是，因為整個統治系統的不健全與腐敗，導致了中國爾後的積弱與落後；我們試看，在明朝階段，對文化、科技、藝術等，有貢獻的傑出之士，幾乎都是懷才不遇，流落山林的隱逸之士，偶有高官，像徐光啟等，也都曾遭受政治腐敗的蹂躪。

第一節 ◈ 明朝的科學發展

　　有明一朝，在我國科技發展上，出世一些巨匠，他們的著作，震古鑠今，直到今日，還閃耀著中國人智慧的光芒，像徐光啟編著的農政全書，李時珍編著的本草綱目，宋應星編寫的天工開物……等，都是一時之選。

一、天工開物的問世：

　　在這許多鉅著中，對玉器文化較有影響的，首推天工開物一書，這本書在近年，已被世界各國學者，公認為是中國十六、七世紀間，最完整的一本工藝百科全書。全書計分十八卷，詳細的記敍了明朝階段，在穀物種植、紡織、染色、製鹽、陶瓷、車船、鍛造、油料、造紙、冶煉、武器製造、菌種培養……等，各方面的技術成

就，並配合一百二十三幀圖片，更顯圖文並茂。

可是，明朝皇室，自建國初，爲控制士大夫的思想，就自稱以「理學開國」，政府所設立的太學，只准儒生學習「五經」，講學也專講程、朱理學，成化以後，甚至連作文的句段，也都規定了死板的格式，即爲「八股文」，其題材與內容，必須依據朱熹所注的「四書集注」，及朝廷敕編的「性理大全」及「四書大全」作依據，不許作者有自己的思想，故而稱之爲：「代聖賢立言」。在這種學術環境下，「天工開物」這本鉅著，自崇禎十年，初刻問世以後，完全未受到應有的重視，到了清初的四庫全書總目提要中，已經沒有列入這本名著，而逐漸湮沒無聞；但自出書起，反而受到日本學者的重視，故而近年，我國欲印此書，尚需從日本引進、翻版。（近年，大陸從浙江寧波，好不容易才找到了一本崇禎十年的原刻本。）

而日本研究近代科技史的名學者藪內清，也自承：「在中國，自明朝刊行『天工開物』後，完全佚失，但卻在日本風行，且影響深遠……。」

這本書的作者，是宋應星，大約在萬曆十五年前後出生（西元一五八七年），江西人，字長庚，曾應科舉鄉試而高中，由於其曾祖父，曾任職南京工部尚書的歷史淵源，他對各類工藝知識，均頗有興趣，但卻明顯的與當時「八股文」的腐儒潮流，不甚調合，故而宋應星的仕途，頗爲坎坷，宦海蹭蹬了二、三十年，僅曾任職地方上最基層的教諭、推官、知州……等職務，但他卻在多年的遊宦生涯中，陸續瞭解、觀察、查訪、調查社會中各類的工匠技藝，他自稱：「何事何物，不可見見聞聞！」，也因爲他這種能放下士大夫身段的隨和個性，才使天工開物一書，得以完成。在全書卷首，他就明言：

「年來，著書一種，名曰：『天工開物』……，蓋大業文人，棄擲案頭，此書與功名進取，毫不相關也！」

的確，這本書對八股科舉，毫無幫助，但卻是「科技救國」的重要著作，明、清兩朝統治階層，不察此點，我國當然逐漸走向積

弱；宋應星將全書分爲上、中、下三部份，共十八卷，每卷一目，自第一卷乃粒，至十八卷珠玉。

「乃粒」，係介紹各種主要糧食的栽培、災害、水利、土壤保養，與一些植物油原料的生產。並在序文中說明：如此分卷，將糧食列爲第一卷，珠玉列爲最後一卷，乃是：

「貴五穀而賤金玉之義！」

明朝自中葉以後，帝皇昏庸、荒怠，致使權閹當政。那些手段毒辣、個性貪婪的太監，搜刮民間財富，直如敲骨吸髓；「五穀」，爲小民賴以維生之食，而「珠玉」，則爲統治階層、富豪人士的享玩之器，孰重孰輕，其理自明；故而宋應星藉目次的編排，就有強烈的勸世節儉用意，反對社會上，統治階層的豪奢浪費。但由此亦可知：在明朝，珠、寶、玉的佩飾、流傳與典藏，逐漸變成奢侈的代名詞，而傳統的「比德于玉」的觀念，卻是蕩然無存了。

尤其，在科技知識上，珠玉的辨識，難於「稼穡」甚多，但宋應星卻將乃粒列第一卷，珠玉列爲最後一卷，確是已得我國玉器文化的眞諦，以此言，宋公較之明朝在廟堂上，那些佩玉尸位的腐儒，已高明千、百倍之多。

宋應星在天工開物卷十八珠玉篇中，提到玉，解釋：

「凡玉入中國，貴重用者，盡出于闐、葱嶺。所謂藍田玉，即葱嶺出玉別地名，而後世誤以爲西安之藍田也。其嶺水發源，名阿耨山，至葱嶺，分界兩河，一曰白玉河，一曰綠玉河，晉人張匡鄴作西域行程記，載有烏玉河，則此節妄也。……」

宋應星所稱玉的產地，完全正確，葱嶺即崑崙山脈一帶，我國自古即有「玉出崑崗」、「火炎崑崗、玉石俱焚」之句，亦足證明；但是，提到「西安藍田玉」與「否認烏玉河的存在」，則顯然有誤，西安附近，藍田的覆車山，確是自古產玉之地，故而古名「玉山」，至今，其山上仍有一些早期挖玉的洞穴遺跡，所產者，雖不是新疆和闐軟玉，而僅是蛇紋石類的岫玉，但以「石之美者」而言，我們仍應稱之爲「玉」。

另依據明史卷三百三十二，在于闐國的說明中：「……其國東

有白玉河，西有綠玉河，又西有黑玉河，源皆出崑崙山……。」證明張匡鄴才是正確的，並且這三條河的名稱，在當地，一直沿用至今。（如圖十五）

宋應星繼續介紹，玉原產地的環境：

「……玉璞不藏深土，源泉峻急，激映而生，然取者不於所生處，以急湍無著手。俟其夏月水漲，璞隨湍流徙，或百里，或二、三百里，取之河中。凡玉，映月精光而生，故國人沿河取玉者，多於秋間明月夜，望河候視，玉璞堆積處，其月色倍明亮。凡璞隨水流，仍錯雜亂石淺流之中，提出辨認而後知也。」

白玉河流向東南，綠玉河流向西北，亦力把力地，其地有名野

（圖十五）宋應星在天工開物一書中，對技藝的介紹，都正確無誤，但對一些山川文物的描述，則偶有失真，因為渠從未到過和闐，方誤認為，只有「白玉河」與「綠玉河」；圖示：為天工開物中，原刻蔥嶺與綠玉河插圖；與土著女人，赤身撈玉的傳說。該河源出崑崙，是正確的，土著赤身撈玉的傳說，卻不正確。

望者，河水多聚玉，其俗以女人赤身沒水而取者，云陰氣相召，則玉流不逝，易於撈取。此或夷人之愚也！（夷中不貴此物，更流數百里，途遠莫貨，則棄而不用。）……。」

　　文中亦力把力，是西域大國中別失把里的另一譯名，南與于闐接壤，由於河流貫通，故亦產玉，而此國，在明朝初、中期，與中原交往密切，自成化年後，來往朝貢，方逐漸稀少，稱該國女人，赤身採玉，云陰氣相召云云，顯然不對，可能是當時，西域尚未完全開化，男女之防，不同中原，男人外出放牧，女人、小孩于河中拾玉，或游泳潛水撈玉，作為生計，以訛傳訛所致。而本段文字中，「玉璞不藏深土，源泉峻急，激映而生。」是本書對玉材介紹中，最錯誤的一部份。「玉」是礦石的一種，形成存在於礦脈，在崑崙山區，有露頭的礦脈，經風化後，或遭雨雪沖至河中，或存留山顛，故而當地，方有「山產玉」與「水產玉」的說法，何以能說「玉璞不藏深土」？此外，所謂「凡玉，映月精光而生」，故而當地人，多於「秋間明月夜」，望河尋玉，也多不正確，唯一正確的是，當地人多在秋天採玉，而採玉季節時，眾人皆搭棚宿於河邊，夜間，則籌火取暖，在秋季於河中採玉的原因，是因為崑崙山雪水融化，春夏兩季，河水甚急，而至秋季水涸，才方便於採拾玉石之故也，和闐地區，多在秋季，於河中採玉，「水涸」是原因，而不是「月色倍明亮」。（圖十六）

　　宋應星繼續介紹玉材，稱：

「……凡玉，唯白與綠兩色。綠者，中國名菜玉。其赤玉、黃玉之說，皆奇石、琅玕之類，價即不下於玉，然非玉也。……」

　　對玉石的定義，顯然較以往，我國人所認知的「玉，石之美者」，科學了許多，他認為只有「和闐玉」，才是中國人所認知的「真玉」，這點，的確是十分先進，可是，他在介紹玉色時，所說的「凡玉」唯「白與綠兩色」，顯然不對了，若玉以色分，白玉與碧玉，是玉種中最多的兩類，確是事實。但從色相來說，紅、橙、黃、青、黑……等各色，與混合色澤的玉材，都曾出現，宋公對此點所知，顯然偏隘。

　　而在天工開物中，以下這段記述，最不可信，但卻在我國，口耳相傳了數百年之久：

　　「凡玉璞，根系山石流水，未推出位時，璞中玉，軟如綿絮，推出位時，則已硬，入塵見風則愈硬。謂世間琢磨有軟玉，則文非也。凡璞藏玉，其外者曰玉皮，取爲硯托之類，其值無幾。璞中之玉，有縱橫尺餘無瑕玷者，古者帝王，取以爲璽，所謂連城之璧，亦不易得。其縱橫五、六寸無瑕者，治以爲杯斝，此亦當時重寶也。此外，維西洋瑣里，有異玉，平時白色，晴日下看，映出紅色，陰雨時，又爲青色，此可謂之『玉妖』，尚方有之。朝鮮西北太尉山，有千年玉璞，中藏羊脂玉，與葱嶺美者無殊異。其他雖有載志

（圖十六）本圖所示，亦爲天工開物一書中，原刻插圖，當地人因河流乾涸，多於秋天撈玉，搭蓬宿於河邊，晚間，則篝火取暖；宋聽信玉工傳言

，誤爲：「……凡玉，映月精光而生，故國人沿河取玉，多於秋間明月夜，望河候視……」

，則見聞未經也。……」

　　我們目前，已從礦物學的知識得知：玉礦的形成，確有玉璞包覆，宋應星的認知，是正確的，可是，稱之為「璞中玉，軟如綿絮，入塵見風則愈硬」，則是完全不正確，玉材在形成後，硬度成份，都已固定，絕非天工開物中所敍述的狀況。

　　至於稱西洋瑣里有「異玉」，平時白色，晴日下看，映出紅色，陰雨時，又為青色。這種現象，在許多寶石中，都會出現，就是我們現在俗稱的「變彩」，故而針對前述，有人認為是星石，或金鋼鑽，筆者則認為：應是蛋白石之類。「尚方有之」一句中的「尚方」，是明朝官名，亦稱上方，是專門掌管製造，或收藏皇帝用刀劍、玩物的機構；明朝皇室，奢靡無度，藏有稱之為「玉妖」的西洋珍貴寶石，並不足為奇。至於瑣里，則是Soli的音譯，在明朝時，是位居印度東岸的一個小國，其文化、生活、習慣，均出自印度。其地產「玉妖」，亦正足證明，「玉妖」者，是西方所珍貴的一種寶石。另言，朝鮮西北太尉山，產羊脂玉，則恐係以岫岩玉，認知為和闐玉。

　　針對前述採玉與產玉部份的描述，因為宋應星從未到過新疆和闐一帶，多是道聽途說，故而舛錯甚多，但其後，有關運玉入中原的描述，幾乎完全正確，其敍曰：

　　「……凡玉由彼地纏頭回，或溯河舟，或駕橐駝，經庄浪入嘉峪，而至於甘州與肅州。中國販玉者，至此互市而得之，東入中華，卸萃燕京，玉工辨璞高下訂價，而後琢之（戾玉雖集京師，工巧則推蘇郡）。……」

　　故而我們可知，至晚在明朝後期，我國南方的蘇州、揚州一帶，已取代北京，成為我國的製玉中心了。

　　其後這一段，是本卷最重要的部份，它翔實的記述了當代製玉的過程：

　　「……凡玉初剖時，冶鐵為圓盤，以盆水盛沙，足踏圓盤使轉，添砂剖玉，逐忽劃斷。中國解玉砂，出順天玉田與真定邢台兩邑。其沙非出河中，有泉流出，精粹如面，借以攻玉，永無耗折。

既解之後，別施精巧工夫，得鑌鐵刀者，則爲利器也（鑌鐵，亦出西番哈密衛礦石中，剖之乃得）。凡玉器琢餘碎，取入鈿花用，又碎不堪者，碾篩和灰塗琴瑟，琴有玉音，以此故也。凡鏤刻絕細處，難施錐刀者，以蟾酥填畫而後鍥之，物理制服，殆不可曉。……」

　　我們都知道，切、割玉材，需用解玉砂作介質，故而，宋應星所敍：「以盆水盛砂，添砂剖玉，逐忽劃斷」，確爲最中肯、翔實的描述，直至十數年前，我國玉工，仍是使用這種方式來切、磋、琢、磨玉器（如圖十七）。另我國傳統產出解玉砂的地點，像：河北省玉田縣與河北省眞定縣、邢台縣，亦都可靠翔實，其中，雖未提到西域「碅砂」的傳入，但卻說明了，西域傳入鑌鐵刀的犀利。

　　惟有琢玉所得的細碎下腳，在碾碎、篩選後，混和灰泥，用以填塗琴瑟的隙縫，稱曰：「琴有玉音，以此之故也」，顯係不眞，惟因爲，在我國玉器文化中，玉器的內涵價值，建立在玉德的理論

（圖十七）我國自古以來，除史前階段外，至少自殷商起，已經用「砣具」琢玉了，「……冶鐵爲圓盤，以盆水盛砂，足踏圓盤使轉，添砂剖玉，逐忽划斷……」描述的極爲翔實，但僅爲玉材「開片、切割」方式之一，其他尚有不同的工序，如：扎玉、衝碅、上花、打眼……等，但都是以「砣具」爲之。

基礎上，而不論古人稱：玉有十一德、九德、五德等不同說法，但都列入「玉的聲音」，因爲他就代表了一種美好的德行，這就是孔子所說的：

　　「叩之，其聲清越以長，其終詘然，樂也。」

　　也因爲如此，我國的傳統音樂，早就已經與「玉」分不開了，像我們習稱的「玉音」、「金聲玉振」……等，形容詞的運用，就是一例；而樂器中，也有玉鈴、玉柱、玉律、玉琯、玉管、玉磬、玉簫、玉琴……等，多得不勝枚舉的描述，其中，有許多樂器，根本不可能以玉製作，而只是因爲玉的聲音，是玉德之一，故而用來作形容，如此，方使宋應星附會成：琴瑟有玉音，係因爲玉屑，塡塞樂器的隙縫之故！但我國以玉屑混合泥灰，塡塞樂器縫隙，卻是製作樂器的傳統方式之一。此外，以玉作爲樂器的裝飾，則更爲普遍，像琴軫用玉來製作，在梁元帝的秋夜詩中，就有：「金徽調玉軫」之句，而在尙書故實中，也記敍有：「蜀中雷氏斲琴，常自品第；上者以玉徽；次者以寶徽；又次者，以金螺作徽。」我國傳統古琴，均選梧桐木爲琴身，係取其振聲清越，稱之爲有「玉音」，亦無不可，惟這類樂器，入土即朽，僅留下了一些樂器上的玉飾，流傳在古文物市場中，這些小件古玉器，常因形制特殊，用途不明，而不爲人瞭解、重視，但若能分辨、研究確實，則仍是極佳的收藏品。

　　此外，這一段文字中，也曾提到「……難施錐刀者，以蟾酥塡劃而後鍥之……」而玉雕業中，也流傳有「軟玉法」之說，意指：可用特殊藥材，使玉材變軟，而利於奏刀雕作，目前已失傳。這其中，有些錯誤的認知；文史所敍「蟾酥」，是指蟾蜍（癩蛤蟆）皮疣內毒腺所分泌的白色毒液，經調和其他秘方藥材，對玉材，可有輕微的侵蝕作用，玉工習慣用來「劃樣」，其作用，有些類似西洋金屬雕刻中的「蝕刻」，只不過侵蝕作用，極小而已，而「軟玉法」之說，必是由此附會而來，殆不可信。

　　而宋應星在介紹「玉」器的最後一段文字中，也概略的描述一些僞古玉器的製作方式：

「……凡假玉，以砆碔充者，如錫之於銀，昭然易辨。近則搗春上料白瓷器，細過微塵，以白斂（蘞）諸計，調成爲器，干燥，玉色燦然，此僞最巧云。」

文中提到：「假玉，以砆碔冒充」，如「錫之於銀」，形容得極爲傳神。錫與銀，同爲白色金屬，但比重有差，硬度更是差異甚大；而「砆碔」者，又寫作「碔砆」或「武夫」，也是色白，微具蠟狀光澤的美石，早在司馬光賦中，就有：「砆碔亂玉」之句，可見這是一種傳統的白玉替代品或冒充品，據筆者所知：「砆碔」者，即爲我們在目前市面上，經常看到，稱之爲「酥玉」、「蘇玉」、「新山玉」之類的美石，它具有一部分白玉的特徵，但卻硬度較低，「奏刀」一試，即可分辨眞假，也因爲這類美石，硬度低，易於雕作，故而常充爲入墓隨葬、斂葬的玉器，但其受沁、受土蝕的品相，卻與白玉完全不同，古人對玉器材質的定義甚鬆，致而造成許許多多，認爲是白玉（新疆玉）受沁的色澤，混淆了古文物收藏者的認知。

而宋應星所提到，另一種「搗春上料白瓷器，細過微塵，以白蘞等汁，調成爲器」的作僞方式，筆者不知，亦未曾眼見，但考諸「白斂」，又稱「白蘞」，是一種葡萄科的植物，其根爲塊根狀，富有黏液，可作黏合劑；如能將白瓷搗碎成細粉，再調汁黏合，作成僞玉，必要有相當手段與秘術，方足亂眞；以此觀之，這極可能是一種已失傳的作僞玉秘法。

綜觀宋應星所作「天工開物」一書中，有關玉器的介紹全文，在玉材產出地、採拾、形成的描述上，舛錯甚多，但在運輸、銷售、製作、雕琢的工序介紹上，則完全翔實正確；筆者認爲：宋應星雖未到過玉材原產地，但爲寫作天工開物，確實花費了許多工夫，從文中，可足證實，渠必常往訪玉工與玉作坊，而渠所獲得訊息、資料，亦多來自玉販與玉工，這些水準不高的工役，對玉材的產出、形成，不甚了了，人云亦云，多是迷信的傳言，但卻眞實的介紹了製玉的過程給宋應星；故而以全文言，在我國玉器工藝的傳承介紹上，仍是瑕不掩瑜，尤其文中的琢玉插圖，更是翔實可信。

惟宋文中，記敍最荒唐的，莫過於：

「……凡玉，映月精光而生……。」

「……未推出位時，璞中玉，軟如綿絮，推出位時，則已硬，入塵見風，則愈硬……。」

「……凡玉器琢餘碎，……碾篩和灰塗琴瑟，琴有玉音……。」

這三段記敍，以我們現代的科學眼光來看，確是幼稚、無知的可笑；但是，它卻是我國幾千年來，文人對玉材的傳統認知，中國士大夫，不習實用之學，故而對自然科學的認識，淺薄至此，雖賢如宋應星，亦終不能免俗！

除天工開物外，明代尚有另一本鉅著，也曾提到玉器，那就是李時珍所編寫的——本草綱目——。

二、本草綱目的完成：

我國的醫藥學，是歷代先民經驗與知識點滴的累積，可稱為人類知識的一大寶庫；且自漢朝以後，也陸續流傳出許許多多的醫藥著作，但因為沒有人作有系統的整理，致使許多脈案、複方、偏方，逐漸失傳。

而傳統漢醫，大多以自然界的草木類藥物為主，且又有：「上古神農氏嚐百草，為黎民醫病的傳說」，所以，自古以來，中國醫藥學的著作，都稱之為「本草」；如漢時，流傳於後世的「神農本草經」，南朝名醫陶弘景撰修的「本草經集注」，唐朝時修訂的「新修本草」，及宋朝名醫唐慎微編寫的「證類本草」……等；此外，流傳於歷代鄉野的一些草藥偏方，更是極為豐富。雖然如此，但在中藥中，仍有相當部份，不屬植物，而是動物與礦物。

明朝有一位名醫李時珍，在鑽研醫術中，發現前人所編寫的本草書籍，不是遺漏甚多，就是藥名混雜，所謂：「或一物而析為二三，或二物而混為一品」，其中有太多的謬誤與舛錯，故而他批評是：

「玉石水土混同，諸蟲鱗介不別……。」

於是，他發願要寫成一部完整的醫藥書，用以濟世，他希望所

寫的書，能達到綱目分明，體例劃一，名稱一致，圖文配稱。

　　李時珍字東壁，於明朝正德十三年（西元一五一八年）生於湖北省蘄州，他父、祖數代，都是當地名醫，但李時珍，卻是先入科舉，曾中得秀才。明朝後期，政治腐敗，他即絕意仕途，開始學醫，為人治病，在行醫過程中，他發現了諸多本草書籍上的疑問與混雜，於是開始蒐集這方面的資料，他不但率領兒子與徒弟，往訪各大名山，採藥、考察，更閱讀了大量書籍，即所謂：

　　「凡子、史、經、傳、聲韻、農圃、醫卜、星相、樂府諸家，無不畢覽，史稱『閱書八百餘家』！」

　　後至明世宗嘉靖三十一年，李時珍為楚王朱英燫的世子治病，藥到病除，靈驗無比，經楚王推薦，到京城的太醫院供職，成了名符其實的「御醫」。可是，明世宗卻只迷信方士的祈求長生，與道教中享樂的房中秘術，而太醫院為求得寵，亦同流合汙的獻秘方、春方等害人的怪藥，且與騙人的下作道士，勾結在一起，一同附和嘉靖，煉製所謂的不老仙丹，完全已無醫者仁風。李時珍不願同流合汙，在太醫院供職一年後，即托病返鄉，不過，也因為曾任職太醫院的機會，使他得以博覽皇室內苑密藏的一些醫書寶典。

　　回到家鄉後，李時珍即開始本草綱目的編寫工作。他以宋神宗元豐年間的名醫唐慎微所編寫的「證類本草」作底本，去蕪存菁，增益修刪，總共花了二十多年的時間，直到萬曆六年（一五七八年），才完成全書。

　　本草綱目分五十卷，計一百九十餘萬字，全書將中藥分作十六部、六十二類，收載有各種藥物一千八百九十二種（較以往類似書籍，增加了近四百種），更載有藥方一萬一仟零九十一個（比以往書籍所載，增加了四、五倍），這其中，有許許多多部份，是前人智慧所留，但卻是在李時珍的辛苦收集研究中，得以流傳；平心而論，我國中醫在明朝以前，就已經取得了重大的成就，但各家所說紛紜，頗多藥名，引人爭論不休，而本草綱目的完成與出世，才使得我國醫學與藥物學，邁入了一個新的境界。

　　尤其特殊的是，李時珍利用他本身豐富的藥物知識，把本草綱目

作了新的分類。他是採用藥物的自然屬性，來進行分類，如此，當然不易產生錯誤與混淆。像把礦物性的藥物，分爲水、火、土、金四部份；植物性藥物，分爲草、谷、菜、果、木五部份；動物性的藥物，則分爲蟲、鱗、介、禽、獸、人六部份；在這些部份下，再分不同的類別，類別之下，再分爲不同的種，如此，就作到了他所自認的：「物以類從，目隨綱舉」，「博而不繁，詳而有要」。

也因爲這種分類方式，使本草綱目中，動、植、礦物的中藥品種，包括形態、特徵、生長環境，極易於查考；所以，廣泛的說，這本書，也是一本植物學、動物學與礦物學的偉大著作。

在這本鉅著中，也提到了玉材，李時珍把它編列在第八卷，金石類下，稱玉類十四種，都可當作藥材，它包括：

玉、白玉髓、青玉、青琅玕、馬瑙、珊瑚、寶石、雲母、玻瓈、琉璃、水精、紫石英、菩薩石……等。

依李時珍本草綱目的記紋，他顯然延續了我國傳統對「玉」的定義，那就是：「石之美者，都可稱爲玉」，也因此，包括了瑪瑙、珊瑚、水晶、紫石英……等十四種，但這其中，似乎只有青玉、白玉兩種，可稱爲是眞玉，他對「眞玉」的註譯是：

「玉，玄眞。玉屑，氣味：甘平無毒。主治：除胃中熱，喘息煩滿，潤心肺，助聲喉，滋毛髮，滋養五臟，止煩燥，宜共金、銀花，麥蘗冬等同煎服，有益。」

從此段文字分析，李時珍認爲：「玉」的藥性，是「甘平無毒」，這對玉材的瞭解，是正確的，而「助聲喉」、「滋毛髮」、「滋養五臟」的說法，肯定玉材在藥用方面具有滋補的藥效，似是不妥；但稱玉材能「除胃中熱」、「止煩燥」、「潤心肺」，似指玉屑對消除「胃熱」，具有療效，筆者則難以斷定。

此外，在本草綱目中，李時珍選錄了三付，以玉入藥的處方：

一、取白玉二錢半，寒水石半兩，磨成粉末，用水調塗心下，可治小兒驚啼。

二、取相等份量的白玉與赤玉，磨成粉末，糊成梧桐子大小的藥丸，以薑湯服下，共服三十丸，可治「玄癖鬼氣」。

三、用真玉，每天磨擦面上、身上的瘢痕，久之，可以使瘢痕消除。

前述三個藥方，第一、二方的療效，到底如何？難以實證；但以堅硬平滑的物體，長期磨擦瘢痕，確可助長皮膚的代謝，而有「減瘢」的作用，這種物理治療的功效，雖不一定非用「玉器」不可，但確是有些科學依據！

但從本草綱目中，以玉入藥的這一部份觀察，我們仍可看到一些迷信的成份，其實，這些迷信，倒也是我國玉器文化的一部份，他的淵源，可追溯到史前的「以玉斂屍」，至晚，到了東周時期，就已經有「食玉可輕身成仙」的理論出現了，像周禮天官冢宰下的玉府條，記有：

「王齊，則供玉食。」

東漢名儒鄭玄，在注釋中說：「玉為陽精之純者，食之以禦水氣。」所以，「玉齊，則供玉食。」即指「帝王在齋戒時，當進食玉屑。」這其中，雖是毫無科學根據的立論；但是，我們都知道，「玉」的原材質，是矽化的礦物，胃、腸雖不能消化、吸收，但在帝王禁食的齋戒中，服用一些玉屑、玉粉，可使胃納中的飢餓感消失，也有一些特定的作用，但「輕身」、「禦水氣」……等的說法，顯係齊東野語，不足採信。但是，我國歷代，一些食古不化的士、大夫，卻沒有這種認知，像葛洪在抱朴子一書中，就公然宣稱：

「玉亦仙藥，但難得耳！」

所以，在玉經中，就有了：「服金者，壽如金；服玉者，壽如玉。」的理論，並且強調：「服玄真者，其命不極。」故而，在中藥中，玉的別名，就是「玄真」。因為：「玄真者，玉之別名也，令人身飛輕舉，不但地仙而已，然其道遲成，服一、二百斤，乃可知耳！」

在這些點點滴滴的記錄中，我們都可看到，從崇尚玉器，走向迷信玉器的非理性現象，後來，因為理性哲學的抬頭，才使「食玉成仙」的迷信，有所戢止。

但是，在萬千流傳於民間的「藥方」、「醫方」中，摻雜了「

食玉」的處方，也使我國的傳統醫學，與玉器文化相結合。而李時珍也就是在這種文化背景下，將玉材納入我國的傳統醫藥學中，以至於今。

第二節 ◎ 明朝的文學成就──戲曲與小說

明朝的文化思想，雖是以宋、元以來的程、朱理學爲基礎，形成文化發展上的因循與守舊，但是，仍有一些偉大的哲學家，提出一些改革與修正；像針對朱熹所提出的「知先行後」理論，而提出「知行合一」論的王陽明；與批判孔孟道學，反對傳統禮教，稱論語、孟子不足爲「萬世之至論」，自稱一世「不信學（道學）、不信道（道教），不信仙釋（佛教）。」的李卓吾……等。但大多均與玉器文化的發展，關係不大，而對玉器文化進展，較具宣傳與影響力的，反倒是流傳於民間的小說與戲曲。

明代的詩歌與散文，並無優秀的作品傳世，但是，在元朝所建立的雜劇與話本基礎上，所發展出來的小說，則是名家輩出，成爲我國小說史上的黃金時代。

像明初羅貫中所著的三國誌演義，他以三國誌爲底本，參考宋、元兩朝，在民間流傳的三國時代評話、戲曲、雜記、野史……等，寫成一部劃時代的長篇章回小說，並且在人物性格的塑造上，由作者的主觀，賦予了各角色不同的鮮明色彩，栩栩如生，史評：在三國演義中，刻劃人物有三絕，即描述曹操的奸險僞詐，可稱「奸絕」；描述關羽的義薄雲天，可稱「義絕」；描寫孔明的足智多謀，可稱「智絕」，確是中肯的評論。也因爲這部偉大著作的出現，將明朝小說創作的風潮，推向了顚峯。

當時，與三國志演義齊名的另一本著名小說「水滸傳」，其作者施耐庵，相傳就是羅貫中的老師，曾協助指導羅貫中編寫三國志演義；兩部小說不同的是，水滸傳的情節描述，多是運用生動活潑的通俗語言，表達出各個主角，被「逼上梁山」的宿命安排，用以表達作者本身，對現實社會的不滿與憤怨，充滿了俠義、樸質，與悲天憫人的救世情懷，亦是我國文壇中的瑰寶。

其他，尚有吳承恩所著的西遊記。據傳爲嘉靖年間，大名士王世貞所著的金瓶梅（但確實作者，仍有待考）；天啟年間，馮夢龍編寫的「喻世明言」、「警世通言」、「醒世恆言」……等，都是我國小說中的經典之作，眞可稱之爲雲蒸霞蔚，光芒萬丈。

此外，在戲曲方面，明朝也是名家輩出，像高則誠的琵琶記，惠施的拜月亭……等，但其中，對我國後世戲曲創作，影響最大的，則應屬湯顯祖所編寫的還魂記（牡丹亭）、南柯記、邯鄲記、紫釵記，因爲這四個故事，都是以「夢」作主題，而湯顯祖又是江西臨川人，以玉茗堂爲書齋之名，所以，時人多合稱爲：「臨川四夢」或「玉茗堂四夢」。

筆者按：我國一代戲曲文豪湯顯祖，以玉茗堂爲其齋名，亦可知，渠深受我國玉器文化的薰陶。

在前述，諸多小說與戲曲的藝文奇葩中，除了臨川四夢中的「紫釵記」，係取材自唐人傳奇小說「霍小玉傳」，敍述李十郎（李益）與霍小玉，以紫玉釵定情的故事，在本書第三冊第五編第五章，曾敍及外，對玉器文化的流傳，影響最大的，當屬三國志演義；作者羅貫中，以他自己對玉器文化的認知，對傳國玉璽，作了附會與舖陳的描述。藉著這本小說的影響，使我國玉器文化的內涵，更深入民間，但是，也因爲這本小說的渲染與誤導，使我們對傳國玉璽的認識，普遍都產生了錯誤認知。

首先，筆者認爲：和氏璧出世，以及其後「完璧歸趙」的典故，都是正確的史實；但在材質方面，和氏璧卻不是新疆和闐玉，因爲韓非子一書中，敍述的很清楚：卞和得玉璞於「楚山」中（詳見本書第二冊第四編第二章），而且，和氏璧與「傳國玉璽」，也毫無關係，但是，自六朝以後，因爲和氏璧爲秦所得的考證，與和氏璧爲天下至寶的傳言，就開始出現了，「李斯磨和璧作『傳國玉璽』」的附會說法，雖然毫無根據，但卻流傳甚廣。

其實，正史記載，秦始皇所作玉璽的年代，是在始皇九年以前，因爲史敍，始皇九年嫪毐作亂，曾：

「……矯王御璽及太后璽，以發縣卒及衛卒……。」

當時，天下尚未統一，這方玉璽的印文，應是：「受命於天，既壽永昌」，到了秦始皇併吞六國，決定廢除諡號，自稱「始皇帝」，接下去的皇帝，就以二世、三世……傳下去，以至於萬世，並在少府設置「符節令丞」，來掌管璽印，且更建立了「御府六璽」的制度，並嚴格規定，只有皇帝，才可用玉作璽，後始皇三十七年，東狩病重於平原津，史記敘述：

「乃為璽書賜公子扶蘇。」

但趙高卻殺扶蘇，另立胡亥為太子，即位為秦二世，後天下大亂，趙高改立公子嬰：

「……令子嬰齋，當廟見，受玉璽。」

後劉邦率兵，攻破咸陽：「子嬰白馬素車，奉天子璽符，降軹道旁。……」這塊象徵天子符信的玉璽，自此歸劉邦，因其有代代相傳的「傳國」意義，故而又稱「傳國玉璽」。

後西漢末年，王莽篡漢時，曾派王舜到長樂宮，逼漢元帝的太后，繳出象徵傳國的「傳國玉璽」。前漢書元后列傳稱：

「……初漢高祖入咸陽，至霸上，秦王子嬰降於軹道，奉上始皇璽，及高祖誅項籍，即天子位，因御服其璽，世世傳受，號曰『傳國玉璽』，……莽必欲得傳國璽，……太后洒出漢傳國璽，投之地……。」

到此為止，秦始皇所製的玉璽，均流傳有序，但與和氏璧並無關連，像御璽譜中，就確實的記載著：「傳國璽為秦始皇所刻，其玉出藍田山……。」，但因為和氏璧的典故，太有名了，故而開始，有人聯想為：「傳國璽既是秦始皇所刻，作為歷代傳國的重寶，必然會用和氏璧來製作」，這種想當然耳的傳說，雖不足徵信，但卻在我國歷史上，久傳不衰。

筆者認為：形成這種以非為是的觀念，影響力有大部份是源自於我國早期，帝王受命於天的符應思維；雖然，我們已可考知，和氏璧早已湮沒不存，秦始皇所製作的傳國玉璽，也在兵荒馬亂中失傳，但是，以玉璽傳國的迷信，已深入人心，大眾都認為，擁有這方玉璽的統治者，才是受命於天的「真命天子」；於是，在歷次改

朝換代中，傳國璽都常會出現，這也是自王莽以後，這方玉璽的流傳，難以令人相信的原因。這些由趨附、阿諛之輩，所製造出來的偽假符命，僅在明朝，就出現過至少四次：

第一次，是明宣宗時代，桀驁不馴的瓦刺部酋長脫歡，聲稱得到傳國玉璽，欲獻出，宣宗及大臣，均怕瓦刺要挾，且明宣宗在明朝，也算是少數的仁賢之主，所以，回覆脫歡：「前代傳世已久，皆不在此，王既得之，可留自用，不必來獻。……」於是，這件偽傳國玉璽之事，也就不了了之。

第二次，是在明英宗「南宮復辟」後，英宗重登大寶，這種二次登基為帝的機遇，為千古所無，於是，侍臣又宣稱：「索泥遣使，呈傳國玉璽。」明英宗心知肚明，此為趨附之輩，所作的偽假符命，故而明言：「璽已非真。」

第三次，傳國玉璽的出現，是在明孝宗登基後，由陝西巡撫熊翀，進呈了一方，相傳出土於陝西的傳國璽。明孝宗也是明朝少數英賢的君主，故而僅收入內庫，既未渲染，亦未視為靈異、奇寶。

第四次，則是在大明王朝，已近覆亡的天啟四年，熹宗昏庸，權閹魏忠賢當政，朝政一片烏煙瘴氣，國已不國，但卻又搞出了一次傳國玉璽出世的騙人把戲，並且這次，還搞得轟轟烈烈，首先，敘述這方玉璽的出現，就不同凡響，在韻石齋筆談記中，記敘這方玉璽出世的傳言是：

「河南臨漳縣，學生王思極、王燦，與鄉民邢一秦，耕作於漳河之濱時，忽然，風起水湧，紅光綠繞，地間閃出一玉璽，黃白相宜，古色璀璨，重一斤二十兩，方各四寸，高一寸八分，龍紐龜形，乃傳國玉璽也。其文曰：『受命於天，既壽永昌。』，龍飛鳳翥，神彩陸離，撫臣程紹，具表進之。」

魏忠賢即以此偽假玉璽的出現，正式籌劃『進璽』的典禮，並選訂黃道吉日；明人筆記中，敘述當時的盛況，是：「進璽之日，則十一月十三日，天子御皇極殿受朝賀，傳視廷臣……。」，魏忠賢並有意藉這個機會，傳令天下官員，進京慶賀，以便索賄肥己。

筆者認為：就是因為傳國玉璽的傳說影響力太大了，歷代歷朝

，都有一些品格低下的文臣，作假呈奉皇帝，以為阿諛皇帝的聖明。而羅貫中在這種文化影響下，寫作三國演義時，又再提出這方重寶，並渲染的絞述了這方玉璽出世時的靈異現象，藉著三國演義的流傳，更使大多數國人，都認為：「『傳國玉璽』是和氏璧所改製」，而且，出世時，必有「祥瑞繚繞的異象」。

其實，明朝皇室本身，已有完整的璽印製作記錄，與完善的典藏制度。除了傳統（秦始皇所訂）的皇帝之璽、天子之璽、皇帝信璽、天子信璽、皇帝行璽、天子行璽，所謂的「六璽」外，明太祖在洪武元年，即位時，因為「有賈浮海，以美玉至」，官家高價買下，作成一璽，文曰：「大明傳國之寶」，這方玉璽，才算得上是明朝的傳國玉璽。其後：

洪武二年，曾製「奉天執中」玉璽。

洪武四年，曾製「廣運之寶」與「厚載之寶」的兩方玉璽。

後明成祖起兵「靖難」，破南京，在兵荒馬亂中，內宮起火，可能造成前述玉璽的散失、湮滅，於是成祖登基時，又再製作了「皇帝奉天之寶」、「誥命之寶」、與「敕命之寶」，用以傳國；其後，傳至明世宗，這位崇佛好道、荒淫迷信的皇帝，因為建醮與扶乩……等迷信，也曾在嘉靖十八年，製作了一批玉璽，但卻因李自成的入京擄掠，均已湮滅不存。

前數年，曾有收藏家出示，明朝內府玉璽數枚，印文既不合史書所絞，而玉材本身，更有明顯作偽沁的痕跡，以筆者之見，無一為真。但現今典藏於北京故宮博物院，屬明思宗崇禎皇帝的一方龍紐印押，傳世明確，可作形制上的比對參考。

第三節 ◎ 明朝的手工藝成就，對玉雕形成的影響

明朝對手工藝工匠的管理制度，除了有固定在京師供職的「住坐匠」外，更對大部份工匠，採用輪班供職的方式，並且，依據各部門工藝繁簡的實際需要，及工匠距京城路程的遠近，編定了五年一班、四年一班、三年一班、兩年一班及一年一班的輪班制，即以供職最頻繁，一年一班的輪班工匠言，其服役時間，也只有三個月

而已，其餘時間，仍可由自己支配、生產；而在京供職的「住坐匠」，也只有一個月中，拿出十天來應役，其餘二十天，仍可自己工作生產。在這種制度下，不但技術，容易改進與交流，民間對已往高不可攀的內廷御用器物的製作秘秘，也有了一窺的機會，另因為鄭和下南洋，形成海上貿易興盛……等諸多因素，明朝的手工藝，大體言，是相當進步的；像起源於我國的傳統漆器手工藝（詳見本書第一冊第七章），在唐朝時，傳入日本，經過日本匠人數百年的研究、改進，在元、明時，其技術已超越中土，並且發展出了許多新的洒金、描金、貼金……等技巧，中土匠人，已然不及，但依據明朝張汝弼所著的楊塤傳中，曾記敍：

「……宣德年間，曾遣人至倭國，傳泥金畫漆之法以歸，塤遂習之，而自出己見，以五色金鈿並施，不止如舊法，純用金也。故物色各稱，天眞燦然，倭人見之，亦齚指稱嘆，以爲不可及……。」

源自於我國的木漆器手工藝，在日本經過改良，得以發揚光大，超越中土，但明朝工匠，在東渡留學後，卻再作發揮，又能超越日本，由此即可知，明朝階段，手工藝進步的情形。但是，與玉器文化有關，且影響玉雕風格最大的，則是：

一、金銀器手工藝：我國金銀器手工藝的技術，發展極早，至少在商朝，就已經相當發達了。並且自始，在衆多文獻史料中，都習慣金、玉並稱，以爲貴重的珍寶，其後，金銀手工藝，不論在鎏金、錯金、錯銀、鑲嵌、鏨花、刻花上，都有極高的藝術表現，而到了明朝，這項手工藝，在元朝西征，吸收了波斯一些金銀冶煉、抽絲等的新技藝基礎上，表現出了極高的工藝水準。像出土於明神宗定陵的一頂金絲冠，即爲一例。

定陵是一九五八年，經專家有計劃的挖掘出土，地宮未經盜擾，計出土了豐富的明代古文物近三仟多件，現已在原址，闢爲定陵博物館。而這頂金絲冠，在出土時，即位於神宗梓宮頭骨旁的圓盒中，保存完好，可讓我們直接觀察出，明朝金銀手工藝進步的情形。

　　依據明史·輿服志記載，皇帝著常服時，載烏紗折角向上巾，簡稱「向上巾」，也稱「幞頭」，這種原以紗質爲主要材質的「冠巾」，取其在著常服時，載用者的輕便；但是，黃金卻是極沈重的金屬，明朝手工藝技巧極高的工匠們，用了極精巧的手法，將黃金抽成髮絲般的極細金絲，再逐絲編織而成冠帽，並自帽的後上方，裝飾二條編織而成的金蟠龍，滙於帽頂，作「雙龍搶珠」狀，金絲網面，均勻細緻，爲我國目前所知，惟一的一件帝王金冠，從這件金冠的出土，我們可以清楚的觀察到，明朝金、銀手工藝的精細與進步。（如圖十八）

　　另在定陵內，同樣也出土了明神宗的孝端、孝靖兩位皇后的四頂鳳冠，這類鳳冠，係以細竹絲編成的內框作胎，然後髹漆，冠體全身，遍嵌各類珠寶，與點翠如意雲片。全冠共鑲有大、小各類寶石一百多顆，珍珠五仟多粒，使整體鳳冠，因爲珠翠繚繞，而顯得華麗、高貴。尤其冠上龍、鳳部份，都是用細金絲，纍絲製成，而冠體所鑲嵌的珍珠寶石，也都是採用難度較高的『金招絲』鑲嵌技術，製作工整，處處都顯示出當時金銀手工藝的高超水準。

　　也因爲金銀鑲嵌手工藝的提升，使明代玉器中的鑲嵌器，明顯增多，而自明朝中葉以後，宦官當政，吏治大壞，那些貪官污吏，

（圖十八）圖示型制，爲「烏紗折角向上巾」，一般均內爲竹胎，以紗製成，爲取其戴用時的輕便；明朝手工藝精巧的工匠，卻用髮絲般的金絲，爲帝皇編作了這一頂金絲冠，均勻細緻，璀燦華麗，爲我國目前所知，唯一的一件傳世帝王金冠。此外，明朝進步的金銀手工藝技術，也影響了玉器的雕琢風格。

富可敵國，所使用的一些金銀鑲嵌器，並不亞於帝王，但因爲在我國，歷代歷朝，金、銀都是實用的流通貨幣，且易融鑄，故而，這些最能表現明朝手工藝技巧的金銀器，只要一流散民間，幾乎多遭破壞，而幸玉材不朽，且難以當作貨幣流通，反而出土傳世的不少。從這些明代金銀鑲嵌器中，所殘存的玉片觀察，明朝玉雕風格，確是有一部份，受到金銀器手工藝風格的影響，尤其一些使用壓地、剔地（世宗以後，風格趨向減地，再凸出一至三層，以凸顯主體紋飾）……等刀法，所製作出來的玉雕帶飾，其上主體紋飾，不論龍、螭、獸、鳥……等的造型風格，或裝飾紋中的聯珠紋、方格底紋（宋後即有出現）……等，幾乎都與金銀器的紋飾相通。

二、瓷器的發展：基本上，明代的瓷器發展，是延續與繼承宋、元的基礎；但是，自明初起，官窯瓷器的大量製作，除了供內廷使用，賞賜羣臣外，亦作爲賞賜藩臣、外邦的主要禮品，具有宣揚國威的意義，明史外國列傳中，多有記紋，像：

「日落國，永樂中來貢，弘治元年復貢，使臣奏求紵絲、夏布、磁器。」

又如列傳三三二：

「敏眞城，永樂中來貢，……貴中國磁、漆器。」

此所以，明代官窯製品的落款，幾乎都是「大明××年製」的格式。首書「大明」，確有政治宣傳的意義，而依據史籍所載，明朝官窯所燒造的御用瓷器，概分爲「欽限瓷器」，與「部限瓷器」兩類，其中「部限瓷器」，均以賞賜爲主，數量甚多。

我國的瓷器發展，在早期，明顯的是「重釉輕胎」，而到了元朝，逐漸開始有了變化，這主要是由於江西景德鎮所產高嶺土的廣泛運用，因爲，瓷土加高嶺土的混合配料法，能大量減少燒造器物的變形，如此，不但使我國的瓷器，由軟質瓷，步向硬質瓷的領域，更使景德鎮，一躍而成爲我國最重要的製瓷中心，以至於今。

其實，景德鎮的窯業，發展很早，但是，卻是民窯早於官窯，這主要和宋朝時期的官窯陶政有關。宋朝時，內府宮廷用器，多是由官方自辦的窯廠，負責製作，稱之爲「內窯」，或「官窯」；而

民間納稅所辦的「民窯」產品，則稱「客貨」，主要在民間銷售流通。其中「官窯」產品，雖均爲精品，但是，民窯因有競爭，反而較易推陳出新，利於改進，於是，宋朝還有另一種官窯瓷器，就是——民窯中的貢品——；像宋眞宗景德年間，令進御器，就曾由景德鎮中的民窯，燒造了貢品，器底年款，均書「景德年製」，這批官窯瓷器，其實是民窯所出，由此亦可知，江西景德鎮民窯瓷業進步的盛況了。而到了元朝，根本就沒有設置官方管理的窯廠，而均由民窯奉命燒製，這就是所謂的：「進御器，民所供造」，而元朝的內府器用，幾乎都是由景德鎮的民窯所燒製，當時，這些民窯的營運狀況是：

「皆有命則供，否則止稅課而已。」

但是，這卻沒有降低宮廷御用瓷器的水準，因爲，民窯貢進的瓷器，都是「千中選十，百中挑一」的精品。

而明朝初期，也必是先自「客貨」中，挑選御用瓷器，直到洪武二十五年，派工部員外郎段廷珪，在景德鎮設置御窯廠，專燒造御用器物，解送京城，供內府使用，於是，明朝又恢復了官窯制度。其中，設廠年代，有人稱：在洪武二年，有人認爲：在宣德、正德年間。筆者認爲：洪武二年，天下尙未底定，可能性不高，而正德年間，應是復置，而不是始建；此姑不論，但均足證明，明朝又恢復了官辦的窯廠，初時，規模尙不大，僅有燒窯數座，但是，後來逐漸發展成一個龐大的組織，而效率卻不高，致使在內廷需索數量增加時（像嘉靖二十五年，進瓷器十萬三仟二百件；嘉靖二十六年，進瓷器十二萬三仟三佰二十件……數量均極龐大），只有徵用民窯，再實施所謂「官搭民燒」的制度，但如若細分，「官搭民燒」，仍有不同的差別：

第一類、「分派散窯」：這是官方硬搶民窯的一種方式，也就是從民窯成品中，「擇其堪用者湊解」，如此，民窯中優秀作品，盡入大內，或中飽監官、太監，民窯的抵制方式，就是不生產高級品，如此，對我國瓷業的發展，造成了負面的影響。

第二種、「定給民窯」：就是將一些占空間，或難燒造的瓷器

，除了御窰本身燒造外，還撥出一部份定額，强迫指定民窰燒造，雖說「按件償銀」，但是價款偏低，致使民窰賠累不已。

第三種、「散之民窰」：就是將御窰廠製成的瓷坯，搭附民窰燒成；這是明朝官窰器中，「官搭民燒」的基本制度，也是貪官污吏貪瀆的淵藪，因爲，這種代燒官器，有燒不好要賠的規定，於是，御廠官員多將難燒的器用，散之民窰，像脆薄細緻，極易炸胎的魚缸……等，多是民窰代燒，致使「民窰賠貼，習以爲常。」

除了前述制度，對景德鎮民窰造成剝削外，由於朝廷的吏治不清，又盲目的加重燒造任務，且爲能按時交解，常派宮中太監，駐鎮督造，這些欽命內官，對陶政一竅不通，但卻「以上供之名，分外苛索」，只稍未饜其欲，即故意興起大獄，於是，陶官只得加重派役，像隆慶年間巡按劉思問，因見地方太過困苦，曾建議減燒龍缸、方盒，並將「鮮紅」瓷器，改燒紅色鮮度較差的「礬紅」，在奏疏中，提到：

「……蓋物料精細，色樣精考者，一時果難措辦，而水火幻化，卒難取，必須假以時日，多作胚胎，燒煉精選，百中二三，……大小工匠，約有五百，奔走力役之力，不下千計，日費百斛，皆當區處供給，……伏望軫念，工力孔艱，民隱當恤，敕部詳議，將『鮮紅』瓷器，……改造『礬紅』。龍缸、方盒等項，量減數目……。」（詳見江西省大志）

但是，政治腐敗，對地方燒造的加派，卻有增無減，且多爲奢侈無用之器，像在萬曆十一年，詔造數量極大的各類瓷器，給事中王敬民的進諫，最爲中肯：

「竊維器取其足用，不必過於多也，亦維取其實用，不必過於巧也。今據該監所開，如碗、碟、鍾、盞之類（指實用器），皆上用之所必需；而祭器，若籩、豆、盤、罍等項，尤爲不可缺者，但中間如圍棋、別棋、棋盤、棋罐，皆無益之器也，而屏風、筆管、瓶、罐、盒、爐，亦不急之物也。且各樣盒至二萬副，各樣瓶至四千副，各樣罐至五千副，不幾於過多乎？況龍鳳花草，各肖其形容，而五彩玲瓏，務極其華麗，又不幾過於巧乎？此誠草茅之臣，所

為駭目而驚心者也！……。」（見江西省大志）

從這些敍述，我們已知明朝後期，皇室的腐敗、苛削、奢侈，幾至喪心病狂的地步，偶有骨鯁之士，上疏直陳，但卻聽之藐藐，麻木不仁，大明王朝，何以不亡！

但是，在這種剝削與苛索中，明朝的瓷器，在元朝所建立，以景德鎮為中心的工藝技術上，仍有許多重大的進展與突破，像足以代表我國瓷器特色的青花瓷，雖然源於唐朝，且在元代，就已經燒製成功，但卻是在明朝，才得以茁壯成熟，並揚名於世界。這種以「鈷」為主原料，在瓷胎上繪畫，然後再上透明釉，在高溫中一次燒成，呈藍色花紋的釉下彩瓷器，當時，即已風靡世界，價值千金，且不易得，為我國博得了「瓷國」的雅號。

而繪畫在瓷器上，存乎鑒戒的民間故事、寓言圖紋，因為明朝君臣的水準不高，故而甚為風行，像「蒙恬出鎮」、「三顧茅廬」……等，不一而足，隨同雜寶、八寶、八仙、暗八仙、歲寒三友、四季花卉……等，也都逐漸成了明代玉雕的主要紋飾。故而，明朝玉雕的紋飾，極為龐雜，但卻傾向於世俗化，這種脫離文人風格的玉雕造型，雖然減少了藝文之美，但卻擴大了玉雕的題材與造型的空間。（唯至明末，子剛玉器出世，風格才又丕變！）

此外，明代的瓷器，除了「青花」，其他如「釉裡紅」、「寶石紅」（即前文中，所敍「鮮紅」，又名「祭紅」、「霽紅」、「積紅」、「大紅」、「醉紅」，這種色彩，只有明朝燒成，後即失傳）、「鬥彩」、「青花五彩」、「釉上五彩」……等，精彩絕倫，美不勝收，除了宮廷器用外，且還流傳民間，並因頒賜或運銷海外，直至今日，仍為世界性的珍貴古文物收藏品。

第四節 ◈ 有米如「玉」，卻以飢民造成亡國

在明朝階段，有兩種重要的低階人民主食，傳入我國，後則成為我國兩種最重要的糧食，那就是番薯與玉米。

番薯與玉米的原產地，都在美洲，歐洲人發現新大陸後，才把這兩種農作物，帶回歐洲，並因為海上貿易的興盛，迅即散播至亞

洲。

　　蕃薯傳入我國的時間較晚，約在明朝中、後期，依據東莞縣志記敍：

　　「有名陳益者，明萬曆十八年，偕客同往安南，其以土產薯美甘，私竊種苗歸，在家鄉蕃滋，因念來自蕃地，故名『蕃薯』……。」

　　這種農作物，一經引進後，即得到廣大農民的認同，像廣東新語，即曾敍述：

　　「蕃薯近自呂宋來，植最易生，葉可肥豬，根可釀酒，切爲粒，蒸曝貯之，是曰薯糧。……」

　　的確對我國的貧困農村，大有助益！

　　而玉米的傳入中土，則時間較早，至少在正德年間，我國已經開始種植生產，這種也可在山地、山坡地種植的糧食，對下貧農戶而言，是：「山居廣植以養生」，但因初入中土，無人知其原名，但見顆粒飽滿，精瑩似玉，故而得了「玉米」的雅號，到了明末，這個名稱，已極普遍，即使有區域差異，但多以「玉」形容之，像徐光啓在農政全書中敍述：

　　「別有一種玉米，或稱玉麥，或稱玉蜀秫……。」

　　其他別名，則還有玉茭茭，玉粟、玉稻粟、玉黍秫。以新傳入我國的糧食品種而命名，卻與玉有關，的確是極爲少見，這除了因爲形似，正如安肅縣志所記敍的：「小穗叢生葉間，粒精如白玉。」外，易種、易穫，有葉覆、不易招蟲的良好植物特性，也是使這種糧食，成爲我國歷代民眾，以「玉」謳歌的主要原因。

　　蕃薯與玉米，在明朝中、後期，在國內，都已經獲得了廣泛的推廣與栽種，而這兩種新的農作物，卻不需水田，甚至山坡地、山地，也可種植，不須大量肥料，收穫期短，可貯藏，甚至因爲結實，包覆於葉內，或生於地下，對傳統的蝗災，較具抵禦作用，照理說，應對我國耕地開墾不足的明朝後期，皇祚的延續，大有助益，但事實卻不然，大明王朝，雖「得米如玉」，但卻仍亡於廣大飢民的造反浪潮中。

　　筆者讀史、觀玉，統計正史、野史所敍，明朝自大臣家中，抄出玉帶，達千條以上者，幾乎每朝都有，而玉器精品、寶石、珊瑚，則更是多不勝數，可見明朝中、後期，吏治的敗壞；從聚斂玉帶的史實，及筆者實際的觀察，明代玉雕中小件的佩飾器，已不能滿足那些貪墨的酷吏與權閹，故而，中、大件的器用與陳列器，開始大量出現，如實用器中的玉杯、玉盞、玉壺、玉盤……。仿古禮器中的玉爵、玉斝、玉鼎、玉簋……等，或文房器用的玉洗、玉注、玉硯、水盂、玉鎮、筆床……等，甚而純爲裝飾炫耀的陳設器，像：屏風、插屏、花燻、山子、桌瓶、盆花……等，無奇不有，無所不包，造型上，更廣泛的包括了玉觀音、玉壽星、玉製福祿壽三星、玉彌勒、玉劉海、玉製八仙……等，這些中、大件玉雕，雖是拜受玉材來源暢通，與明代作坊規模加大，手工藝發達之賜，但卻顯示出明代貧富不均的嚴重，與統治階層的奢糜浪費。但這些中、大型玉雕，除了少部份隨墓主入土，又再出土外，傳世的作品，卻不多，主因係：器形大，價值高，一般人購買、陳列不起。第二，大件陳列器，體大沈重，戰亂、搬運、移動、逃難，都易造成殘傷、損壞，這些傷殘器，不可避免的被剖解，改雕成小件玉器，故而傳世作品，反而不多。但仍無害於我們知道，明朝中後期，帝皇的奢侈、浪費，與吏治的敗壞、腐朽，尤其是不恤民力的一再搜刮，使民間根本無法承受，像所謂：

　　「舊徵未完，新餉已催，額內難緩，額外復急……。」

　　大多數農民的負擔，已經到了無法生存的境地；明人筆記中，曾記敍：明朝後期，有人故意將地契、田契，丟在路上，自己卻躲到一旁，待有人撿拾，即立刻衝出，拉住那撿拾的人說：好了！好了！這塊地是你的了！我可以不管了……。

　　這些匪夷所思的事實，也證實了，明末橫徵暴斂的可怕。

　　又如：明思宗崇禎十三、四年間，中原大旱，許多地區，老百姓餓到吃石粉、觀音土，遍野都是吃土後，腹脹而死的餓殍，致使李自成的闖軍，聲勢更盛，一舉而破洛陽，活捉了思宗的叔父福王朱常洵，待打開糧倉一看，不但存糧極多，而且多到許多糧食，已

經發霉腐爛。

　　這也告訴我們，爲何自明朝起，我國雖傳入了蕃薯，及「有米如玉」的玉米，這些極好品種的新糧食，但卻仍亡於飢民的原因。

　　筆者註：近年，陝西「陽陵」出土，此爲漢景帝的陵墓，傳說該陵區南坑，出土有玉米一粒，故有人認爲，我國在漢時，已有玉米；但筆者從陵中盜洞瞭解，其中尚有盜墓賊骨架，可見盜賊曾多次潛入陵中盜寶，甚至相殘；故而該玉米，應是後世帶入陵中。

　　筆者又註：玉米之得名，仍有其歷史文化淵源；像我國傳統，每年秋天，待新穀豐登入倉前，必先有「祭先農壇」的典禮，其名即爲：「玉粒納倉」。

第七章 ❖ 明朝的玉器

　　明朝玉器的風格，是繼承元代玉雕的形制，且因有明一代，文化的發展，並未出現卓越的思想變革，故而玉雕形制的變化，與元朝沒有太大的差異，除了內廷、北京、蘇州、揚州等琢玉重鎮的玉器，頗有可觀外，一般地區的作品，因為大規模民間作坊的興起，大量、快速生產的結果，反而使玉雕的藝術風格，減低了許多。至於皇室製作的禮器，如圭、璧、璽冊……等，我們從定陵出土的實物，與明史比對觀察，明朝皇室儀制，雖力求步武於漢唐等前朝，但形制上，卻距古制甚多，甚至連仿古器都不如，「明代的玉雕禮器，雖外形似為三代，但紋飾，卻均為工匠的見解反映，去古制甚遠，但卻常用『燒古』」，可作為我們對明朝玉製禮器的大致結論！

　　而服飾與裝飾用器，仍以玉帶的數量最多，目前，流落市面上一些零散的玉銙，或長條形、或桃形、或矩形、或小豎條狀……，不一而足，顯示明朝官場，追求浮華的現象（如圖十九）。

　　至於刀工紋飾，則因為工具的進步，與解玉砂的更新，不論剔地、減地、透雕……等，都有製作，但自明世宗嘉靖以後，為追求視覺之美，但卻降低了藝術性的「減地數層」，以凸顯主體的雕法，成為主流，可作為明朝玉雕的主要特色，但這種雕作方式，卻是在我國整個玉器藝術史中，最「偷工」、「取巧」的一種雕法，明自嘉靖以後，國已不國，玉雕出現這種現象，亦足證：我國玉器文化與歷代文化思潮，確是相連。此外，在佩飾器上，玉帶鉤、玉釵、玉鐲、玉墜……等，均有製作，但除了內府或王侯、大吏用器外，一般民間用品，少見佳作。（如圖二十A、B）

　　另鑲嵌與陳設、實用器，因係大件作品，多屬高貴、富貴人家藏品，足可代表明代玉雕的特色，但如前章所敘，傳世不多，殊為可惜（圖二十一）；但小件玉片鑲嵌器，目前在市面上，仍可常見，但因片薄、單面雕，且又甚小，故多不受收藏家重視，但這些小件作品，卻均為大件宏偉陳設器中的一部份，從藝術欣賞的角度觀察，以小見大，仍可得知，明時豪富的狂奢生活；尤其一些極小的

鏤雕嵌片，薄至○‧一公分以下，似同剪影般透明，但卻刀工宛轉有致，細予觀察，當可體會出明代玉雕刀工的特徵（如圖二十二）。

此外，明代玉雕的惟一異數，則是陸子剛的出世。目前，我們已經把「子剛」與玉雕藝術的精美，結合成一個意念，但陸子剛的生平，在我國正史中，卻仍是矇矓不清。雖然如此，但與拾遺記中所載的神奇玉工烈裔，卻又真實的多了；據稱，秦始皇元年，騫宵國獻刻玉匠烈裔，渠刻工精巧，所琢成的龍、鳳，不能在其上點睛，否則，即會逸去；一次，烈裔琢成兩隻白玉老虎，依往例，亦不點上雙眼，秦始皇不信，說：「刻畫之形，何得飛走？」令人用淳漆，在每隻玉虎上，各點上一眼，結果兩隻老虎，果然逸去，隨後，即有人見山中出現只有一眼的兩隻老虎，相隨而行，後一年，獵

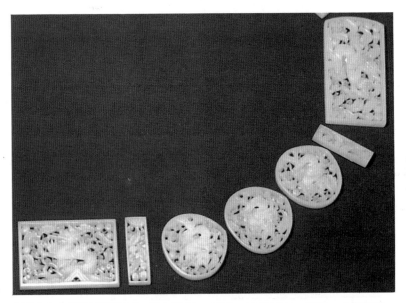

（圖十九）明朝官制玉帶，沒有特別的圖紋限制，可「或花或素」，再加上明朝中、後期，官場貪瀆成風，故而玉帶的雕作，爭奇鬥艷，趨向奢靡。尤其統治系統的腐化，僭越禮制的事，已成常事，故而，本僅限於一品官員，才可佩用的玉帶，已於社會風行；筆者曾親見，明代俗吏的墓葬出土，居然亦是「玉帶圍腰」！

（圖二十A、B）本圖所示，為明代民間器用，這些玉器，傳世較多，但因是大量製作，多是圖紋劃一，玉質均差，刀工不整；從其上卍字紋，可清楚看出，雕琢上的粗製濫造，明朝貧富間，差異極大，也在玉雕工藝中，顯示出來。

（圖二十一）明代，在我國各王朝中，吏治最壞，小件玉雕，已不能滿足那些酷吏權閣的貪壑，故而，大件的陳設器，開始出現；也開啟了清初盛世，大件玉雕增多的風氣，但因戰亂，這些陳設器，較不易保存，故而傳世極少。本圖所示，為明代後期的玉雕插屏，極為難得，其上刀工、圖紋，可作為我們鑑賞明代玉雕的參考。

（圖二十二）本圖所示，即為明代大件陳設器上之嵌飾，這類小件玉雕作品，片薄，且又為單面雕，較不受收藏家喜愛，但我們從藝術欣賞的角度觀察，以小見大，可知明時，豪富階層的狂奢。

人得之，獻給秦始皇，殺後，檢視虎胸，果是烈裔所刻……云云。

　　的確，「刻畫之形，何能飛去」，但筆者賞玉多年，深知有些傳世佳作，精工細鏤，使造型栩栩如生，確是神乎其技，但能凸顯盛名的，卻只有陸子剛一人。

　　陸子剛生卒年月日，均已不可考，但依據成書於崇禎十五年的太倉州志，記有：

　　「雕玉器，凡玉器類砂碾，五十年前，有州人陸子剛者，用刀雕刻，遂擅絕，今所遺玉簪，價一支值五、六十金。子剛死，技亦不傳。」

　　以此推算，陸子剛約為明代嘉靖、萬曆年間人士，籍貫應為蘇州，因為蘇州府志，記載有：「陸子剛，碾玉妙手，造水仙簪，玲瓏奇巧，花莖細如毫髮……。」但是，我們都知道，直接用一般刀

具刻玉，是不可能的，除非：

一、玉材並不是新疆白玉，我們從當時，學問淵博如李時珍者，在他所作的本草綱目中，就把菩薩石（白石英的別稱）、水晶、琉璃……等，都稱之為「玉」來分析，當時陸子剛直接用刀雕刻的，可能是色澤似玉的美石或琉璃。

二、陸子剛已經學會了，使用金剛鑽作刀具的技巧，明朝因為青花瓷器極名貴，而瓷器易碎易裂，故而修補、鋦合瓷器的行業，也極興盛，而明代瓷器，多屬瓷土混合高嶺土的硬質瓷，欲上鋦釘，必須鑽孔，而一般鐵、鋼器，極易鑽裂瓷器，於是，均採用自印度傳入的金剛鑽作鑽刀，明吳承恩所著西遊記中第七十五回，孫悟空鑽破獅駝山妖魔「陰陽二氣瓶」，所用的工具，包括：一根嵌有金剛鑽的木棒，一根竹片，一條綿繩，即為民間的鋦瓷器工具；故而，陸子剛亦可能已經掌握了製作鑽石刀具的技術，如此，方可直接刻玉。

但確實如何？卻因為，「子剛死，技亦不傳。」不但陸子剛的刻玉技術，已經失傳，甚至陸子剛的確實作品，目前也完全無法辨認，這主要因為：

第一、陸子剛在明末的名氣，已極大，作品亦極名貴、值錢；當時的名宦、鉅富，都以收藏他的作品為炫耀，像與陸子剛同時代的妮古錄作者陳繼儒，就曾敍述當時富翁吳伯度，收藏子剛作品的記錄，原文是：

「……乙未十月四日於吳伯度家，見百乳白玉觶，觶蓋有環，貫於把手上，凡十三連環，吳門陸子製。」

從此段文字，即足印證，筆者在前文中所敍，明朝因為貪官污吏的豪奢，興起了陳列器的製作。

也因為陸子剛的作品太值錢了，引起了許多玉工的仿冒，而明代後期，玉工的刀具與製作水準，在陸子剛的家鄉蘇州，已是全國第一，此所以，宋應星會在天工開物中記敍：「良玉雖集京師，工巧則推蘇郡。」這種仿冒之風一起，逐漸掩蓋了真實的子剛作品。

第二、玉工作玉，首在相玉與畫稿（俗稱劃活），沒有好的底

稿，絕對作不出高藝術性的作品，而當時蘇州，卻是文風鼎盛，像
唐伯虎、文徵明、沈周、祝枝山……等，都是蘇州人士，這些偉大
的藝術家，爲玉工提供了一些圖譜、字樣，提高了玉雕的藝術水準
，也混淆了子剛作品的特色；可是，這類文人提供畫譜、畫稿的作
品，較不適於圓雕，而適於製作平面的牌飾，這也是形成爾後，「
子剛玉牌」一枝獨秀的原因，但據野史記述，陸子剛最著名的作品
，當爲水仙簪，當時極有名的文豪、畫家、書法家徐渭（即徐文長
，又號青藤居士，故又稱其爲徐青藤），就曾用詩來讚美陸子剛的
作品水仙簪：

（圖二十三A、B）明朝後期，蘇州一帶，人文薈萃，出了許多恃才傲物的天才藝術家，唐伯虎即爲代表。他們爲玉工提供圖稿，但這些文人畫稿，不易由圓雕表現，故而多作成牌飾，如此，也混淆了子剛玉牌的精品；本圖所示玉牌，不論桃、竹、蘭、山石的造型，均足顯示，畫稿的藝術性極高，爲明末清初這一階段，玉雕牌飾中的精品。

（圖二十四Ａ、Ｂ）明朝自中、後期起，從玉雕集散地的蘇州，開始風行白玉牌的製作；其中，以陸子剛最為著名，故而，後世多以「子剛玉牌」稱之。目前，傳世作品甚多，真偽莫辨；本圖所示，為明末階段出土之玉牌，但卻難得的，未署子剛之名，以其上圖紋的花、車造型言，匠氣較重，不同一般子剛玉器的風格，應為當時其他玉工雕琢，不署子剛之名，反而益顯其真！

「略有風情陳妙常，絕無煙火杜蘭香，昆吾鋒盡終難似，愁殺蘇州陸子剛。」

目前，世界不少博物館，均典藏有署名為子剛的玉雕作品，民間收藏的精品也不少，但何者為真？何者為仿？因為沒有確實的子剛風格作品，作為比對標準，故而均無法斷定，尤其令人混淆的是，從刀工分析，這些作品的刀工特徵，均多為明末清初，與陸子剛生卒年代略合（如圖二十三Ａ，Ｂ）；至於署款，則許多作品都有，真、草、隸、篆、行，無所不包，而這也是陸子剛雕製玉器的最

大特色：因爲，相傳陸子剛爲追求完美，對每件自己的作品，都琢刻上自己的名款，以示負責；但筆者相信，陸子剛也必是一位相當自豪與自負的人，認爲自己的藝術成就，亦足可在作品上署款；可是，這種作爲，在封建社會中，卻是大逆不道的，因爲，從一般士、大夫觀點來看，一個玉作匠役，是毫無社會地位可言，有何資格署留名款？但就事論事，陸子剛對我國玉器文化的宣揚與延續，卻比那些腐儒，貢獻大多了，他不但爲我們留下衆多，眞假莫辨，但都是精品的子剛玉器，更因爲他簪花妙手的推動，開啓了我國淸初乾隆時期，玉雕鼎盛的新階段。（如圖二十四A、B）

【第二編】 我國歷史中，玉雕
最興盛的清朝

　　不可否認的，我國自元、明起，因為疆域的擴大，國際貿易的興起，及世界各地人員、物質的頻繁交流，使諸多境外的珍奇美石、珠寶，逐漸進入中土，對我國傳統的玉器，有所貶抑。在如此的大環境下，我國延續近萬年的玉器文化，應趨於消沈才對，但相反的，到了清朝，卻成為我國有史以來，玉雕最興盛的朝代之一；這其間，雖然有子剛玉器，走向「唯美」的激化，也更有失意落魄的文人，為玉雕藝術提供圖稿，增加玉雕的藝術性……等等，諸多原因；但最主要的，卻是清初諸帝，對玉器文化的揄揚，及對玉雕工藝的推動，尤其到了清高宗乾隆帝，在他擔任皇帝與太上皇長達六十四年的生涯中，對玉器幾乎已達「著迷」的地步，但究其淵源，卻與清朝是由滿洲人所建立的帝國有關。

第一章 ◈ 滿洲的興起與入主中原

第一節 ◎ 女眞族的崛起，與「八旗制度」的創立

　　清室起源於女眞，本是我國歷史上，極悠久的一支塞外部落，散居在長白山一帶，東至海濱，以及黑龍江流域的一片廣袤寒冷區域，相傳在舜、禹的史前階段，他們就曾向中原進貢，到了春秋後期，陳國湣公，從一隻負傷的大雁身上，得一長箭，經請教孔子，見聞淵博的孔子，認出是肅愼人的箭，而「肅愼」，就是女眞族的古名。後則有鞨鞨、勿吉……等名稱，到了唐時，正式稱之爲女眞（或女直），並一直沿用下來；唐玄宗時，曾賜女眞最強盛的粟末與黑水兩部首領爲「渤海郡王」與「黑水都督」，故而後來，女眞族曾在該地區建立了「渤海國」；後到宋朝，完顏部落興起，統一女眞各部，建國號爲金，後滅遼，並曾攻破汴梁，虜徽、欽二帝，即爲史稱的「靖康之難」，但到了南宋理宗、端平元年，卻又被蒙古與宋的聯軍所滅，但元朝能滅金，卻不能滅女眞族，故而只得將其驅回原居住地。

　　到了明朝時，女眞分爲海西、建州與野人三大部，成祖永樂七年，特設奴兒干都指揮司，作爲管轄，並頒發各族酋長印信敕書，規定納貢，並協巡邊境。

　　女眞族因爲地理位置處於我國極北寒帶，生活條件很差，故而住居的極爲分散，各自爲長，不相上下，甚至爲了生存，弟兄叔姪之間，也常相互殘殺，再加上女眞族全部加起來，也僅十數萬人，在這種分散的趨勢下，居然能夠入主中原，建立帝國，主要是因爲女眞、建州衛中，出現了一位雄才大略的人物，那就是清朝的共祖——努爾哈赤。

　　努爾哈赤生成時，正值女眞族部落衆多、分散，而互相攻伐混亂的階段，他在合縱連橫的征伐中，取得了一些勝利，但他已經察覺到，不論在女眞部落中，取得多大勝利，但只要一罷兵，女眞族則又回復渙散、分散的生活態勢，永遠不可能強盛；於是，努爾哈

赤智慧的創建了「八旗制度」。

　　「八旗制度」，是取法於在女眞族中，長期實施的「牛录制」；「牛录」是滿文niru的音譯，意指打獵射獸用的「大披箭」，長遠以來，女眞族「凡遇行師出獵，不論人數多寡，依照族寨而行。……出獵行圍之際，十人中，立一總領，屬九人而行，每人出箭一支，合爲一束，由總領保管，即爲權威象徵，各照方向，不許錯亂。此總領，呼爲『牛录額眞』。」（「牛录」意爲大箭，「額眞」則意爲主人）。這種制度，是以族寨爲基礎，臨時編湊出來的組織，每遇打獵行圍時，便湊組而成，事後，即自動解散，而「牛录額眞」，也不是經人指派，而只是由參加的人，推舉而出的臨時領袖。

　　努爾哈赤自明朝萬曆十一年起兵後，逐漸併吞、臣服其他部落，在這個過程中，他靈活運用了女眞傳統的「牛录制」，每當有其他部落，投奔歸順，他就令率衆而來的酋長，或其子姪爲「牛录額眞」，以爲統轄，每遇作戰勝利，他也將投降俘虜的人，編成「牛录」，分賜作戰有功，或有才幹的人統領，在如此有計劃、有組織的兼併行動中，努爾哈赤不像其他女眞英豪，如彗星般的迅起迅滅，而逐漸茁壯強大，尤其他把「牛录制」的臨時性行獵組織，演變成包括治理、軍事、政事、財物、刑罰……等，綜合性的社會組織，使渙散的女眞族，趨於團結；但是，因爲每次投降歸順的人數不一，故而各「牛录額眞」所統轄的人數，也參差不齊。於是，努爾哈赤再把「牛录制」擴充，改組制定了「八旗制度」；明萬曆二十九年，訂定旗分黃、白、藍、紅四色，每旗三百人，組成爲一「牛录」，當時滿洲兵力，就只一千兩百人，但到了萬曆四十三年，「將原四色，鑲之爲八色，成八『固山』」，正式建立了滿洲得以崛起的主要因素——八旗制度——，該時，努爾哈赤的實力，已有四百個「牛录」，戰士達十二萬人了。在每一旗中，以勇敢善戰的壯丁爲單位，每三百人設一「牛录額眞」，而五個「牛录額眞」，設一「甲喇額眞」，五個「甲喇額眞」，即組成一個「固山」，就是一旗，由旗主統領（後又陸續設立「蒙古八旗」與「漢軍八旗」），

當時，努爾哈赤是八旗的最高統帥，其兄弟子姪，則是各旗的統帥，這種兵農合一的軍事組織，奠定了女眞族在關外，開疆拓土的基礎。

<h2 style="text-align:center">第二節 ◇ 滿清王朝的建立</h2>

女眞人自幼習武，長於騎射，剽悍善戰，但部落渙散，互相攻伐，爲其最大缺點，在努爾哈赤的苦心經營下，完成「八旗制度」，力量驟然大增。

於是，努爾哈赤在萬曆四十四年初，正式宣布建立後金政權，自稱「金國汗」（或天命皇帝），並以「七大恨」爲由誓師，向明朝宣戰。而我國自宋朝起，遼、宋人士就曾直言：「女眞兵若滿萬，則不可敵。」果然，努爾哈赤聲勢大振，「薩爾滸」一役，明軍被殺五萬人，血流成渠，大大削弱了，明朝對東北的邊防力量，故而他能接著攻開原，占鐵嶺，於熹宗天啟元年，奪得瀋陽，在關外縱橫，似已勢如破竹。

但明朝，卻任命了一個文人出身的軍事奇才袁崇煥，協助經略薊遼。天啟六年，努爾哈赤率領八旗精銳二十萬，圍寧遠城，袁崇煥率二萬軍兵固守，滿軍屢攻不下，死傷慘重，只得解圍而去。這次「寧遠之役」，除了損兵折將外，傳說努爾哈赤本身，也受了炮傷，他曾遺憾的嘆稱：「自二十五歲用兵以來，歷時四十三年，戰無不勝，攻無不克，卻遭大挫於寧遼」，「大懷恨而回」，含恨病死於璦雞堡。由其第八子皇太極接位，自號天聰皇帝。（即爲清史所稱的清太宗）

清太宗即位後，在其父所建立的粗略基礎上，作了許多增刪，使制度漸趨完備，而清朝有關的禮制、服制，都是在太宗時代建立的。首先，在軍事組織上，他作了擴充，將「蒙古」與「漢軍」部隊，編成了「蒙古八旗」與「漢軍八旗」，並命達海圈點重複舛錯的老滿文，修訂成新滿文，正式成爲女眞族的官方文字；隨後，他斟酌明朝統治系統，設立了吏、戶、禮、兵、刑、工六部及官職，並訂定親王、郡王、貝勒、貝子、公主……等的級別、服制。

惟據史家研究，在「天命」及「天聰」階段，滿洲尚無問鼎中原的野心，所有者，亦只希望在原住居地建國，以期獲得明朝的承認；所以，「天聰」階段，所採用的統治方式，是「共主制度」，即由互不統屬的「八旗」旗主，共商軍國大事。這就是太宗早期，「四大貝勒」、「四小貝勒」共治的時期。

可是，到了太宗天聰九年，皇太極在統治基礎上，作了許多重大的修正，首先，他廢除了女眞族的稱號，定族名爲「滿洲」，次年（天聰十年、明思宗崇禎九年），改國號「後金」爲「清」，正式建元爲「崇德」，並以他的雄才大略，規畫進窺中原。

促使太宗立國政策的改變，並激發他一統天下的野心，卻是因爲一方玉器，史紋：太宗在攻破蒙古舊部的察哈爾林井汗時，獲得了「傳國玉璽」，依清史列傳所記：

「有元玉璽，交龍紐，雋漢篆曰：『制誥之寶』。（元）順帝失之沙漠。越二百餘年，有牧山麓者，見羊不食草，以蹄撅地，發之，乃璽，歸於元裔博碩克圖汗，後爲林井汗所得。……」

我國自古，皇朝的興起，常摻雜一些靈異的傳說，以眩人耳目；故而此玉璽出土的詳細狀況，是否如前文所紋，已不可考。但清太宗得此一方玉璽，則爲鐵定不移的史實，也因爲這方玉璽，增長了太宗的雄心壯志，自一方土豪，而變爲胸懷天下的雄猜之主，史紋：太宗得玉璽班師後，即受「寬溫仁聖皇帝」的尊號，並祭天告地，建立「清」朝。此亦爲我國淵源流長的玉器文化，影響、繼而改寫歷史的一個實例。

有關清太宗皇太極得「傳國玉璽」的傳言，甚爲不對。因爲，我國第一方傳國玉璽，是李斯用藍田玉，爲秦始皇所製，傳至王莽以後，已湮失不傳，而民間，雖仍有不同說法，但似均不可信。（詳見前編第六章第二節）

其後，唐太宗也曾製璽一方，文曰：「皇天景命，有德者昌。」稱爲「傳國寶」，史稱「唐璽」，此璽至後唐而不傳。

再至五代兒皇帝石敬塘，亦製一璽，文曰：「受天明命，惟德永昌。」即是史稱的「石氏璽」，後契丹滅晉而得此璽，但卻以秦

（圖二十五）清朝天聰皇帝，自察哈爾林井汗處，得一玉璽，雄心驟起，而有一統天下之志；且對外宣稱：獲得「傳國玉璽」，其實是不對的，渠所得元朝內宮玉璽，當爲事實，但絕不可能是「傳國玉璽」，但自次年起，天聰皇帝就定族名滿洲，改國號大清，並受「寬溫仁聖皇帝」尊號，即爲清太宗；這是我國玉器文化，影響繼而改寫歷史的一個實例。

漢傳國璽爲宣傳，故而遼興宗考進士的命題，曾有：「有傳國寶者爲正統」，而此璽，亦因遼天祚帝之亡，而亡於桑乾河。

故而，依印文分析，清太宗皇太極所得玉璽，絕非「秦璽」，也非「唐璽」、「石氏璽」，而元朝內府璽印，均多蒙古文，故而此璽，可能是五代至宋間，某一代皇室，眾多璽印中的一枚，後歸元室內宮，元亡後，順帝北走沙漠，散失而爲林井汗所得。

但皇太極卻以得「傳國玉璽」的符應，對外宣稱：「受命於天」，於崇禎八年（西元一六三五年、清太宗天聰九年），宣佈廢除女眞的稱號，定族名爲「滿洲」，次年，改「大金」爲「大清」，並以此國號，正式建立了清朝，並即帝位。（圖二十五）

而明朝，在歷經萬曆、天啓兩朝，一連串閹黨的敗壞朝綱下，國力已是空虛，統治架構雖在，但徒有其表，已經起不起大力摧折，明思宗即位後，雖稱有志銳改，卻行事極躁急苛細，尤其多疑，他在位十六年間，居然換了五十多個宰相，爲我國有史以來所從無，特別是思宗苛刻多疑的個性，誅大臣如折草芥，更使賢良官員，無從措手，明思宗自縊煤山時，哀稱自己：「朕非亡國之君，諸臣皆爲亡國之臣」，固然博人同情，但殊不知，自古以來，必先有亡國之君，爾後才會有亡國之臣，像他誤中皇太極的反間計，詔拿立有大功的袁崇煥入獄，明知袁爲人誣告，且自己也承認：「守遼，非袁蠻子不可！」居然仍將這位「策杖只因圖雪恥，橫戈原不爲封侯。」（如註）的民族英雄，凌遲處死，刻薄、妒嫉、多疑、苛刻，以至於斯，豈可自稱「非亡國之君」乎？

註：此爲袁崇煥第一次被斥罷官，所作「邊中送別」詩中兩句，餘文有：「欲知肺腑同生死，何用安危問去留？策杖只因圖雪恥，橫戈原不爲封侯！」詩中用字，質樸率直，不用典故，直敘胸懷，但卻豪氣干雲，再參酌其勳績戰功，爲明末能治遼的惟一柱石，思宗竟以最酷刑罰，將其凌遲處死，並傳首九邊。僅此一端，當可知思宗，確是亡國之君，而終明之世，因袁崇煥之被誅，遼事終不可聞問矣！

第三節◇「八旗」入關，底定中原

皇太極在關外經營，雖稱順利，像臣服朝鮮，西取蒙古，但困於山海關無法奪下，始終難以問鼎中原，其間，雖曾數次騷擾關內，但均是繞道長城，越邊牆而下，雖曾掠得無數財貨、珍寶、人丁，但均淺嚐而止，旋即退出，因為軍事要隘山海關，仍在明朝手裡，只要長期出兵，就很可能被截斷退路。

崇禎十六年八月初九（西元一六四三年，崇德八年），皇太極英年暴卒，由其年僅六歲的兒子福臨即位，其弟睿親王多爾袞輔政，時距李自成破北京，明思宗自縊煤山，僅半年多；距吳三桂引八旗入關，亦不足一年，雖然，大清王朝的建立，努爾哈赤與皇太極父子兩代，都貢獻了很大心力，打下了穩固的基礎，但八旗勁旅，進入關內，底定中原，卻完全是在睿親王多爾袞領導下完成的。

孟心史先生在清代史第一章第三節記敍：

「清入關創業，為多爾袞一手所為。世祖沖齡，政由攝政王出。當順治七年以前，事皆攝政專斷，其不為帝者，自守臣節耳。屢飭廷臣，致敬於帝，且自云：『太宗深信諸子弟之成立，惟予能成立之。』以翼戴沖人自任，其功高而不干帝位，為自古史冊所僅見。……」

但是，各項史料，卻似乎有意忽略這個大清帝國建立的真正功臣。

明史記敍崇禎殉國，李自成在北京稱帝，至清兵入主北京的四十二天中，是如此記敍：

「……初，三桂欲降，至灤州，聞愛姬陳沅，被劉宗敏掠去，憤甚，疾歸山海，襲破賊將，自成怒，親部賊十餘萬，執吳襄於軍，東攻山海關，以別將從一片石越關外，三桂懼，乞降於我大清。……」

前文中所敍，擄陳圓圓的劉宗敏，為李自成手下第一員大將，與田見秀同被封為「權將軍」，他的這一舉措，把將降李自成的吳三桂，逼向清朝，這就是清初才子吳梅村所吟唱的：

「衝冠一怒為紅顏。」

　　許多人對吳三桂是否曾欲降李自成？是否為陳圓圓「衝冠一怒」，而請清兵入關？多有疑異！但筆者認為，這是確定不移的史實。當然，吳梅村在圓圓曲中所提到：「……妻子豈應關大計，英雄無奈是多情……」也並不盡然。當時，除了陳圓圓的被擄外，在崇禎已死，大明已亡的環境下，清朝承諾吳三桂的歸降條件，是「裂土封侯」，遠優於李自成只是口頭上的「封侯」承諾，亦是主要原因。

　　從此處，就可看出，多爾袞的政治智慧，高於李自成甚多。大明關內的錦繡江山，何只千萬里，只要縮兵寧遼的吳三桂，能開山海關，八旗勁旅，就可在不傷一兵一卒的條件下，馳騁中原，縱然對吳三桂裂土封侯，也是明朝的土地，其餘均歸清朝所得，慷他人之慨，何樂而不為？於是，清軍在多爾袞率領，吳三桂、洪承疇等降將的引導下，夾擊李自成部隊於山海關前一片石，李自成大敗，匆匆退出北京，清軍就如此輕而易舉的，占領了當時全國政治中樞的北京，史敘：明朝舊臣，出城五里外跪迎，多爾袞自朝陽門入城，登武英殿受賀，隨後，即決定將清朝首都，遷至北京。

　　並在多爾袞的主持下，令豫親王多鐸，率軍追擊李自成，但卻暗交待：「如已克流寇，即遵諭赴南京……。」，所謂「赴南京」，就是要消滅南明的弘光政權。

　　八旗進兵中原時，雖曾遭受少部份抗清的力量，但繼起的南明小朝廷，卻仍然荒怠不已，使思漢的民心，無所憑藉。

　　像崇禎亡後，繼起於南京的福王，建元弘光，卻仍重用閹黨餘孽馬士英、阮大鋮掌權，依然賣官鬻爵，且美其名為「助餉」；致使南京城內，遍是商賈買來的大官，當時歌謠諷唱：

　　「中書隨地有，都督滿街走，監紀多如羊，職方賤如狗。」

　　清楚描述了，南明小朝廷的貪瀆腐化，而弘光帝本身，更是不圖振作，只知縱情聲色，史敘：弘光在南京時，天下幾乎已亡，但卻「飲醇酒，選淑女。」並要大臣去幫他捉蛤蟆，製作房中之藥，故而南京百姓，直稱渠為「蛤蟆天子」，其寢宮的懸聯，居然是：「萬事何如杯在手，百年幾見月當頭。」毫無故國之思。當時憂國

憂時的文人志士，見這些荒淫腐敗的君臣醜態，直斥之曰：

「清歌漏舟之中，痛飲焚屋之內。」

如此偏安政權，如何持久？果然，清軍除在史可法督師的揚州，遭遇過抵抗外，幾似入無人之境，長驅直入而破南京，弘光帝被押至北京斬首。

其後，江南在兵荒馬亂中，一部份仁人志士，擁立魯王於紹興；另一部份人，則擁立唐王在福州稱帝；此時，浙東的富饒之地，及兩湘、兩廣、安徽、江西、福建、雲南、貴州等地，仍在南明手中，國事尚有可為，但兩王卻不能和衷共濟，聯合抗清；只熱衷於名號之爭，甚至互斬來使，幾乎兵戎相見，大明業已國破，清朝也已在北京建立了政權，唐王居然嘆息稱：

「……時事之可憂者，不在清，而在魯。……」

這種勇於內鬥，怯於對外的心態，確定南明小朝廷，已無藥可救、回天乏術！

但是，清軍破南京下江南後，因為屠戮過甚，受到江南廣大士民的反抗，多爾袞立即調整政策，他以豫親王多鐸，「大兵日久勞苦」的撫慰態度，將其召回京城，改派文人出身的明朝降將洪承疇，「招撫」江南。未久，即如清世祖實錄所記敘的：

「天下一統，大業已成。」

筆者熟讀明史，深知：「中原本不致亡於清，但卻又必亡於清！」不致亡於清的原因，是滿洲當時雖強，但卻不是鼎盛，而人口軍隊均不多，又值英主皇太極初亡，幼主僅六歲，在這種「主少國疑」的內在環境，如何能占領中原？但中原卻有必亡於清的歷史淵源，那就是，近百年的腐化累積，像萬曆的貪婪，他所貪的，卻是對他毫無實際用處的金錢，他除了坐擁金山、銀山外，根本沒有治理天下，全國巡撫、御使、州縣，出缺了一大半，六部尚書只剩一個人，他也不補缺，萬曆四十三年，御史翟鳳翀上奏說：「皇上不見廷臣，已經有二十五年了。……」如此朝廷，如此皇帝，天下如何不亡？

另又如明熹宗，寵信魏忠賢，使天下忠義之士，盡遭荼毒，而

全國各地，都遍建魏閹的生祠，武官守祠，文官、百姓跪拜，但熹宗卻在皇宮，自得其樂的每天作木工，熹宗天啟計七年餘，史評：「熹宗沒有作七年多的皇帝，而是作了七年多的木匠。……」如此朝廷，如此皇帝，天下如何不亡？

　　明朝是我國有史以來，帝皇最腐化、最怠惰、最荒唐、最奢靡、最……的一個朝代，到得崇禎，已似一根大柱，被蛀蝕、腐朽到不堪再受外力輕擾，此所以，我們看李自成破北京，直似摧枯拉朽，八旗入關平江南，亦似入無人之境。

第二章 ◇ 清朝的統治

第一節 ◎ 皇父攝政，立定根基

八旗入關後，多爾袞立即開科取士，除正科外，更加恩科，且又舉博學鴻儒，以此籠絡中原讀書人，而在治國大政上，多爾袞亦知：「能馬上得天上，卻不能馬上治天下」所以，江南底定後，他採取的是，削弱限制滿洲貴族權限，而重用漢官的政策。事實上，也非如此不可，因為，滿洲在關外的管理系統，完全不同中原，且大多數貴族，也沒有行政治理的經驗，但那些降官貳臣，卻多有這方面的經歷，於是，多爾袞宣佈：

「……經綸方始，治理需人，歸順官員，既經推用，不可苛求。……」

於是，滿洲在地方上的統治，能迅速建立，且由於用漢官治漢人，無形中，化解了不少民間抗清的力量。

明朝末年，最使百姓深惡痛絕的，是：「剿餉」、「遼餉」、「練餉」的加派，這「三餉」的苛徵，幾乎使天下，一窮二白，於是，多爾袞宣佈：

「前朝弊政，厲民最甚者，莫如加派，……遼餉……練餉……剿餉，惟此三餉，數倍正供，苦累小民，剔脂刮髓，遠者二十餘年，近者十餘年，天下嗷嗷，朝不及夕。……自順治元年為始，凡正額之外，一切加派，……盡行蠲免。」

此外，自順治二年後，多爾袞對有饑荒的地區，普遍實施稅收蠲免政策，並針對災荒的嚴重程度，或免二分之一，或全免，或免二年、三年……不等，這種政策，雖使中央的稅收減少了，卻如史書所紋：

「……歲減數百萬兩，民賴以蘇……。」

「……民獲休息……。」

這一切正確的大政方針，均是多爾袞主政時所出，使得滿洲在中原的統治基礎，能很快的穩固下來。

順治七年，多爾袞病逝喀喇城，移靈進京時，清世祖親率滿朝親貴大臣，縞服迎奠於東直門外，世祖並以太子奉迎梓宮（皇帝靈柩）的大禮迎靈，由於多爾袞生前，已由「攝政王」，晉為「叔父攝政王」，又再晉為「皇父攝政王」，故而其尊諡為：「懋德修道廣業定功安民立政誠敬義皇帝」，廟號為「成宗」，「成」者，論其定天下的功績，「義」者，言其謙讓天下的美德，故又稱「成宗義皇帝」。

以此言，多爾袞的德行，似乎直追上古三代時期的「周公輔成王」，而開國的功勳，卻又大過周公，當為清朝開國第一完人；但事實的進展，卻並非如此，僅一個月時間，世祖即「追詔其罪，繼而削爵，黜宗室籍，抄家籍沒，財產入官，其嗣子歸宗」；至此，多爾袞自生前的皇父，落得無嗣絕後。

有史家稱，清初有四大疑案，即為「太后下嫁」、「順治出家」、「雍正奪嫡」、「乾隆為海寧陳家之後」；前兩者，似均與多爾袞有關，這起因於，遺明浙東義師領袖張煌言（號蒼水），曾作有，名為建夷宮詞的七絕兩首，收錄於奇雲草中，「建夷」者，即指建州的「滿夷」，輕視鄙薄的意味，溢於言表，詩曰：

「上壽觴為合巹尊，慈寧宮裡爛盈門，春官昨進新儀注，大禮恭逢太后婚。

掖庭猶說冊閼氏，妙選嬌閨作母儀，椒寢夢回雲雨散，錯將蝦子作龍兒。」

清朝入關，以紫禁城的「乾清宮」為天子正衙，「坤寧宮」為皇后正衙，太后住「慈寧宮」，太上皇則住「寧壽宮」；張蒼水以「慈寧宮」，敘及「大禮恭逢太后婚」，再明言「妙選嬌閨作母儀」，意指皇太極（清太宗）的正妃，亦是順治皇帝生母的孝莊太后，曾下嫁多爾袞，名史學家孟心史先生，曾考證為不可能，筆者雖有同感，但考諸事實，孝莊太后崩後，梓宮一直浮厝，三十多年未葬，及葬，也沒有合葬於清太宗的「昭陵」。以孝莊皇太后扶保順治、康熙兩帝的苦心苦勞，何以不能合葬「昭陵」？另多爾袞死後，即被削出宗籍，一直到一百多年後的乾隆三十八年，才諭令：「

准近支王公等，以時祭掃多爾袞的墳墓。」在這一百多年間，連掃多爾袞的墓，亦爲禁忌，爲何如此？

另在追議攝政王多爾袞的罪狀時，曾有一條：

「……自稱皇父攝政王，又親到皇宮內院……。」

「皇宮內院」，應指內宮中的東、西六宮，爲嬪妃所居，但皇帝尚不足十五歲，未有嬪妃，多爾袞到皇宮內院，所爲何事？再聯以「……自稱皇父攝政王」句，其中隱情，確是昭然若揭，張蒼水詩中所言，當非無的放矢！但：「春官昨進新儀注，大禮恭逢太后婚！」卻是醜化詆毀的片面之詞，惟雖無「太后下嫁」之事，但多爾袞與「嬌閨作母儀」的順治母親孝莊太后，有不可告人之事，當爲可信！

以此言，多爾袞雖有大功於清朝的建國，並扶保幼主順治，但與「周公輔成王」相比，卻是不及太多，「周公之禮」，是何等大事，那能搞成「椒寢夢回雲雨散」！

清朝入關後，第一個皇帝是清世祖順治，共計十八年，前八年，由多爾袞主政，世祖本身治國，僅十年而崩。其自幼，可能受「太后醜行」的刺激，與多爾袞淫威的籠罩，早已看透世上的炎涼與空幻，再加上寵妃、愛子相繼過世，最後，竟欲削髮出家，而且，也已經祝髮剃度了，依據湯若望傳記敍：

「……這位皇子，竟而去世，而其母，於其後不久，亦然薨逝；……此後，皇帝便把自己，完全委託於僧徒之手。他親手把他的頭髮削去，如果，沒有他理性深厚的母后，和湯若望加以阻止，他一定會當了僧徒的……。」

順治在即將出家前，卻得了當時人人聞之色變的「痘瘡」（天花），未幾而崩；孝莊皇太后接納了其「教父」湯若望的建議，由已經出過天花的皇三子玄燁即位，即爲清聖祖。自清聖祖康熙即位，即爲清初立國以來，治衰紛亂的第一個分水嶺，我們試看順治「遺詔罪己」的敍述：

「……經營殿宇，造作器物，務極精工，求爲前代後人之所不及，無益之地，糜費甚多，乃不自省察，罔體民艱，是朕之罪一

也。……」

　　「……祖宗刱業，未嘗任用中官，且明朝亡國，只因委任宦寺，朕明知其弊，不以爲戒，設立內十三衙門，委用任使，與明無異，以致營私作弊，更蹈往時，是朕之罪一也。……」

　　順治親政方十年，就已經完全步上「奢侈浪費，委信宦官」等前明亡國的覆轍；惟清朝初興，當初從龍的豪傑，仍未凋零，再加上順治享祚不久，故而朝廷方足藉著「罪己遺詔」的方式，滌蕩一些初萌的敗壞政風。

　　清初政權的建立，前明降將出力甚多，而清室對這些肯出死力的降將貳臣，也多所籠絡，此即筆者前紋：全國錦繡江山，均非滿洲所有，爲求攫取，分出一小部份，以供降將裂土封侯，滿清仍是最大的贏家；故而清初，有所謂「三藩」，即平西王吳三桂、平南王尚可喜、靖南王耿精忠，這些封藩，權柄甚大，不但擁有轄屬土地，大量軍隊，並且可以自行任免官吏，不必經過中央機構的吏部考核，當時，稱這類官吏爲「西選」。這種一國兩制的現象，雖是政治上的權宜之計，但卻難爲「大一統」心態長久所承認，尤其，三藩所蓄軍隊甚多，朝廷每年都要撥大筆款項來供應，亦非長久之計，故而清室，在歷經世祖順治十八年，及康熙十多年的休養生息，已確定中原底定，基礎穩固後，即於康熙十三年，藉吳三桂等人「乞歸」的試探奏摺，正式「削藩」，吳三桂等人當然不肯，於是以遇到了「先帝之三太子」，作爲復明的藉口，正式興兵。三藩兵馬雖強，但作了漢奸，已成定論，再呼復明，自然無人相信。朝廷歷經五、六年的用兵，終將三藩削平，結束了我國西、南方分裂的不正常局面。

　　而南明所遺留下的一支海上武力，由鄭成功統轄，驅逐荷蘭人，攻占台灣。鄭成功死後，其子繼位，在有「台灣諸葛亮」之稱的軍師陳永華輔佐下，分縣設治，屯兵開墾，數十年來，亦小有成就。但因政治派系，造成奪嗣之爭，實力削弱，也給予了清聖祖，收回台灣的契機。康熙二十一年，聖祖封鄭軍降將施琅爲「靖海將軍」，跨海征台，澎湖海域一戰，鄭軍大敗，繼而島內大亂，致使

（圖二十六）本圖示，即爲清朝的帶扣與帶鉤，材質卻爲翡翠，質地瑩潤，雕工精美；清初，吳三桂以平西王身份，開府雲南，因心萌二志，特與緬甸交好，將該地區所產翡翠，運銷中原，使這種傳入我國甚早，但名聲不彰的美石，驟然身價鵲起，風靡中原，以至於今。（本圖所示之器，爲葉博文先生收藏）

鄭克塽薙髮出降，上繳「延平郡王招討大將軍」的印信，象徵台灣的臣屬。隨後，鄭氏後裔及其部屬，被遷居北京，而清朝在台灣，設台灣府，下轄諸羅、台灣、鳳山三縣，歸福建布政使管轄，從此，清朝完全實現了中國的統一。

　　清朝爲我國歷史上，最後一個封建的帝制朝代，自在關內建立政權起，共歷十帝，另在關外建國時，有努爾哈赤的「天命皇帝」，與皇太極的「天聰皇帝」，但史書卻有「滿清十三皇朝」之說，這是因爲皇太極得了元宮玉璽，雄心驟起，遂有奪天下之志，自天聰十年，改元崇德之故，清朝享祚二百六十八年，其帝系傳承爲：

　　　　清世祖順治計十八年
　　　　清聖祖康熙計六十一年
　　　　清世宗雍正計十三年

清高宗乾隆計六十年

清仁宗嘉慶計二十五年

清宣宗道光計三十年

清文宗咸豐計十一年

清穆宗同治計十三年

清德宗光緒計三十四年

溥　儀宣統計三年

清朝建都北京後，經歷四十年，方削平「三藩」，收回台灣，完成全國大一統。尤其台灣與雲南，均為我國產玉的重要地區，特別是在吳三桂鎮守雲南的清初階段，因萌生二意，特別與緬甸交好，使該區域所產出的上等硬玉翡翠，經過雲南，運銷中原，使這種傳入我國甚早，但名聲不彰，亦不甚受重視的美石，身價鵲起，僅數十年，即已風靡中原；直至今日，翡翠中的上品，仍是「寶石中的寶石」，為最名貴的珍飾之一。（如圖二十六、餘詳見本書附編）

第二節 ◎ 荼毒士人的「文字獄」

滿洲入主中原，初時，極為順利，僅約四十日，即占有北京，但其後，各地的反抗擾亂，從未停息，甚至在當時的文化中心，江、浙等數省，有形無形的抵制，從未間斷，繼而鄭成功、張蒼水的北伐，孫可望、李定國的反撲……等，都給清室帶來了極大的震撼，後雖削三藩、平台灣，但言其花費了四十年，才淹有全中國，亦不為過。在這許多年的政事處理中，清室深切瞭解，用武力征伐，制服那些悍將驕兵，倒是不難，最難纏的，反而是那些，自命以氣節砥礪的讀書人。

於是，自順治年間起，清室對讀書人的荼毒，就正式開始了。像自順治十四年後，連年的科場案，無不牽涉到成千上萬的讀書人。甚至順治十六年後的「江南奏銷案」，一案即牽連一萬三仟餘人，當時號稱：「縉紳之家，無一倖免。」繼而浙江、湖州、莊延鑨的「明史稿案」……等，瓜蔓株連，使江浙精英，為之摧折不

少。另康熙五十年興起的「南山集案」，更使作南山集的戴名世，身被寸磔，族皆棄市……。

惟自「明史稿案」與「南山集案」觀察，清室處置雖嚴，但莊廷鑨在明書輯略中，對清朝在建州女眞時的歷史，多所貶抑，且又有許多溢美明朝的違心之論；而戴名世在南山集中，採集南明諸王的軼事，並把昏君說成賢主，且沿用永曆的年號，這些作爲，多少顯示了一些「不臣」之意，致使罹禍，尚非完全冤曲。但自雍正年起，而至乾隆時期，所興起的文字大獄，就完全不同了，尤其雍正奪嫡，與乾隆出身低微的傳言，使這一階段的文字獄，有一大部份是政治上的謀害，純因文字肇禍者，也多是無意之過，或強加羅織。

像雍正四年的「查嗣庭案」，浙江海寧查家，在清初，功名之盛，全國難出其右，當代文人推崇爲：「一門七進士，叔姪五翰林」；這種家庭，怎麼會對朝廷謀反？只因雍正奪嫡時，其舅隆科多幫助甚大，雍正深怕內幕外洩，故而藉故滅口由隆科多推薦，在內廷行走的查嗣庭，他所用的理由，是查以禮部侍郎外放江西作考官時，出的試題：「維民所止」，源出自詩經、商頌、玄鳥篇中：「邦畿千里，維民所止。」是一道很好的申論考題，可是雍正卻以「維」、「止」二字，是雍正的無頭之像，而興大獄，不但查家親友、門生均被禍，甚至懲罰浙江全省士子，不准參加舉人與進士的考試兩科。

另又如雍正八年，翰林院中的翰林徐駿，只因其詩集中，有：「清風不識字，何得亂翻書」之句。稱「清風」有訕誹「清朝」的可疑，居然也成了大罪一條。

而到了雍正之後的乾隆，他爲了掩飾自己爲熱河宮女所生的低下出身，思想管制更加嚴錮，終乾隆之世，「文字獄」竟多達七十餘次。像：

內閣學士胡中藻，其詩鈔中，有一句「一把心腸論濁清」，即興大獄，族人十六歲以上全斬，全家流放，其師，爲清初「改土歸流」的名臣鄂爾泰，靈位也被撤出「賢良祠」，鄂之子鄂昌，時任

巡撫，也被賜令自盡。

又如，已死的禮部尚書沈德潛，在「詠黑牡丹詩」中，有：「奪朱非正色，異種也稱王」之句，竟致被開棺戮屍。

另又如，擬以孝求榮的考生方國泰，獻其祖上詩集，只因其中有：「蒹葭欲白露華清，夢裡哀鴻聽轉明。」之句，竟使其祖，被剉屍揚灰。

其他類似的情形，則更是不可勝數，許許多多賞花吟月的文章，也可以弄出抄家滅門的罪名，正如史書所紋：「羅織細故，株連滿庭。」致使當時士子文人，「以文為戒」，像嗜古成癖的朱竹垞，就把涉及明朝的所有書稿，全部燒光。

這種以政治力量，干涉民間思想的高壓手段，雖有助於清朝的思想管制，但卻也窒阻了文化與學術的發展，致使知識份子，從研習經世致用之學，與批評、議論時政的現實脫離，而專究於古籍的箋釋、蒐補、鑑辨，因為，這一部份的研究，是不容易觸及統治者的忌諱，而這也就是，清代古典考證學獨盛的原因；由此亦可解釋，自明末清初，西洋傳教士帶進中國的一些科學智識，雖曾激起一些學術漣漪，但卻僅如曇花一現般消逝，肇使中國近兩、三百年，走向積弱的最主要原因。

依據梁啟超先生所著「中國近三百年學術史」中，詳紋了清代文人，為避「文網」，所興起的「古典考證學」分類，計有：

一、經書的箋釋

二、史料的蒐補鑑別

三、辨偽書

四、輯逸書

五、校勘

六、文字訓詁

七、音韻

八、算學

九、地理

十、金石

　　十一、方志之編纂

　　十二、類書之編纂

　　十三、叢書之校刻

　　這些學術研究，不少與玉器文化有關，但最直接的，卻是「金石」學的研究，<u>任公</u>先生在「金石」分類下，特說明：

　　「此學極發達，裡頭所屬門類不少，近有移到古物學的方向。」

　　也因為如此，有<u>清</u>一代，有關古玉器形制，分析、研究、圖錄……等的著作特多，這也是使<u>清朝</u>，成為我國玉雕最興盛朝代的原因之一。

第三節 ◇ 清朝自盛至衰的關鍵——十全老人

　　<u>清</u>初，至<u>乾隆</u>三、四十年以後，統治基礎，已漸穩固，「文人士子」在<u>康</u>、<u>雍</u>等朝，因為科舉與博學鴻詞科的數次舉行，使多為新朝所用，且前<u>明</u>遺民志士，又逐漸凋零，故而「文網」亦逐漸鬆動，而<u>乾隆</u>在其祖、父兩代的精心經營下，天下太平，社會富裕，促使<u>乾隆</u>一朝，成為我國玉器文化，自承續乃至發展，最燦爛、輝煌的一個階段。

　　但史家卻也稱，<u>乾隆</u>朝更為<u>清朝</u>氣運移轉的最大樞紐，名歷史小說家<u>高陽</u>先生，分析<u>清高宗乾隆</u>皇帝，就曾浩嘆：

　　<u>皇帝</u>作到<u>乾隆</u>，至矣！盡矣！自古帝王，自<u>漢高祖</u>至<u>宣統</u>，正統偏安，共二百二十一人，<u>乾隆</u>創有十項紀錄，可稱十最，包括：

　　一、福份最高。

　　二、年歲最長，壽至八十九歲。

　　三、在位最久，六十年皇帝，四年太上皇，共六十四年。

　　四、足跡最遠。

　　五、花錢最多。

　　六、身體最健康。

　　七、知識最廣泛。

　　八、著作最豐富。

　　九、本業（指作皇帝言）最在行。

圓如玉 文物珠寶商店

專營：天然緬甸玉・古文物・有色寶石・等
地址：台北縣永和市中山路一段322號之一（SO GO百貨旁）
電話：(02) 2927-9702

十、身世最離奇。

此確爲史者之筆，然依筆者分析，仍有兩項缺漏：

第一、乾隆亦爲我國有史以來，玩玉、賞玉、擁有玉器最多的一位皇帝，比諸三代時期的夏桀、商紂，亦不遑多讓（詳如次章）。

其次則爲，乾隆在位的後期，因爲專斷寵信，以致豢養出了一個，我國有史以來，最大的貪官，那就是奸相——和珅——。

史敘和珅抄家時，現金包括：夾牆藏金二萬六千餘兩，私庫藏金六仟餘兩，地窖內藏埋銀三百餘萬兩，另珍寶、家財，不計其數，像他的一座辦公室（檔子房），共有七百三十間，花園有亭臺六十四座；其家除有金庫、銀庫外，尚有人參庫與玉器庫，人參庫中，有大小人參無數；玉器庫中，除一般上品玉器無數外，大件玉雕精品，就有：

玉鼎十三座，高二尺五寸。

玉磬二十塊。

玉如意一百三十柄。

上品白玉痰盂兩百多個。

此外，尚有內務府都無法估價的玉雕極品三件，一是高三尺六寸的玉壽佛，一是高約三尺八寸的玉觀音，此二件大型玉雕，均刻有「雲貴總督獻」的字樣，以此分析，這兩件玉雕，必是上品翡翠雕成，相信比目前庋藏在台北故宮博物院，名聞世界的「翠玉白菜」，要壯觀多了（如圖二十七）。及一件長四尺三寸，高二尺八寸的極品白玉馬。

據正式統計，和珅家財，被先後抄出者，達八萬萬兩，何以如此之多，即如下敘：

一、房屋類：正屋十三進七十二間，東屋七進三十八間，西屋七進十三間，征式屋一所，六十二間；花園兩座，屋樣仿造內廷寧壽宮與圓明園，共計樓台一百零六座，角樓、更樓十二座，更豢養打更的更夫二十人。

二、器物類：金碗碟三十二桌（四千二百八十八件），銀碗碟

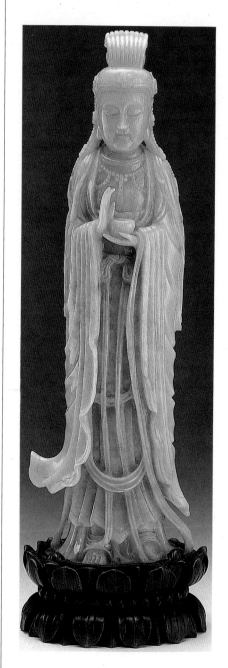

（圖二十七）史紋：和珅家中，抄出
兩件由雲貴總督進獻的玉壽佛與玉觀
音，天子內䧄的內務府，亦無法估價
；出自雲貴，當係大型翡翠玉雕，必
為曠世奇珍。我國自佛敎傳入中土後
，歷代均有玉雕佛像的製作，以玉觀
音雕像論，必需材質精美，而觀音亦
多雕作成女身，但面龐，卻應雕出俊
美的男性風格，方為上品；以此言，
本圖即為清代翡翠佛像的佳作。（葉
博文先生收藏）

三十二桌（四千二百八十八件），金痰盂一百二十個，銀痰盂六百多個，金臉盆一百十七個，銀臉盆二百三十個，珍寶首飾兩萬八千件，大塊紅寶石一百八十塊，小塊紅寶石九百八十塊，藍寶石四千多塊；高達四尺的珊瑚樹，就有十株以上。其餘珍寶，無算……。

三、現金方面：除前述夾牆金銀與窖藏金銀外，金元寶重達一百兩的有一千個，銀元寶重一百兩的有一千個，赤金有五萬八千兩，生沙金有六百多萬兩，銀洋有五萬八仟個，制銀無數……。

四、店鋪類：有當鋪七十五家，銀號四十二家，古玩鋪十三家……。

五、倉庫類：有玉器庫兩間，人參庫一間（如前所述），更有綢緞庫兩間，洋貨庫兩間，皮張庫一間，玻璃器皿庫一間；各庫均儲藏充塞。

此外，尚有許多，無法查出，寄頓挪移的珍貴寶物，與近萬頃良田。

而和珅私用的，尚有金炕床二十張，鏤金八寶床四張；另有乾隆皇帝平定回部後，飭令雕作的一匹極品白玉馬（高二尺長三尺），陳放在浴室中，據聞，是供和珅與愛妾洗澡時乘坐！

當時，國家一年歲入，也僅只七千萬兩，和珅作了二十年的宰相，而其家財，卻超過二十年國家收入總和的一大半，可知此君，貪狡之性，確為有史以來第一人。但終乾隆之世，卻始終對他寵信不渝，直至嘉慶四年，乾隆以太上皇身份崩逝，清仁宗完全大權在握，才敢將和珅抄家。雖史者謔稱：「和珅跌倒，嘉慶吃飽」；但大清王朝整體國力，卻已呈空虛，尤其和珅因受寵，所形成「吏治敗壞」的風氣，更直接促使清朝官場綱紀的鬆弛，這都是清高宗乾隆，所種下的惡因與禍根。

惟乾隆卻不認為如此，他不但對自己的文采，十分自負，動輒在名畫、法書上，作詩題字，更好大喜功的認為，自己在位的六十年，十次大征伐的武功，自古所無，所以曾作詩自詡：「十全大武揚」，並將十次武功，以漢、滿、蒙、回四族文字，刻碑記述，號稱十全記，爾後，更洋洋自得的稱自己為：「十全老人」。

綜觀乾隆所自誇的十大武功，爲：

　　一、第一次平定準噶爾部

　　二、第二次平定準噶爾部

　　三、平定新疆回部

　　四、平定大金川苗族

　　五、平定小金川苗族

　　六、平定台灣林爽文之亂

　　七、征討緬甸

　　八、征討安南

　　九、第一次降順廓爾喀

　　十、第二次降順廓爾喀

　　從前述統計觀察，其中有些戰事，像平回部，平準部，兩征大、小金川，對我國疆域的擴展，確有一些助益，但若與衛青、霍去病，動輒逐匈奴數千里相較，稱爲「十大武功」，實在有些勉強。但卻因爲乾隆對「十大武功」的自豪，間接促進了我國玉雕，在這個時期的大盛。

　　首先，就是平回部之役，這也是乾隆「十大武功」中，惟一可以勉強稱之爲「武功」的一場征伐。這一役，使我國產玉最大宗的新疆，正式納入了中國版圖；所謂「回部」，就是指天山以南的維吾爾族生活區，自明末清初，這一地區，長期受到準噶爾部的欺凌，乾隆平準噶爾告捷後，即派官駐地治理，不料，因壓榨過甚，致使回部，殺官全反。

　　乾隆二十三年，清大將兆惠，欲襲葉爾羌城，在城外的葉爾羌河畔紮營。葉爾羌河又名喀喇烏蘇河，意爲「黑水」，此地就是和闐產水玉三河，白玉河、綠玉河、烏玉河中的烏玉河，兆惠出戰不利，只有退回營中，掘壕自守以待援，回部就這樣圍困清軍，達三個月之久，直到次年二月（乾隆二十四年），清朝大軍攻至，此圍才解，史稱此役爲「黑水營之圍」。

　　後清軍增兵，硬攻下葉爾羌城，兵分兩路，掃蕩至帕米爾高原的伊西爾庫河谷，至此，回部全平；乾隆特下令，在南疆、喀什噶

爾駐「參贊大臣」（北疆參贊大臣駐塔爾巴哈台），各大城，則派駐「辦事大臣」，並將天山南北兩路，合稱新疆。從此，宋應星在天工開物中所敍述的：

「凡玉入中國，貴重用者，盡出于闐、蔥嶺……。」

（于闐，就是位於新疆、維吾爾自治區的和闐（田）縣址，古稱和闐國；蔥嶺就是指崑崙山）；這些地區，完全進入中國版圖，玉料來源不缺，且價低廉，促使了乾隆時代玉雕的興盛。

此外，乾隆平定「大、小金川」與征討緬甸，使早期在中原頗不受重視的硬玉礦石，也能源源不斷進入中土，導致這類玉材中，呈透明、翠色均勻的「翡翠」，驟然在中土風行起來。

我國自古，雖然珠、玉並稱，但是，清朝自開國以來，卻是重「珠」，超過重「玉」，而「珠」中，卻又特重「東珠」（又稱「北珠」）；其實，我國所產的珍珠，最富盛名的，應是「南珠」，產地在合浦、東興一帶，尤其是合浦的白龍、營盤、干塘等港汊海灣，大旣背風，又少寒潮侵襲，且水深浪靜，適於珠貝生長，所產出的珍珠，光滑圓潤，質地堅硬；其中所謂的「轉盤珠」，絢燦渾圓，倒入盤中即轉，更是名貴；因爲合浦古稱廉州，所以「合浦珠」又名「廉珠」；而「合浦珠還」，更是引喻人生中，失而復得的喜事。

但是，清朝皇室所重視的，卻是「東珠」（又稱北珠），即是混同江及其支流所產的淡水珠。平心而論，「東珠」並不是材質很好的珍珠，只因這一帶是滿洲的龍興之地，故而特予重視。清朝阿桂著的滿洲源流考中，敍述：

「……東珠，出混同江及烏拉寧古塔諸河中，勻圓瑩白，大可半寸，小者亦如菽顆，王公等冠頂飾之，以多少分等秩，昭寶貴焉。……」

所以，東珠在有清一朝，不但是珍品，更是一般平民、俗吏的禁物。像皇帝、皇后的朝冠，綴東珠四顆；皇帝的朝帶：「色明黃，龍紋金圓版四，……每版銜東珠五，圍珍珠二十……。」

另如官服中的「朝珠」，材質不限，包括珊瑚、蜜蠟、水晶、

翡翠、沈香……等，凡文官四品，武官三品以上，均得佩掛，但東珠串成的朝珠，則只有皇帝才能使用。

　　此所以，在清朝，一般大小臣工，若使用東珠，已不只是逾越禮制的問題，而是構成了「謀反」的條款（如圖二十八）。在這種大環境下，玉雕藝術，得以異軍突起，除了乾隆本身的喜好外，更有一些是來自乾隆對自己十大武功的推崇與自滿。

（圖二十八）我國自古，珠、玉並稱，但清朝皇室，卻重珠超過重玉，尤其尊崇「東珠」，因爲那是混同江所產，爲滿洲的龍興之地，有清一代，「東珠」只限皇室使用，民間使用，則已構成謀反。圖示：爲清代嬪妃朝冠上，所嵌的「東珠」。

第四節 ◈ 動亂已萌的天朝

清朝自乾隆後期，已日衰一日，其原因，有部份是制度使然，有部份則是觀念使然。而清朝帝系，卻又特重「敬天法祖」，尤其在「法祖」的作為上，久而久之，形成不知變革的因循與守舊，使這一個龐大的帝國，迅速走向衰亡。而這一階段，卻正是西方社會自「產業革命」後，逐漸走向科技先進的發展時期，兩者背道而馳，終使中國至今，仍處於積弱。

清朝走向衰亡的原因很多，茲僅提出其犖犖大者，以為參考：

一、極龐大的寄食羣，消耗了國力：清朝入關，得以建立政權，所依靠者，為八旗勁旅，但天下底定後，八旗、綠營制度，卻沒有調整，這些龐大的閒兵閒將，完全靠國家供應，總計數十萬人，所有的衣食、薪餉、住居，都由國家撥發，僅以兵丁言，每月領餉一兩半，每年支米二十四石，七歲以上的旗人，領全份；七歲以下者，領半份。其他特別兵種，像前鋒、護軍、弓匠長……等，所領更多，致使這些人，完全不事生產，只知糜費國家資源，自清朝中葉後，八旗與綠營，幾乎可以說，完全喪失了戰鬥力，甚至「八旗子弟」，也變成了怠惰、疏懶、享受的代名詞，已無復其祖先入關時的威風了，而這些冗員，卻是父死子繼的一直存在著，糜費的錢餉，就像傾向無底洞般，月復一月，年復一年。自乾隆中葉起，朝廷供應這些旗人的費用，幾已佔國家收入的一半，卻從無人敢言裁撤！

二、以天朝自居的閉關政策：清初修明史時，提到利瑪竇所作的萬國全圖，稱世界上有五大洲，中國居於亞洲一部份，竟不願承認的批評說是：「荒渺莫考」。國家中樞，自皇帝以至廷臣的態度是：惟有中國是天朝，是世界的中心，其他皆是蠻、戎、狄、夷之屬。

雖然，順治以至康熙階段，對西洋文明，多有接觸，甚至康熙極為醉心西方科學，但傳統的腐儒思想、道學觀念、甚至迂腐的禮教大防，仍然層層困縛著中國傳統的上層社會。到了康熙後期，因

為諸子爭奪皇位，而其中雍正的勁敵，皇八子胤禩與西洋教士過從甚密，故而雍正即位後，僅推崇佛教密宗，而盡力排斥西洋傳教士，與渠等所介紹的西方科技知識，及至乾隆、嘉慶兩朝，更明令禁止西洋傳教士傳教，至此，中國與西方的文化聯繫，完全被切斷，中國成了一個道道地地的閉關自守國家，而這個階段，卻是西方科技與文明，一日千里，進步最神速的時期。

　　但朝廷可禁止洋人傳教，禁止洋人入國，卻無法禁止外國不斷的交涉。像乾隆五十八年，英國國王喬治二世，派馬戛爾尼出使中國，要求通商；但卻被清朝解釋成為「進貢」，特使所坐的「獅子號」巨艦，被稱為「貢船」，馬戛爾尼身穿英國勳爵禮服，被撮弄到熱河行宮，給乾隆祝壽，並且強要他行了三跪九叩之禮，但他要求的通商、傳教等細節，卻全遭駁回拒絕，不但拒絕，而且更以天朝上國的口吻，重重的教訓了來使一番，這兩篇敕書，不知出於何人之手，但可稱為奇文中的奇文，不可不讀：

　　其一曰：「咨爾國王，遠在重洋，傾心向化，特遣使恭齎表章，航海來廷，叩祝萬壽，並進方物，具見爾國恭順之誠，深為嘉許；至爾國王表內，懇請派一爾國之人，住居天朝，照管爾國買賣一節，此與天朝體制不合，斷不可行！……天朝擁有四海，德威遠被，萬國來朝，種種貴重之物，梯航畢集，無所不有，……並無需爾國製辦物件……，爾國王，惟當善體朕意，益勵款誠，永矢恭順，……特此敕諭！」

　　另一道上諭，則口氣更凌厲了些，文曰：

　　「……天朝物產豐盈，無所不有，原不假外夷貨物，以通有無，今爾使所懇各條，不但於天朝法制攸關，即為爾國王謀，亦俱無益難行之事。茲再明白曉喻，……若經此次詳諭後，爾國王任從夷商，將貨船駛至浙江、天津地方，各處守土文武，定當立時驅逐出洋，勿謂言之不豫也！其凜遵勿忽！特此再諭！」

　　到了嘉慶二十一年，英國駐印度的總督，再來華要求通商，朝廷的敕書，更是訓斥的直接了當，文曰：

　　「……嗣後，毋庸遣使遠來，徒煩跋涉；但能傾心效順，不必

歲時來朝，始稱向化也！……」

　　該時，英國已是世界上第一強國，占領了埃及、美洲、澳洲、印度……等地，整個地球，幾乎占去了一半，號稱：「日不落帝國」。我們清朝天子、大臣，居然以這種態度對待，當然會有爾後的「南京條約」。

　　三、日益嚴重的貧富不均：隨著清初的政治穩定與社會繁榮，使社會上貧富不均的問題，日趨嚴重，尤其我國傳統富人的作為，就是兼併收購田產，認為：「此為富之基」。「富」字以「田」作基礎，固然不錯，但卻形成了我國互數千年來，王朝致亂的主因，那就是絕大多數的農民，無田可種，只有種富人的田地，一生接受剝削，歷代為奴，如若再無田可耕，或遇到水、旱、蝗……等天災，則變成乞丐或流民，其下場則為：「流離溝壑，嫁妻賣子。」若社會至此，必天下大亂，秦、漢、隋、唐……以至於明，歷朝之亡，皆種因於此。

　　清朝自盛世開始，這種現象，已經非常嚴重了，到了乾隆後期，有人統計出：「……今占田者，十無一二；佃田者，十之四、五；無田可耕者，十之三、四……」而更嚴重的是，自乾隆之後，地主愈來愈多，既成為地主，雖不事生產，卻愈來愈富，占地更多，多到最後，甚至自己也不知道有多少田地，而佃農也不以戶計算，而是以村莊為單位，每個村莊，有個佃戶首領，稱作「莊頭」，由莊頭負責向佃戶收租，再向富戶繳租，一般佃農，歷代種富戶的田地，賴以苟延，卻根本不知富戶為誰！

　　這些富戶，有名的，幾已富可敵國，像山西亢家，號稱糧倉就有數千個，山西連年大旱，人人自危，惟有亢家毫不在乎，並傲然宣稱：

　　「上有老蒼天，下有亢百萬，三年不下雨，陳糧有萬石！」

　　連續三年的旱災，田地沒有收成，但繳租依舊，佃戶只好流浪到城市作苦力，或當乞丐，甚至跑到偏僻的地方謀生（北方有所謂「下關東」者；因東北為滿洲龍興之地，不准漢人出關墾荒，且懸為禁令，但為求謀生，只得私闖出關，即稱「下關東」）。

像嘉慶元年臘月，天子腳下的北京大寒，一夜之間，竟凍死乞丐八仟多人，可見當時，社會上貧富不均的嚴重，與乞丐、流民之多。

自此而後，「林爽文之亂」、「湘、黔、川苗民之亂」、「川、陝、楚教匪之亂」……等，接踵而至，在在均顯示，國家動亂的根源，已經出現了；可是，壽高八十多歲的太上皇乾隆，與即位卻無實權的嘉慶，在既貪且奸的和珅隱瞞下，居然還認為是天下富裕，國泰民安的「乾嘉盛世」！並訓斥，當時世界上第一強國的大英帝國，曰：

「……爾國王，惟當善體朕意，益勵款誠，永矢恭順。……」

第三章 ❖ 清朝的衰頹與覆亡

第一節 ◎ 菸草的傳入，與流毒無窮的「鴉片」

　　亞洲與歐洲，本來都是不產菸草的地區，一直到哥倫布發現美洲新大陸後，才從印第安土著那裡，學會了「吸食」與「咀嚼」菸草，而菸草，也開始傳入歐洲種植。其名Tobacco，漢文翻譯為「淡巴菰」，即是美洲土語的音譯；傳入歐洲後，僅數十年，就成為風靡一時的消費品，上至達官貴人，下至販夫走卒，甚至仕女、貴婦、傳教士，也都以吸菸為一件「賞心樂事」。

　　其後，因為葡萄牙的海權擴張，將菸草及種植方法，帶到了南洋呂宋；約自明神宗時期，福建已經開始栽種菸草了，繼而向北推廣到了江蘇、浙江一帶，並且也傳進了台灣，台灣府誌記敘有：

　　「……『淡巴菰』原產灣地（約指呂宋，現今的菲律賓），明季，漳人取種回栽，今名為菸，達天下矣！」

　　所以，我國的菸草，首種於福建，是可以確定的，因為，明朝末年的名醫張介賓，在他的筆記中，也記敘有：

　　「……此物自古未聞，近自我明朝萬曆時，始出於閩、廣之間，自從、吳、楚間，皆種植之矣！……」

　　並且，菸草傳入中土後，很快的就時興起來，台灣府誌中，稱之「達天下矣！」，當非過飾之詞，因為，明末清初，有名的桐城、方以智，當時主盟「復社」，史稱「明末四公子」，就曾說：

　　「萬曆末，有攜（菸草）至漳、泉者，……漸傳至『九邊』。……」

　　筆者按：九邊者，為明末，我國北方的九個國防重鎮，包括：遼東、薊州、大同、太原、綏德、甘肅、固源、寧夏、宣府。我國北方所需菸草，有部份係自朝鮮輸入，而朝鮮得種菸草，則係葡萄牙人先傳至日本，後傳至朝鮮半島之故。

　　明末，菸草在中土，就使用的極興盛了，因為，山西曲沃縣志也曾記敘有：

「……鄉民張士英自閩中帶來，明季，兵火荐臻，民窮財盡，賴此菸草，頗有起色。」

當時，不但時興，甚至有些供不應求，因為中醫認為：菸草有「辟疫驅寒，明目醒腦」的功效，這與西醫動輒勸人戒菸，大相逕庭；所以，菸草自傳入中國，得以迅速流傳，中醫確是扮演了主要的推動角色，這似乎有些荒唐，但事實確是如此！尤其明末，兵災不斷，時疫流行蔓延，菸草既有「辟疫驅寒」作用，當然成了家庭必備之物。當時俗稱，一般中等家庭的開門七件事：柴、米、油、鹽、醬、醋、茶，即增加了「菸草」一項，而成為開門八件事了。

菸草的使用方式，有「嚼食」與「吸抽」兩種；最早，是以嚼食為主，但需吐出殘渣，且因嚼食時，口角變色，褐沫連連，與中原儒士的揖讓雍容之貌，大不相襯，故而自始，就未在中土時興。但吸抽二法，卻成為中原用菸的主要方式。

吸者，吸鼻菸也，又稱「嗅鼻菸」，其原料，是先把菸葉去莖，磨成細粉，再經發酵後，調入各類不同的香料，製成「鼻菸」，使用時，指捻少許菸末，自鼻孔嗅入。自明朝萬曆以後，西洋傳教士進入中國，把吸鼻菸的方式傳入，百餘年間，中原士大夫，多已接受此物。但吸鼻菸，須有一個裝菸的小瓶子，故而自清初起，因為吸鼻菸的風行，也時興起一種特有的工藝品——鼻菸壺——。

早期，西方人士裝鼻菸，多用小盒裝，但傳入中土後，因氣候不同，生怕菸末泛潮或走味，則改用小藥瓶裝用，後則發展出專用於裝鼻菸的鼻菸壺；雖僅一瓶之微，但因為是富貴人家風雅之餘事，故而時興之後，卻是爭奇鬥艷，美不勝收。僅材質，就有：玉石、翡翠、碧璽、瑪瑙、琥珀、硨磲、珊瑚、竹黃、葫蘆、青金石、綠松石、玻璃料、金屬胎、瓷胎……等。形體，則有：方、圓、扁、長、肖竹、肖木、肖禽、肖獸……無所不包，尤其自清初皇室（康熙年始），責由宮廷造辦處，製作菸壺後，更是精工細鏤，巧不可言，最後，竟成為賞賜重臣、大吏，或外國王公、使節的貴重禮品；以至今日，仍為在國際間，最能代表我國，近古藝術特色的手工藝品之一。

　　而鼻菸壺材質中，仍有相當數量，是以白玉、墨玉、青玉或翡翠等玉質製成；我國以玉製作容器，雖然已有數千年歷史，但不論碗、盞、杯、盤，或瓶、盒、斗、尊，多都是敞口的容器，但鼻菸壺，為保持鼻菸不致走味，卻是斂口的形狀，故而在製作上，難度提高了不少，因之，玉工在製作工序上，也作了一些相對的調整，像成書於清末，由李澄瀟所作的玉作圖說中，特別分繪二圖，說明了以製作「鼻菸壺」為主的兩種工序：

　　其一曰：「打眼」，文曰：「凡小玉器，如菸壺、扳指、菸袋嘴，手不能扶挈者，皆用七、八寸高大竹筒一個，內注清水，水上接木板數塊，其形不一，或有孔，或有槽窩，皆像玉器形。臨作工時，則將玉器按在板孔中或槽窩內，再以左手心，握小鐵盅，按扣金剛鑽之丁尾，用右手拉繃弓，助金鋼鑽以打眼……。」

　　其二曰：「掏膛」，文曰：「凡玉器之宜有空膛者，應先鋼捲筒，以掏其膛，工完，玉之中心，必留玉挺一根，則遂用小鎚擊鍘，鏨以振截之，此玉作內，頭等最巧之技也；至若玉器口小而膛宜大者，則再有扁錐頭有彎者，就水細石，以掏其膛。」（如圖二十九）

　　前文所云，用扁彎錐頭，就「水」與「細石」來掏膛，「細石」者，即為解玉砂，扁彎錐頭，很難使力，何況再加水與解玉砂，極慢極費工的，才能把膛掏成。筆者曾見清初白玉菸壺，掏膛至，其薄如紙，幾至透明，真可謂神工（故而渾名「水上飄」，意指可在水中浮起）！惟因這種工夫，係用扁彎錐頭作成，刀工呈略粗礦的斜刀狀，細予觀察，極易分辨出與新刀工的不同。

　　清初菸壺的製作，為我國工藝美術史上的一件盛事，傳世作品中，各種材質均有，琳瑯滿目，均多精品，有謂：康熙、雍正階段的「銅胎畫琺瑯」，與乾隆時期的「玻璃內畫」或「玻璃畫琺瑯」（即俗稱的「古月軒」），最引人入勝；但見前述，玉工製作上，「打眼」與「掏膛」的困難，當可知，玉壺更彌足珍貴；惟令人奇訝者為，目前市面前二者，甚至仿製作品，其價亦高過玉壺，豈不怪哉？（如圖三十）

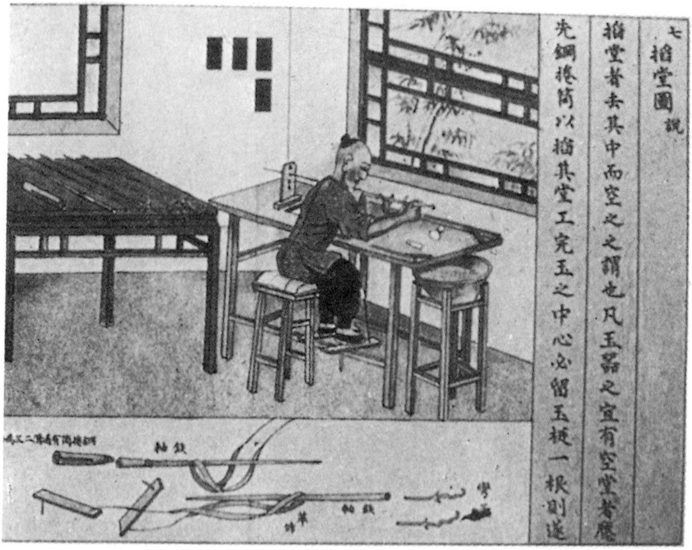
七
掏堂圖說
掏堂者去其中而空之之謂也凡玉器之宜有空堂者應
先鋼捲筒以掏其堂工完玉之中心必留玉梃一根則送

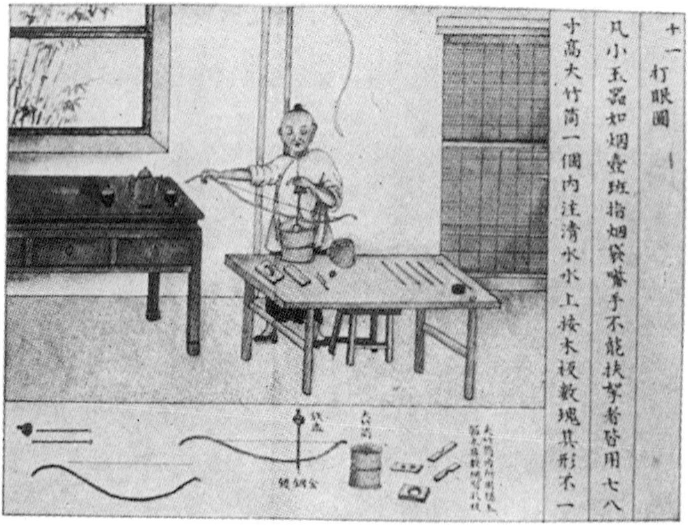
十一
打眼圖
凡小玉器如烟壺班指烟袋嘴手不能扶拿者皆用七八
寸高大竹筒一個内注清水水上按木板數塊其形不一

（圖二十九）本圖所示，爲清末李澄淵所著玉作圖說中，與鼻煙壺製作有關的兩道工序：「打眼」與「掏膛」，雖僅一壺之微，卻製作困難，極爲費工；但目前市面上，玉製鼻煙壺的價格，甚至低於仿造的畫琺瑯煙壺，豈不怪哉！（另玉作圖說中，其餘之圖，詳見本書第一冊第九頁）

（圖三十）本圖所示，即為玉雕鼻煙壺，二者為翡翠，二者為白玉，從玉作圖說中，我們可知製作玉鼻菸壺的困難，故而，品評玉製鼻菸壺的高下，除了材質與造型外，行家必檢視，是否「口眼小」，是否「掏膛薄」，如若「口小膛薄」，才稱得上是「玉菸壺」中的上品！

筆者註：古玩界視爲至寶的「古月軒」菸壺，傳說爲乾隆御用；其實，全部都是嘉慶、道光之後，以至民國年間所造，何以有「古月軒」之名，至今尚無定論！但「積非成是」，目前大家均習稱，乾隆階段的玻璃器（料器）爲「古月軒」。

　　菸草，除可供作鼻菸吸嗅外，主要還是以作成菸絲，供人點燃抽吸爲大宗，此所以菸草，又有「相思草」、「金絲薰」的別名；而吸用方式，則可分「水菸」與「旱菸」兩類，其中水菸袋，因需盛水，爲防生鏽，多以黃銅或白銅製成（偶有金、銀器），菸經水過濾後，再吸入胸腔，此一吸菸方式，較爲科學，但卻因有水，較不易於攜帶，僅成爲老人家居、官場，或深閨器用；而旱菸袋，則由菸嘴、菸桿、菸鍋構成，簡單易用，便於攜帶，成爲抽菸絲的主要工具，惟因傳稱：「玉涼，可祛菸中火氣」，故而較名貴的菸嘴，多用玉材雕成；自清初起，我國吸菸人口極衆，上至王公大臣，下至販夫走卒，均以吸菸爲樂，像乾隆時的名臣紀曉嵐，就以吸菸而得了「紀大鍋」的綽號，也因爲如此，近年玉製菸嘴，出土甚多，惟因年份不久，造型平凡，多不受人重視，故而有被改雕成佛像、瑓子……等，惟菸嘴，除新品外，只要使用經年，因受熱與菸油、菸垢的侵蝕，亦易形成類似古玉入土的沁色，筆者常戲稱之爲「菸沁」，但二者，仍易分辨：第一，菸沁爲菸的油、垢形成，多會積在菸具的特定地點，如孔眼四周或與菸桿嵌接處等。第二、菸中所含「尼古丁」甚毒，雖可對玉器形成沁色，但菸味亦伴隨而入，經年不去，細予分辨，仍可得知。

　　詩人鄭板橋，譏諷揚州風俗，崇尚浮華，不事生產，有：

「千家養女先教曲，十里栽花算種田。」之句，尚深深不以爲然。

　　而菸草的大量種植，更是影響了一些，我國民生作物的栽種，尤其菸草中所含成份，部份有毒，甚至使菸田，再轉種其他作物，都有困難，對我國的耕地擴展，確有重大影響，但若以「流毒無窮」稱之，則只有「鴉片」了。

　　「鴉片」致中國之害，流毒至今，仍未平息。

　　但其傳入中國的年代卻甚早，至晚在唐朝德宗貞元時期（西元七八五年至八〇四年），就已經由中東地區傳入中土，阿拉伯人稱之為「阿芙蓉」，傳入中原後，則名為「罌粟」。因為其成份中，含有嗎啡、可達因、那古汀等生物鹼，具有提神、止痛、止瀉、興奮等作用，中原醫者認為是一種很好的藥材，初時，只知食其子，或用其殼煮水服用，蘇東坡與其弟子，在詩句中提到的「罌粟水」、「鶯粟湯」，就是這一類東西，所以，李時珍在本草綱目中，也把罌粟列為藥材。

　　但自明朝中、後葉開始，因為西方傳教士的東來，大家逐漸知道，這種藥物的譯名為「鴉片」，並且開始用它的漿液，與鼻煙混調成丸，燃燒著吸用，如此，鴉片就搖身一變而成為毒品了。

　　清初康熙、雍正年間，葡萄牙人曾陸續販進中國一些，但雍正曾正式下令，禁止吸食，故而為害尚不大，但自乾隆中葉起，因為吏治政風的敗壞，官員吸食鴉片的人，逐漸多了起來，於是，上行下效，漸漸蔓延到民間各階層。

　　但英人販鴉片至中國，卻是因隔閡而起；因為，英國在十七世紀的三次海戰中，擊潰了荷蘭，成為海上第一強國後，就亟亟然的欲與東方貿易，且以中國手工藝製品之美，當然吸引了許多英國商人，但是，英國特產的鐘表、玻璃製品、金屬鋁製品……等，完全不受中國人喜愛，故而，當時英商販貨至中國，多是鎩羽而歸。曾有英商幻想，中國既富，數億人均買刀叉餐具，每家庭購買英製鋼琴，必為一極大市場，但販貨至中土後，才知中國人對那些東西毫無興趣，甚至連英國最自豪的蘇格蘭毛呢，於康熙十三年運銷中國，一年之間，也只在澳門以賤價賣掉了十一匹，其餘均無人願買；所以，在十八世紀時，大英帝國對中國的貿易，逆差達兩百多萬元以上。

　　道光時期，曾有英國人米特契羅記述說：

　　「……中國人的生活，是如此儉樸，如此守舊，以致，他們穿他們祖先穿過的衣服，換而言之，他們只用生活上所必需的東西，其餘，一概不要，無論賣給他們的東西多便宜，他們就是不買，

……。」

　的確，中國社會一直是貧窮守舊而且保守，外國人僅知中國既美且富，卻不知華夏之美、華夏之富，是美在富在，皇室貴冑、貪官汚吏與地主豪門身上，絕大多數的百姓，都是極端貧苦。而清朝自乾隆後期，就已經是國力漸蹙，嘉慶即位，雖有心振刷，但是過於仁厚，以致惡惡而不能去，他在「川楚敎匪」之亂時，曾作詩斥責大小官員，詩曰：

　　「內外諸臣盡紫袍，何人肯與朕分勞？
　　玉杯飲盡千家血，銀燭燒殘百姓膏。
　　天淚落時人淚落，歌聲高處哭聲高，
　　平居漫說君恩重，辜負君恩是爾曹！」

　嘉慶崩後，廟號爲「仁宗」，渠詩中，直斥貪官汚吏：「玉杯飲盡千家血，銀燭燒殘百姓膏」，心中確是長存百姓，無愧其廟號仁宗的「仁」字，僅此一詩，亦足抵乾隆百首，平仄不叶的詠玉詩了。

　而至嘉慶之後的道光，終有鴉片戰爭之戰敗，與南京條約之辱國。孟心史先生治清史，深刻廣博，直指「鴉片戰爭」之役爲：「清運告終之萌芽！」確是史者之筆。

　據統計，自乾隆後期至嘉慶年間，英商每年向中國銷入鴉片，均約五千箱，到了道光十七年，年輸入竟達四萬多箱，增加了八倍有餘，使中國白銀，大量外流，民間銀價，急遽上漲，百姓生活，幾至無法負擔。

　尤其可慮的是：當時，中國已有兩百多萬的人口，吸食鴉片，毒物之毒，在於使人自己走向滅亡，卻不自知，有菸癮的人，個個面色青黑，瘦骨如柴，清末有諺稱：

　　「煙槍即銃槍，自打自受傷，多少英雄漢，困死在高床！」

　此即禁煙名臣林則徐所上奏的：「數十年後，幾無可禦敵之兵，且無可以充餉之銀。」林則徐「虎門銷煙」後，英國內閣正式決議，對中國宣戰，以英國當時的船堅炮利，中國如何能敵？但林則徐卻在廣州，戢其凶燄，唯如此忠臣能員，卻遭革職充軍，其後戰

事，令讀史者，不忍卒睹！

　　像百姓村夫，圍殺一英軍，所上繳的戰利品，地方官員奏報朝廷，居然是：「黃金寶刺，雙響手炮」，此當為西方軍人配備的西洋指揮刀與佩槍，但封疆官吏，卻無人能識。

　　又如英軍數千人登陸，已連陷定海、寧波，宣宗卻不起用林則徐這種大將，反而依照傳統征伐的慣例，由親貴典兵，任命他的姪兒貝勒奕經，為「揚威將軍」，督師援浙；奕經既不知兵，亦不諳兵，何能總綰軍事？故而渠一到前線，除了狎妓酗酒外，還荒唐到用綢緞替代銅鐵作炮身，造出了八百門令人咋舌的「緞身大炮」，並派人將大量中藥用的虎骨，投入海中，謂此：可激起潛龍，展開一場波濤連天的「龍虎鬥」，即可全數將夷船掀翻……以此部隊與作戰方式，與英軍交鋒，當然大敗。於是，宣宗只有派伊里布、耆英、牛鑑等人，向英軍乞和，簽訂了既損國威，又喪國權的南京條約，開五口通商，割香港，賠款兩千一百萬元。

　　「鴉片戰爭」之敗，乃敗在中國的積弱，而中國的積弱，卻又源自於統治階層旗人的養尊處優，顢頇無能，腐化無用，這些旗下大爺，如前文所敍，已是國家的一大負擔，但卻仍夢想，還具有他們祖上入關血戰的雄姿與身手，焉有不僨事者！

　　也因為禁煙所引起的戰爭大敗，繼而開五口通商，禁煙的結果，變成洋商「進煙」更多，中原國事，已不堪聞問，卒有十年後的「太平天國之亂」與「英法聯軍破北京之禍」。

第二節 ◎ 英、法聯軍破北京，與古文物的流失

　　洪秀全得以竊號稱王，甚至熙攘中原達十餘年之久，除了旗人的顢頇無能外，官員的上下粉飾，更是主因。

　　當時，吏治不修，民生疲敝，到了道光後期，人稱「兩廣羣盜如毛，廣西更是遍地皆匪」，惟這些打家劫舍之徒，尚不成氣候，而洪秀全本身，也無甚見識，初靠在地方傳教，名曰：「上帝會」，自稱上帝之子以愚民，道光二十七年為丁未年，洪秀全藉符命之說，稱：

　　「未年爲『羊』年，丁則爲南方丙丁火，火色紅，故天示有：『紅羊』，……」

　　以「紅羊」暗示「洪楊」，以示「天命有歸」，即是所謂的「紅羊劫讖」，自此始，洪秀全的勢力，逐漸坐大，致而有三年後的「金田村起事」，與「太平天國」的建立！

　　惟自國號觀之，即已知洪楊之輩，難成大事。何謂「天國」？乃聖經中所宣稱的「天國」乎？但洪秀全仍以此愚民方式自娛，頒「天條十款」，作原道救世歌、原道醒世訓、原道覺世訓，滿紙荒唐，一派胡言，卻又提不出一套正確的濟世救民之論，及至因緣際會（八旗、綠營已弱至不堪一擊），占領南京，卻急著稱帝封王，但又內部爭權，繼而互相殘殺，內訌喋血，但卻以僞善面目，頒佈一些極荒唐的措施，像：「天朝田畝制度」，甚至要求每二十五家，成立一座禮拜堂，……等，在在顯示，絕對無法成其大事，僅爲歷史上的一齣荒唐鬧劇而已！可是，卻有不少近代史學家，稱洪楊爲革命，爲民族主義的先驅者，其言其論，尤勝洪楊之荒唐！

　　亦在洪、楊之亂中，英國認爲，中國對「虎門條約」處理不公，再向中朝施壓，要求增加通商口案；此事不難處理，但中樞掌權者，卻無人懂洋務、外交與國際公法，致議而不決，既決卻又反覆，而此時，廣西西林縣的愚昧官員，竟因語言不通，而殺死了一個法國傳教士馬賴，致使英、法兩國，一齊興兵；但此時，廣東封疆官員，卻以民氣可用爲由，縱民燒燬了英、法、美、俄等國的商行，致糾紛擴大。後英法聯軍出兵，攻占大沽炮台，朝廷才同意簽訂中俄、中美、中英、中法和約（天津條約），和議已成，咸豐卻認爲，准許洋人公使駐京，有損天子龍顏，而意生反覆，及至英、法、俄、美增兵，自北塘登陸，卻又再派人議和，和議既成，英方通知，將由英國公使（實際爲地位崇高的全權大使），進京呈遞國書。此本爲國際禮儀，爲兩國修好的表示，但因咸豐怕見洋人，嚴詞拒絕，致和議又生波折，就在這種遷延不決，反反覆覆，舉棋不定的決策方式下，中朝作了一件最失國際禮儀的醜事，就是把英方談判代表巴夏禮，逮捕下獄；翁同龢日記述曰：

「……怡王等羈英夷通事巴夏禮，下刑部獄；巴夏禮者，年三十四，能通漢、蒙、德語，略有文義，久為通事，夷人最黠者也，……巴夏禮被獲後，見僧邸，即長跪痛哭。……」

前文中「僧邸」，即指此次抵禦英、法聯軍的主將蒙古科爾沁親王僧格林沁，其所率蒙古馬隊，號稱宇內第一勁旅，而文中所稱怡王，即為怡親王載垣，這兩位，爵位已至頂點的親王，卻作出「逮捕使者」的荒謬舉動，終至釀成大禍。

當時，英、法聯軍也不過五千人，已進駐運河終點的張家灣，久候巴夏禮不歸，知和議不成，即開始進攻。僧王的蒙古馬隊，一戰即潰，退守八里橋，繼又大敗，聯軍已薄北京城外，文宗咸豐只有倉皇逃離，倉皇到，依據晚清宮廷實記所紋：

「六宮先行，……倉促間，御膳及舖蓋、帳蓬具未帶，狀極狼狽。」

雖倉皇狼狽至此，但卻仍堂而皇之的詔稱：「坐鎮京北，……將以巡幸之備，作為親征之舉……。」。

於是，英、法聯軍於咸豐十年（西元一八六○年），長驅直入的開進北京，未遭任何阻擋抵抗。清人為文，記述甚詳：「八月廿二日，亥刻，夷兵即突至園，軍號鼓樂齊鳴，先伐樹株，隨將宮室、殿宇、翰林花園焚燒……。」文中稱：「軍號鼓樂齊鳴」，當為行軍時，軍樂隊前導；而伐樹、焚屋，當為就地形作防禦工事。另有文，紋述當時狀況：

「八月二十三日，……閱傳夷人已撲海甸圓明園一帶矣，我兵數十萬，毫無一人敢當者，夷兵不過三百馬隊耳，如入無人之境，真是怪事……。」

英法聯軍僅三百人，即能馳騁於我國首都，如入無人之境，清兵數十萬，嘩亂而走，竟無人敢擋，豈只是怪事，根本是天下奇聞！

所以，英、法聯軍自八月二十二日進京後，號稱「天下萬園之首」的圓明園，就已經被搶掠，並波及靜明園、清漪園等天子宮苑；英國軍隊司令克蘭德，將士兵上繳的戰利品，公開拍賣，並連同

所劫得的現鈔、金、銀，分成三大份，二份歸士兵朋分，一份歸軍官瓜分，而此僅為上繳的部份；私人所掠搶的大內珍藏，則更是可觀，據當時外國記者敘述，每個士兵口袋中，都裝有幾萬法郎到幾百萬法郎的奇珍異寶，軍官們所搶的，還要更多，像一個英國軍官赫里斯，所搶的東西，多到找了七個士兵幫忙，才運回營房，自八月二十四日起，英、法聯軍司令部，不但縱容，更公開下令，可以自由搶劫，所有金銀、古玩、字畫、法書、彝器、珠寶，能運走的，全部運走，甚至認為不值得搬運的絲綢、法書、瓷器、銅器，則盡予撕碎、砸毀，參予這次搶掠與破壞的軍官戈登，事後曾追憶說：

「……我們就這樣，用最野蠻的方式，摧毀了世界上最寶貴的財富……。」

當時，英國最具權威的泰晤士報估計：

「……被劫掠和破壞的財富，總值超過六百萬英磅，……。」

清末名士李慈銘，浩漢這場破國之禍，與皇宮內苑所蒐珍藏的浩劫，曾作詩嘆稱：

「……法物盡隨羣盜去，仙山真見萬靈愁。」

隨後，英、法聯軍司令部，要求釋放與交換俘虜，英法聯軍士官兵，連同前被拘禁的談判代表巴夏禮，共三十九人被俘，但卻只有十九人釋回，蓋因中國不知，需善待俘虜的國際慣例，致使二十人，已在獄中，被凌虐而死；當時，文宗之弟恭王，業已銜命回京，主持議和，但因二十條俘虜的人命，又再生波折；除「開口通商」與「賠償現銀」兩項，英、法兩國意見相同外；至於懲罰措施，英國主張拆毀圓明園，並在天津立碑；法國方面，不贊成拆圓明園，也不贊成立碑，主張拆毀大內宮殿，以為對中國政府的懲罰；後經協調，依照英國大使額爾金的意見，惟改「拆毀」為「焚燬」圓明園。

致使這座，自乾隆時代起，年年踵事增華，號稱「萬園之首」的圓明園，竟被無知野蠻的焚燬殆盡，另清漪園、靜宜園亦同時被焚，大火延燒三日方止（如圖三十一）；消息傳到躲在熱河避暑山

（圖三十一）英、法聯軍破北京，使大內珍藏中的上品，均遭英、法軍隊，擄掠而去，詩曰：「法物盡隨羣盜去」，確是事實，但從人類共同文化資產的觀點來看，古文物雖不在中國，但尚存諸於世，而號稱「萬園之首」的圓明園被燬，則為永不能彌補的文化浩劫。本圖所示，即為圓明園未燬時，其中西洋樓的寫生圖，目前則只剩一片斷垣殘瓦，供人憑弔！

莊的咸豐耳裡，大感刺激，使其咯血的毛病更甚，竟致次年（咸豐十一年）崩亡，由六歲的獨子載淳繼位，是為穆宗，恭王議政，「兩宮太后」垂簾，改元「同治」，意即指「君臣同治」與「同於順治」；但後來，卻演變成慈禧一人擅權，而同於順治者，亦僅為：穆宗也是「出天花」而崩；得年僅十九歲，未有子嗣，大清皇朝嫡系血胤，至此而絕。

　　慈禧為求掌權，未在親貴中，擇年長優秀者而立，竟立其胞妹（嫁咸豐之弟的醇王）之子載湉登基，即為德宗光緒，時年僅四歲

，仍由慈禧訓政。至此，國事日非，光緒十年「中法戰爭」，光緒二十年「甲午戰爭」，均以割地賠款告終，甚至中日甲午戰爭之敗，竟係慈禧挪用海軍經費，以修頤和園所致。

故而，光緒親政後，有意改革，引用康、梁等新派人士，意圖「變法維新」，但行事過於操切，形成朝中有「新黨」「帝黨」與「舊黨」「后黨」之分，壁壘分明，勢同水火。後因袁世凱告密，朝局盡反，使慈禧重新訓政，殺「六君子」，囚光緒帝。「百日維新」，竟以悲劇告終；但西方輿論，多同情光緒，致使慈禧難以廢立，而康梁等人，得以亡命海外，亦多受外國使館協助，如此新愁舊恨，使慈禧仇視洋人，已達極點，但卻莫可奈何，終於釀出「庚子」鉅變！

第三節 ◈「義和拳」亂，致肇「八國聯軍」之禍

有人稱「義和團」為白蓮教之一支，起源於明末，其實，這種以練拳為名的民間秘密結社，起源甚早，分支也很多，大多以奉「無生老母」為主神，分支中，則以八卦之名的八個支派，較為出名，故而又名「八卦教」。這種民間秘密宗教方式的結社，大抵盛世則隱，亂世則顯，蓋因亂世時，生民百姓的身家性命，毫無憑依，最易為此類妖言惑眾的迷信所乘；在仁宗嘉慶時，有川楚教匪之亂，熙攘擾亂地方，達九年之久，方予平定；繼而，又有嘉慶十八年，發生在京城的「教匪林清之變」，甚至直接進攻大內。這些動亂，都與「白蓮教」有關，也都是清室將傾的徵兆。

林清此人，即為「義和團」，惟當時僅稱「白蓮教」、「天理教」而已，因為史敍：「林清曾步行街衢，風開其袂，露懸『坎卦』腰牌，為市人所見……。」；義和團就是屬於白蓮教八卦支派中「離卦」的一派，因「離」卦屬火，故而尚紅色，身著紅衫，並以紅巾裹頭，聖武記曾記敍：

「白蓮教者，奸民假治病持齋為名，偽造經咒，惑眾斂財……。」

大凡這類宗教，若僅單純為民間信仰活動，則尚不足為害，但

若斂財、惑眾，再假以妖言，則必成社會動亂之源。而清末，至光緒時期，不但民不聊生，更因列強勢力入侵，幾次涉外戰爭，均大敗而歸，致使官場由排外，演變成懼外，再加上洋人傳教的一些謠言，使「義和團」的妖言中，摻雜了民族主義的色彩。而這種色彩，最易凝聚成社會力量，故而「義和團」，由山東地區的一小撮練拳民眾，驟然興盛起來，口號也由「殺鬼滅洋」，而搖身一變為「扶清滅洋」，朝廷的態度，也由剿殺改為招撫，繼而變成役使，並縱容「義和團」，攻打京城的外國使館區，且下諭獎勵：

「殺一洋人者，賞銀五十兩；殺一洋婦者，賞銀四十兩；殺一洋孩者，賞銀三十兩。……」

致使全國各地義和團徒眾，蜂湧而出，拆鐵路、毀電桿、燒教堂、殺教民……，只要與洋人沾上一點邊的，一律燒殺；朝廷的縱容，使中國已成無政府狀態，而縱容的理由，竟是相信：「義和團是刀槍不入的天兵神將。」

自光緒二十六年五月起，北京已呈大亂，「義和團」徒眾，不僅在皇宮大內，設置了神壇，更在鬧區，公然焚殺搶掠。但數十萬徒眾，圍攻外國使館區，攻了五、六十天，也沒有攻下；圍攻北京西什庫教堂的徒眾，畏於洋人槍炮，也久攻不入，僅殺了落單的德國公使克林德，與日本公使館的書記生，但整座北京城，卻日聞喊殺搶劫之聲，已成人間煉獄……。

六月十七日，英、美、奧、法、日、俄、德、義八國聯軍，四萬餘人，由德國名將瓦德西統率（註），攻陷大沽口炮台，並進攻天津，清廷則派義和團數十萬徒眾，列陣抵抗，甫接觸即潰，聯軍兵分二路，直撲北京，義和團與清軍，在楊村攔擊，又未戰而潰，進京之路，遍地均為「義和團」徒眾脫棄的紅衣與紅頭巾；八月十五日，聯軍攻佔北京皇宮，慈禧太后化裝成鄉間農婦，率光緒及嬪妃出亡。

註：因義和團拳亂中，德國公使克林德被戕，受辱最甚，故而各國公推，由德國派出統帥。

「八國聯軍」攻進北京後，統帥瓦德西即進駐皇宮大內，因此

君係老光棍，故而不時召當時的名妓賽金花，至皇宮內苑陪宿，並下令，公開搶劫三天（八月十五日至十八日）。聯軍中，有不少由各國僱用亡命之徒編成的傭兵，水準甚低，致使北京被禍之慘，更甚英、法聯軍之役；像俄軍，進入中南海的儀鑾殿，將能搬得動的寶物，悉數搬走，搬不動的，則悉予砸毀；頤和園中的文物、珍藏，聯軍用駱駝隊，不停的連續運了幾個月，都集中到天津租界，再裝船運回國內，甚至大內圖書四萬多冊，也被搶劫一空。當時，一名俄國低階軍官回國，竟有行李十餘箱，其中，全是大內珍藏，無怪乎事後，俄國外交官拉姆斯道夫驕傲的宣稱：

「這是歷史上少有的，最夠本的戰爭！」

而迄今為止，西方各國博物館中，較具水準的中國古文物，幾乎都是這次所掠。

大清治國至此，不但國弱，更致國破，一時之間，列強瓜分中國之議四起。幸美國稍具人道良心，期期以為不可，而聯軍總司令瓦德西也認為：

「……無論歐、美與日本各國，均無能力，可以統治這個，占天下四分之一生靈的地區，……瓜分之事，實為下策……。」

如此，方使中國得免於亡國滅種，但和議，卻仍須完成，此即與日、俄、德、法、英、美、意、奧、荷、比、西班牙等十一國，簽訂的「辛丑條約」，共十二款，另有十九個附件，賠款分三十九年付清，連利息，共計九億八仟萬餘兩，此外更有：「剷平北京至大沽間所有炮台」；「北京至山海關間十二處要地，由外國派兵駐紮」；「天津城外二十里內，中國軍隊不得進入與駐紮」……等辱國條款，使我中國，既喪失了無數的國寶，更失利權，而國家在列強的軍事監督下，業已名存實亡。

第四節 ◇「乾隆」與「慈禧」的身後慘事

有前清遺老，為詩悼清社之屋，有：「逢人莫道乾嘉盛，話到同光已憫然！」之句，其實，早在乾隆時期，高宗強誇十大武功，六次南巡，並不斷擴充「圓明園」，號稱全盛，但盛極必衰，尤其

在南巡中，營造出一股浮誇、奢靡、粉飾的社會風氣，促使吏治大為敗壞，但乾隆卻仍好大喜功，迷信權力，續興「文字獄」，業已種下亡國之機，孟心史先生評論乾隆時代之弊，曰：

「惟乾隆以來多樸學，知人論世之文，易觸時忌，一概不敢從事，……其弊至於，不敢論古，不敢論人，不敢論前人氣節，不敢涉前朝亡國時之正義；此只養成，莫談國事之風氣，不知廉恥之士大夫，為亡國，種其遠因者也。……」

此確為史者之筆，乾隆一生愛玉、玩玉、詠玉，且授命雕作：「大禹治水圖玉山子」、「會昌九老圖玉山子」……等曠世偉器，氣勢磅礴，無與倫比；而在詠玉詩中，也有：「……漫訝連城貴，端知五德尊……」的警語，而更在一些古玉器上，令宮內造辦處的玉工，琢刻「比德」、「德充符」……等璽文，但從他晚年，所信任的奸相和珅，家中籍沒的玉器，竟有白玉馬，作為侍妾沐浴時，乘坐用，可知乾隆君臣，仍未深得，我國玉器文化之真諦。

及至同、光時期，雖有中興之說，但慈禧垂簾，「女主當陽，顯非正道」，故而激起「八國聯軍之禍」，史稱慈禧「才勝於德」，確是讜論；傳其晚年，極喜翡翠，當係純視為首飾珍寶，以為收藏而已，必無「比德于玉」的玉德觀念。我國自古以來，政治人物若僅有才無德，必至禍國，故而自「百日維新」後，慈禧再三度垂簾，已註定了清室的覆亡，無法可想，無人可救！

惟影響清朝氣運最大的乾隆與慈禧，這一帝一后，因當國最久，聚斂的國寶與玉器，也最多最善，但其身後，卻被禍最慘，故而千萬莫謂：「天道無知」，此當為不知修德，僅知聚斂者戒！

乾隆的陵寢，稱「裕陵」，自乾隆八年起建，歷時近五十年方完成，地宮面積近四百平方公尺，四壁及拱頂，均刻滿佛像、法器與經文、咒語，其中梵文與滿文經咒，就有數萬個字，完全表現出了清朝盛世時，建築與石雕工藝的水準，但也顯示出，乾隆好大喜功，奢靡浮誇的個性。

而慈禧太后的陵寢「普陀峪」，因在咸豐帝的「定陵」之東，故又稱「定東陵」，其享殿，雖僅採用原木色澤，但卻都是由最名

貴的黃花梨木與金絲楠木建成，經營數十年，大修數次，糜費極
鉅。

尤其二者入殮時，隨葬珍寶無數，像乾隆陵中，隨葬的大批東
珠、古玉與古文物，及慈禧陵中的盈尺翡翠西瓜，及高達數尺，寶
光流轉的翡翠寶塔……等等。

清亡後，僅只十六年多，即民國十七年的農曆五月十五日，時
值張作霖在皇姑屯遇難，奉軍撤出關外時，「國民軍」中孫殿英兩
師，乘虛進入清室帝皇的陵峪區，聲言彼此失和，斷道備戰。所謂
「失和」是假，其真正目的，則是以「斷道」的名義，禁人通行，
便於盜陵，隨後即以火藥，炸開陵寢，搜刮斂葬寶物，多達數百麻
袋，從容遁去。

後孫部師長譚溫江，到北京出賣珍珠，方有流言傳出，繼而，
官方又從孫殿英的勤務兵張歧厚身上，搜出盈寸的大東珠三十餘顆
，方使此案，公開於世。原來，孫部迫於士兵發餉之壓力，致作出
此盜竊國寶的齷齪行為。所選中者，即為乾隆的「裕陵」，與慈禧
的「定東陵」。獲垂青的原因，即因傳言，此二陵中，墓葬品最佳
，隨葬品最多。

及至一個月後，遜帝溥儀，方得派遣老寶熙、陳毅……等人，
前往收拾殘局。依據隨員徐埴所紋：乾隆「裕陵」被盜後，陵門遭
破壞，致使積水盈尺，僱人大量抽水後，方得進入陵內。原有六具
棺木，除乾隆外，尚有二后三妃，即孝賢皇后（正后）、孝儀皇后
（嘉慶之母）及皇貴妃富察氏、高佳氏、金佳氏。每具金棺，均在
表面，用硃紅雕漆，刻出細萬字、梵文與花卉圖紋，后妃均為陰紋
，乾隆金棺則為陽文，但均遭破壞開啟，骨殖散落滿地，慘不忍
睹。且因乾隆之棺，封固甚密，竟被用利斧斫出一大洞，寶物盡從
洞中掏出，一無所剩，僅餘一顱骨，尚存棺內；于役之人，依乾隆
為男身，且身材偉岸的特徵，將散骨拼湊成形，陳毅所作東陵記事
詩云：

　「帝共后妃六，軀維完其一，傷哉十全主，遺骸不免析！……」

　並註稱：「……確為男體，即高宗也，……下頜已碎為二，檢

驗吏審而合之；上下齒本共三十六，體幹高偉，骨皆紫黑色，股及脊，猶黏有皮肉，……腰肋不甚全，又缺左脛，其餘手指、足趾諸零骸，竟無以覓；高宗……自稱『十全老人』，乃賓天百三十年，竟嬰此殘禍……。」

其言雖有餘哀，但終乾隆一生，雖漢化深、讀書多，更處處以漢武帝自居，但卻好用嚴刑峻法，每每戲侮大臣，以弄權為樂事，雖好「玉」，但卻不知「比德于玉」，雖好古畫、法書、碑帖，但觀其動輒提詩詞，於古書畫上的心態，卻為唯我獨尊的驕恣胸襟，故其雖自稱「十全老人」，處處得全，但卻罹身後慘禍，以致屍骨不全，吾輩當以「天之道，損有餘而補不足」視之！

惟陳毅詩中有：「帝共后妃六，軀僅完其一，……」之句，相傳此一全屍，為嘉慶生母「孝儀皇后」魏佳氏，徐埴為文記敘：

「……身著寧綢雲龍袍，已一百四、五十年之久，面目如生，並有笑容，年約五十歲，耳環尚在……。」

另據盜陵士兵傳言，破陵啟棺時，確有一妃，面目如生，本欲移之取寶，似尚有笑容，搬動時，竟似嚶嚀有聲，使士兵二人如中邪，呆若木雞，故眾人不敢翻動，……當指此事，因為，一般非職業的盜墓者，雖人多壯膽，但內心深處，必有些許畏懼與不安，故方有如此傳言，亦使此屍，得以倖存。

我國自古以來，玉器多見於墓葬，而少見於遺址，主因係：玉器斂屍的傳聞所致。但玉器不足斂屍，自魏、晉以後，已有定論，但卻仍為我國各階層，廣為相信，主要就是墓葬中，偶見「蔭屍」之故；所謂「蔭屍」者，法屍入棺經年，不化不朽，風水家稱曰：「不利後世子孫，必需重殮遷葬，……」，此實乃縹渺之言，難知確實。

但究「蔭屍」發生之原因，多與墓葬環境，與入殮狀況有關，蓋因我國自發展出「厚葬」的習俗後，棺木均多為佳材，如若經營得法，年年上漆，本身已有防腐作用，再加以，入殮時清洗得法，墓主腹中無存食物……等；尤其，棺槨中，多有收燥之石灰，與墓室中，置長命燈，燃馨助腐的氧氣等，各種條件配合，偶有發生「

蔭屍」狀況，確非不可能。以筆者研究出土古玉器之經驗，即曾多次親見此種現象，但移棺重殮後，因墓葬環境已變，不久即朽矣；惟可確定者，如若墓主之屍身未朽，則所佩載之玉器，亦歷歷如前，不見任何沁色變化。

相較於「十全老人」乾隆的身後慘事，一輩子稱「慈」、稱「聖」、稱「老佛爺」的慈禧太后，也不遑多讓。渠陵寢「普陀峪」，自民國十七年農曆五月十七日，與乾隆「裕陵」同時被盜後，一直到七月初十，才有清室善後人員，趕抵處理，其時已暴屍四十餘日，且傳說，孫殿英部盜陵遁去後，亦曾有多批宵小，潛入「普陀峪」，再肆搜刮殘存遺物，故而陵內與慈禧遺體的破壞，均極嚴重；據東陵于役日記紋述：

「……先至西北隅，仰置之槨蓋前，啟上覆破壞槨蓋，則孝欽顯皇后玉體，偃伏於內，左手反搭於背上，頭髮散亂，上身無衣，下身有褲有襪，一足襪已將脫，偏身已發霉，均生白毛；蓋盜發之日，爲五月十七日，盜去爲五月廿四日，至今，已暴露於梓宮外者四十餘日，可慘也。……」

以此言，慈禧法身，不但被自棺中翻出，甚至身上所穿，盤有金線的內、外衣、壽鞋，亦全被羣盜剝去，如此方致：「上身無衣，……足襪將脫，……」，身後被禍至此，真可謂慘矣！寶熙等善後人士，只有草草處理，日記記稱：

「……即傳婦人差八人，覆以黃綢，移未毀朱棺於石床，然後，以黃綢被裹之，緩緩轉正，面上白毛已滿，兩目深陷，成兩黑洞，唇下似有破殘之痕。……」

慈禧大喪時，即自內宮傳出，渠口中所含之東珠，大過「龍眼」，通體渾圓，泛粉銀色光澤，寶光流轉，爲曠世奇珍。故而，傳說盜寶時，羣盜即搶先自慈禧口中，挖取寶珠，惟因遺體已呈朽腐狀，一經擾動，口中唅珠，即下滑至喉，故而羣盜硬撬牙關，強行將寶珠取出，日記中，稱：「唇下有破殘之痕……」當爲事實。但該時，慈禧已暴屍四十餘日，面上滿生霉腐的白毛，仍可見到唇下的殘破，可見遺體面部，爲取「唅珠」，所造成的嚴重破壞；呂氏

春秋・安死篇警曰：

「自古及今，未有不亡之國也，無不亡之國者，是無不抇之墓也……」

抇：音「胡」，同「搰」字，意爲「挖掘」。

清亡僅十六年餘，距慈禧之亡，也僅二十年，渠即已罹此身後殘禍，可悲夫！日記中，續記處理經過：

「……幸而朱棺未毀，因以載澤所攜，慈禧崩後，頒遺念之龍衣兩件，覆體重殮，地上拾得珍珠十五粒，捶碎後，納於棺中，封石門而出，計歷時四小時。」云云。

載澤爲慈禧的內姪婿，亦即爲光緒的聯襟，宣統時，曾任「度支部尚書」，掌握全國財政大權；滿洲貴族習俗，長輩過世後，將其常用之物，分賜晚輩，稱作「頒遺念」。

清室善後人員，即以載澤所獲贈，「頒遺念」的慈禧舊龍衣，重新殮葬，文稱：「覆體重殮」，包括儀式、入棺、封棺、封槨、封門，才總共花了四小時，可見重殮的草率，而龍衣覆體，也證明，並未重殮穿龍衣，而僅是蓋在身上，此實乃不得已，蓋遺體已霉變腐蝕中，如何可能再肆以翻動！

但所幸者，墓室中，還找出了殘碎珍珠十五粒，亦捶碎，納入棺內。何需捶碎？實因珍珠，經盜擾碰撞，已經殘破到，連宵小都棄置不顧的地步，故而只有捶碎，納入棺中；此即爲富有天下，掌權幾達半世紀，慈禧太后在罹身後之辱後，重新蓋棺的淒涼的下場，僅有那十五粒殘破的珍珠粉，長伴渠於地下。

可是，慈禧初殯時的排場，卻是奢侈的令人難以想像，只因隨葬珠寶，散失湮滅，近代已無人得知而已。

數年前，筆者曾得觀一翡翠手串，即傳爲慈禧墓葬所出。這種俗稱「十八子」的手串，僅有翡翠圓珠十八顆，配上珊瑚材質的「佛頭」與「佛頭塔」，串成一圓手串，其下「背雲」、「墜角」，均爲深紅「碧璽」，屬小件珍玩，但此手串的各粒翠珠，不但既大且圓，而且色、勻、形、透，一應俱全，尤其透明翠綠的光澤，不帶一絲黃、白，盡是一片翠綠，令人眩目。筆者自認，過目寶器不

少，尤其對裝飾用的首飾，難得動心，但乍見這種內府奇珍中的極品翡翠，卻仍是目眩神迷，不能自己，較之近年，國際古文物拍賣公司，動輒以天價賣出的翡翠珠串，等級的差別，豈只在數倍之間！（詳如註）

此外，這一小手串的作工，也精細的令人咋舌，除了每顆翠珠的材質，精美相似，顆顆渾圓光滑，一般大小外，甚至連每顆翠珠中心的眼孔，也都作得筆直而且纖細，尤其可貴的是，眼孔內，亦打磨得光滑如鏡，不見一細毛邊，作工之細，用功之勤，足可知<u>慈禧太后</u>珍藏的寶貴。

註：<u>清朝</u>禮制，文官四品，武官三品，得掛「朝珠」（「翰林」不論品級，均可佩掛）。它的形制，係模仿自「念珠」，本為念佛時，記數目之用，故而又俗稱「佛珠」或「數珠」，以一百零八顆為主。而一般珠串數目，可有：一千零八十顆、一百零八顆、五十四顆、四十二顆、三十六顆、二十七顆、二十一顆、十八顆、及十四顆，共九種；其中，一百零八顆及十八顆，較為普遍。

筆者所見「翡翠手串」，信其出自<u>慈禧</u>墓葬，除材質、作工極精美，如前述外，全珠並由舊「黃絲線」貫穿，見此黃線的色澤、絞合方式，當是出自大內無疑；一般偽作古文物者，慮不及此！

第四章 ✥ 清時文化發展，對玉器文化的影響

　　清朝文化的發展，初受明朝末年，社會動亂的影響甚大，尤其明末諸帝，太過荒嬉不振，以致亡國，致使清初的大學問家，幾乎都反對宋、明理學的口舌相向，坐而清談，而一致主張「躬行實踐」，像黃梨洲的明夷待訪錄，顧亭林的天下郡國利病書，王船山的讀通鑑論……等，這種思潮，影響了清初的施政，趨於踐履與實際，使得在明末，已被搜刮一空的民間，得以逐漸恢復，也使清朝的統治，能很快的穩定下來。

　　同樣的，清初的文學，受到實踐思想的薰陶，也大抵走向實用的傾向，較具代表的是，江蘇吳縣的金聖嘆，他所點評過的「六才子書」，包括莊子，屈原的離騷，司馬遷的史記，杜甫的詩章，王實甫的西廂記，與施耐庵的水滸傳，用筆明快如刀，辛辣似火，為我國文學批評家中的第一人，他的許多見解，仍為現代藝文批評者，引為圭臬。

　　清初，另一本鉅著，則為山東淄川人蒲松齡所著的聊齋誌異，這本文集，共包括了四百三十一篇文言故事，均以妖、狐、鬼、怪為主，但文字優美，寓意深遠，為我國難得一見的短篇小說集。蒲松齡終生參與科舉，卻未獵得功名，直到七十一歲，才由官府拔為「貢生」，但他卻在村里教書中，廣泛的接觸民間，蒐集狐、妖、鬼、怪的傳說資料，作為寫作的素材，由此仍可看到清初藝文，受思潮影響，不脫離現實，進入民間的傾向。蒲松齡也在聊齋誌異中，多次提到玉器，與民間士人佩掛玉器的習俗，對我國玉器文化的宣導，具有正面的作用。

　　惟隨著清朝統治基礎的穩固，文網反而趨於嚴密，逼使文人，走向較不實際的「古典考證學」，如此，亦促使清室的衰亡。

第一節 ◈ 四庫全書的編纂

　　乾隆自中期起，為了誇示文治，並兼行書禁，接受安徽學政朱筠的建議，開四庫館，編輯四庫全書。

在此之前，我國歷朝，爲誇耀文治，多有類書的編修，像魏文帝曹丕時代的皇覽，唐朝的藝文類聚，宋朝的太平御覽、册府元龜，以及明朝的永樂大典，甚至康熙時代也曾編纂過古今圖書集成，但以規模之大，收書之多，仍以四庫全書爲最。

自乾隆三十八年，修四庫全書開館起，實際均是由紀曉嵐負責，他率領近四百位學者，把過去的圖書，包括敕撰本、內府本、永樂大典中所輯者，及各省探訪所得的民間流傳本、佚書……等，全部集中起來，重新校勘，依照經、史、子、集四大部份，加以分類，歷時十年工夫，至乾隆四十七年，抄成第一部，共收書三千四百六十一種，計七萬九仟三百三十九卷，第一部四庫全書抄成後，入藏於皇宮大內的文淵閣。

後又陸續完成六部，分別入藏於圓明園的「文源閣」，盛京的「文溯閣」，熱河行宮的「文津閣」，此四部，習稱「內廷四閣」藏書；另餘三部，則分藏揚州大觀堂的「文匯閣」，鎮江金山寺的「文宗閣」，與杭州聖因寺的「文瀾閣」，一般習稱此三部爲「江浙三閣」藏書。

這套大部頭的書陳列出來之後，准許抄閱，尤其是「江浙三閣」所藏，一任學士參考，幾乎已似西方圖書館的雛型，對我國文化的推廣，有不可磨滅的貢獻。

但是，乾隆藉編四庫全書的名義，在各省、府、州、縣中，廣設「收書局」，把一些號稱：「有詆毀本朝之語」的圖書，銷去了不少。據統計，乾隆一朝，焚燬的禁書，就有七十一萬卷，此亦爲我國學人所常忽略，眞正的文化浩劫。

惟平心而論，四庫全書的編纂、完成，確是我國文化史上的一大盛事，其中，有許多記載我國玉器型制的古籍，因爲早期的「錯簡」、「脫簡」，變成幾不可讀的天書，在輯校學者的爬梳、整理下，多理出了一些頭緒，對我國玉器文化的傳承，極具正面意義；像清朝後期，我國比較正式的一本玉器圖錄古玉圖考，作者吳大澂，即多是參考四庫全書所收的古籍，據以寫作完成的。（如圖三十二A、B）

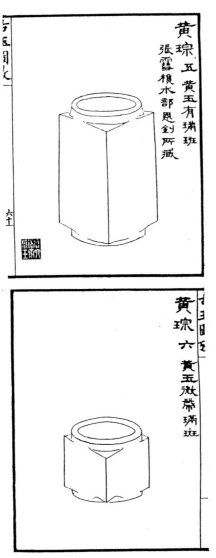

（圖三十二A、B）吳大澂所作古玉圖考一書，是我國近代玉器圖錄中，比較翔實的一本，其中，雖偶有形制上認知的舛錯，但大體言，仍均正確；尤其，吳大澂把失傳已久的玉琮形制，考證出來，使許許多多流落各處，被誤稱為「玉杠頭」的上古玉琮，得以正名；對我國玉器文化的研究，極具貢獻。

　　此外，紀曉嵐與戴震等大學者，在纂輯四庫全書時，依據所收圖書的價值，考證了每部書的版本、淵源，與著者姓名、爵里，及該書的大略內容與得失，寫成了四庫全書總目提要兩百卷，這確是嘉惠士林的一大偉舉，使我國爾後學子，不用再鑽營於浩瀚的古籍中，皓首窮經，卻仍不知所云；因為，僅讀總目提要，就已略知一書之梗概。（如圖三十三）

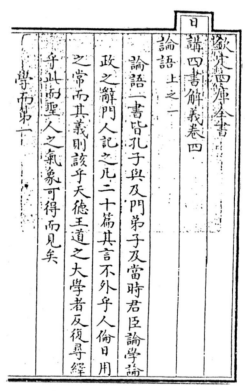

（圖三十三）四庫全書修成後，除「內廷四閣」外，「江浙三閣」的藏書，可供學子抄閱，已具西方圖書館的雛形，對我國文化的推廣，與玉器文化的研究，都有不可磨滅的貢獻；尤其總目提要的完成，使學子僅觀提要，即可知一書梗概，確是嘉惠士林的偉舉！

第二節 ◎ 文學鉅著紅樓夢的出世

我國玉器文化綿延近萬年，至清初而大盛，雖然，有許多歷史因素，與環境因素，所共同形成，但所形成的文化高峯，到底如何壯闊？卻在文學鉅著紅樓夢中，完完全全的展現出來，我們只要看這部書，主線發展的兩位男女主角賈寶玉與林黛玉，均以「玉」為名，就可略知梗概矣！

惟紅樓夢自出世以來，因為版本的歧異，傳鈔的差別，使讀者對這本書的內涵，有眾多的猜測與議論，而考證、考據的工作，歷時兩百多年，也從來沒有間斷過，名家、學者齊聚一堂，互發議論、辯駁，名曰「大鬧紅樓」；惟雖均稱考據，但往往流於主觀，選用有利於自己的證據，而忽略不同自己觀點的證據。目前，大約有「索隱派」，稱紅樓夢全書，隱喻宮廷諸王內爭，或董小宛入宮，順治出家，……等軼事。另一派，則為「自傳派」，稱紅樓夢全書所敍，為曹雪芹家族，所歷經的繁華與滄桑，均為真實人物，……等。二派相互批駁，迄今尚未有定論。

筆者不敏，未敢對紅學發表任何謬論，但據個人對紅樓夢的欣賞所得，不可否認的，她是一部偉大的文藝創作，但絕不是個人的「口述自傳」，更不是「回憶錄」，當然，在許許多多情節中，有作者曹雪芹家族的影子，個人的身影，甚或自己的經歷，這對文藝創作者來說，絕對是難以避免的。但是，書中所包括的眾多人物，在不同的時空、情節變換中，及故事的進行，經過曹雪芹揉合、重塑、渲染、描述，個個刻畫入微、性格凸出，揚棄了我國傳統小說中，「千部一腔，千人一面」的窠臼，可是，卻也不是現實中的人物了，他們雖可能曾是：曹雪芹接觸、經歷過的現實人物，但卻又經過曹雪芹孕育改寫，已經變成紅樓夢中的人物，而在現實中，卻永遠找不到了；筆者認為：這才是紅樓夢這部小說，是一部永遠不朽的鉅著，而曹雪芹，也是一位不朽作家的原因。

曹雪芹得以因為紅樓夢這部鉅著的傳世，而能不朽，除了他有良好的學問基礎，與寫作天賦外，他的家世，他的生平，他的遭遇，他的經歷……，因緣際會的聚合在一起，才把他推上了文藝創作的顛峯。

　　就曹雪芹本身言，他的家世，在滿洲貴族中，毫無地位，僅是下人身份的「包衣」，但是，他的曾祖母，卻是康熙的奶媽，以此特殊的親媵關係，曹家三代，在康熙六十年中，倍受寵信，名為「江寧織造」，而卻有皇帝私人代表的意味，協助康熙，籠絡士林，訪求民隱，密察吏治，傳辦私物……等，許多不易由封疆大吏辦理的事，皆由曹家出面，此所以，康熙數次南巡，竟有四次，以他家的「織造衙門」為行宮，倍極寵榮，繁華富麗，康熙甚至將曹寅的女兒，指給鑲紅旗王子平郡王為妻。後雍正登基，曹家因虧空公款，被抄了家，落魄回京歸旗，後因平郡王的照應，曹家得以復起，曹雪芹因幼時，聽長輩敘述秦淮河畔的家族繁華，而家族又再興旺，故而奢華依舊，令人側目，後因平郡王福彭驟薨，再被查抄破家，至此，曹家一蹶不振；曹雪芹為振家聲，曾捐了個監生，下場考舉人，卻因厭惡八股時文，僅中副榜，成為「正黃旗義學滿漢教習」，且生活日蹙，平日，閒住在北京西郊的旗營破屋中，受盡族人臉色，看盡他人的「落井下石」，但自己，卻又嬌養成了一付風雅傲骨，自然更無人搭理、周濟，最後，竟落得全家「喝粥賒酒」的混日子，回首前塵，不但感念富貴無常，君恩難恃，而且遍嘗人情冷暖，其身世，興衰之速，境遇之奇，無人可比，尤其他不羈的個性，真是既貧且狂，在既遭白眼，又無人理會下，卻為他營造出了寫作紅樓夢的環境，他的朋友敦誠贈詩給他說：

　　「勸君莫彈食客鋏，勸君莫叩富兒門，殘杯冷炙有德色，不如著書黃葉村。」

　　於是，曹雪芹開始寫作紅樓夢，描述賈、史、王、薛四個家族的盛況與興衰，確為當時富貴人家的生活型態，描述細膩，卻又富麗堂皇，但筆下，卻有意無意的帶著，這類生活，必然沒落離散的淒惘與蒼涼。

　　這本以「色即是空」的人生哲學，作主題的鉅著，一共塑造了兩百三十多個男人，一百八十多個女人，有的，寫一人的兩面，而析為二人，有的，則明顯是多個人，重疊揉合為一人，五光十色，令人目不暇給！尤其難能可貴的是，他不只描寫人的外表軀殼，而

更是寫人的血肉與內心，故而，個個活神活現，直似躍出紙面！

　　但是，曹雪芹在落魄淒涼的寫作生涯裡，生活更是坎坷連連，甚至獨子，也因為衣食不周，而病死於中秋夜，因為喪子之痛，特別摧心，致於同年除夕，一病而亡，得年僅四十餘歲，該時，紅樓夢全書，尚未修刪完成，但卻正如書首，他自己所描述的：「……字字看來皆是血，十年辛苦不尋常！」

　　紅樓夢的起始，是以「玉」開始，說：「……作者自云曾經歷一番夢幻後，故將真事隱去。而借「通靈」說此石頭記一書也……。」該石頭，是上古女媧「煉石補天」所剩，靈性已通，自去自來，可大可小，經一僧一道（即茫茫大士、渺渺真人）「……見著這塊鮮瑩明潔的石頭，且又縮成扇墜一般，甚屬可愛……。」於是，帶他到「昌明隆盛之邦，詩禮簪纓之族，花柳繁華之地，溫柔富貴之鄉，走了一遭」，這一趟經歷，能使人「……因空見色，由色生情，傳情入色，自色悟空……。」所以石頭記，又稱情僧錄，東魯孔梅溪題曰「風月寶鑑」。

　　（筆者按：此書雖如此多名，但既稱情色，又可悟色空，或又謂風月，莫非「玉」，又有「慾」的含義？）

　　後由曹雪芹於「悼紅軒」中，披閱十載，增刪五次，纂成目錄，分出章回，又題曰「金陵十二釵」，並題一絕，這便是石頭記的緣起，詩云：

　　「滿紙荒唐言，一把辛酸淚，都云作者癡，誰知其中味！」

　　全書盡寫這塊通靈寶玉，經歷的夢幻與滄桑，在書中，這塊通靈寶玉，幻化成了賈寶玉與甄寶玉兩個人。（一真一假，卻都是寶玉！）以此二人為故事的主軸，貫穿全書，最後，僧道將寶玉攜回原處，將其上字跡，抄傳與曹雪芹，如此，紅樓夢便出世了。

　　提到玉器通靈，是我國起始於史前時代，對玉材的信仰，此所以「良渚文化」先民，會以刻有神徽的玉器斂屍，「大汶口文化」先民，會以玉製的武器斂葬，後到三代，在文明的進程中，周公製禮作樂，把玉器的通靈性、神化性，轉化成高貴的禮儀用意，而成為禮器，後至春秋，儒家更具體的闡述出了「玉德」之說，才使我

國玉器文化的流傳，有了堅強的理論基礎；但是，「玉器通靈」的說法，卻也從來沒有在我國歷代社會中消褪過，像兩漢帝皇的「玉衣斂屍」，魏晉狂士的「食玉求壽」，隋唐道士的「以玉求仙」……，甚至，科學昌明的今日，仍有許多知識份子相信：「佩玉的人受外傷，可造成『玉傷人不傷』，『玉要佩戴，越戴越活』」……等。

曹雪芹生長於花柳繁華之地，詩禮簪纓之族，家門豪富時，自然是藏玉、賞玉的行家，也必知我國人，對玉的無限寶愛與無盡憧憬；及至落魄，窮困潦倒，居住在「蓬牖茅椽」之中，傢私也只有「繩床瓦竈」，回首前塵，歷歷如目，既悔且恨，悔恨自己不能「知前詳後」，於是在寫作中，智慧的引用了「通靈寶玉」，作全書的主角，以此而言，他不但認識我國玉器文化，更是瞭解我國玉器文化，此當為我們愛玉者所共知。

筆者常摩挲自己收藏的古玉，不論美與不美，不論雕工是否精巧，不論年代是否極古，不可否認的，在久遠之前，他們都曾隨著他們上一代的主人，歷經過一番繁華，經歷過些許滄桑，歷經過一番夢幻，及至主人歿去，也必是因為主人的寶愛，才隨葬入土，及至因緣際會，又再出土，重入滾滾紅塵，幾經轉手，方進入我們的收藏中；玉器通靈，固然是無稽之談，但若真如曹雪芹筆下所言，寶玉不但通靈，而且能記敘往事，則每一塊古玉，他所經歷的「離合悲歡，興衰際遇」，不也都是一部「石頭記」嗎？不也都是一部「風月寶鑑」嗎？（註）以此言，紅樓夢的結尾偈語：

「說到辛酸，荒唐愈可悲。由來同一夢，休笑世人癡。」

紅樓夢的作者，認為自己是癡人，傳鈔者，知是自己是癡人，披閱者，也知自己是癡人；我們玩玉、賞玉、藏玉，自認為是「陶情適性」，不也都是一羣「由來同一夢」的「癡人」麼！

註：筆者非紅學專家，但極愛這部鉅著，在無數次閱讀中，筆者發現書中幾位人物，像：賈寶玉、賈元春、秦可卿……等人的年齡，前後錯亂，忽大忽小，似為這部名著的一大缺點，筆者原本解釋為：「傳鈔的錯誤！」，「曹雪芹晚年酗酒，寫作上有些錯亂！

」但似乎都不足解釋這類問題的存在。近年，因作古玉簡史而再讀紅樓，才發現，在第一回所敍書名中：「空空道人，遂改名情僧，改石頭記爲情僧錄。東魯孔梅溪題曰風月寶鑑。後因曹雪芹於「悼紅軒」中，披閱十載，增刪五次，纂成目錄，分出章回……。」云云，在前文中，情僧錄下，忽出一句「東魯孔梅溪題風月寶鑑。」此句極爲突兀，接下去，就平順的敍述出曹雪芹，披閱十載，增刪五次，纂成目錄，分出章回……等，筆者忽生一想，莫非石頭記（情僧錄）與風月寶鑑，本是兩部書，同樣是曹雪芹所作，也同樣寫的是「大觀園」的興衰散亡，後來，再經曹雪芹披閱、增刪、纂目錄、分章回，合成一百二十回的紅樓夢，但因體力不支，又捨不得大力割捨，故而一百二十回的紅樓既成，但仍處處可見，斧鑿楔合的痕跡，是耶？非耶？亦於此，就教於方家！

第五章◇清朝的玉器

前文中提到，清太宗皇太極自蒙古察哈爾林井汗處，得傳國璽，逐改「稱霸關外，獨立建國之策」，而有「進窺中原，一統天下之志」，並自得璽的次年，天聰十年（明崇禎九年）四月，祭告天地，受「寬溫仁聖皇帝」的尊號，改元崇德，方建國為大清。

以一玉之微，竟得改寫歷史，此實乃我國玉器文化，深遠雄渾的地方，尤其滿洲，雖世居關外，但自舜、禹時，即與中原有連繫，周武王、成王時，也曾向中原進貢弓矢，其後，唐時的渤海國，宋時的金朝，也都曾與中原交鋒，而創下赫赫之功，故而渠族，對代表「華夏文明」的玉器文化，早受薰陶，方會有「得玉璽，逐生天下之志」的豪舉。

故而，有清一朝，歷代諸帝，對玉器，都是相當寶愛，但自入關後，順治、康熙、雍正三朝，玉雕較少，主因係海內初平，民心未定，且玉材來源不廣所致，但從清初皇室璽印制度的建立，及從傳世至今的玉璽材質與雕工觀察，均材美工細，可知清初玉雕，已有相當的水準。

而自明末蘇州陸子剛之後，長方形玉牌的雕作，蔚為風尚，與早期佩飾「肖生器」、「吉語器」……等的圓雕佩玉方式，已有分庭抗禮之勢，清初，延續此一玉雕時尚，繼續發展，駸駸然尤有過之。這類玉牌的雕作，延續子剛玉雕風格，以淺浮雕為主，在一方三寸餘的長方形白玉板上，四周作出夔龍或夔鳳的邊紋，中則飾以花鳥、山水、英雄人物或吉祥圖案，另一面，則以淺浮雕作出，與反面紋飾相配合的吉語或詩詞，字數不限，真、草、隸、篆亦不拘，整塊玉牌的優劣，端視材質的好壞，作工的粗細，與圖紋、文字的俗雅；但幾乎每塊玉牌的署名，均雋出「子剛」落款，各類書體均有，但目前，已不可知，何款為真？何款為偽？這類藝文性極高的玉牌，將我國傳統的山水畫、人物畫與書寫藝術，具體而微的融合在玉雕工藝中，成為我國玉雕藝術的新主流，筆者長期在「子剛玉牌」的研究中，深信：這類玉牌，確是陸子剛所首創，因為工細

質美，意境悠遠，極為人文薈萃的蘇、揚地區的文人喜愛，經予揄揚，漸成風尚，許多當地玉工，開始仿造，既是仿造，當然仍仿出子剛落款，陸子剛之後，圖文經人修飾、增删，或新創圖樣，致使真正的「子剛玉牌」，因魚目混珠而不可考，但時至今日，歷數百年，這類玉牌，仍有製作，而玉工，仍是習慣的落琢「子剛」名款，以一人玉雕風格的改變，竟能創制出新型制，影響了我國文人的傳統佩玉習慣，此實乃我國玉器文化史上的一大異數！

在此之前，我國歷代，只有聖哲如周公、孔子、魏徵⋯⋯，或國家統治機構的規範，像唐朝官制的玉銙，明朝官制的玉帶⋯⋯，所代表的品秩，才能左右或創制出，新的玉器形制，陸子剛僅以一玉工，亦能有此修為，故而，實不必再強分玉牌的真偽，此公亦足不朽矣！

清初，除延續子剛玉牌的發展外，各類文玩、圓雕、佩飾器，仍有製作，但受子剛玉雕，所帶動的潮流影響，都有精細纖柔的風格，但至乾隆時，玉雕風格，卻驟然多樣與繁複起來。

首先，是乾隆十大武功的完成，使有清一代，玉料來源，極為充足，像新疆「回部」與「準部」的平定，使天山南北麓，都納歸中朝，我國產玉最大宗的新疆和闐、葉爾羌地區，與崑崙山脈的密勒塔山，都能源源不斷的運玉入中土。而乾隆為求政治控制，在新疆各地區，廣設「辦事大臣」，這些大臣，在產玉地區，就有為皇室運玉材的任務，這些玉材，稱為「貢玉」，像乾隆四十四年，就貢玉多達一萬八仟一百多塊，而且在常貢之外，還有欽限的「特貢」，數量更為龐大；但卻禁止民間採玉，視玉源為皇室之禁臠，但因民間需求亦大，致而私採、偷運之風，從未間斷，甚至地方大吏，亦參與勾結，致興大獄，殺了駐紮大臣高樸等十數人，但仍無法戢止私採玉材，故而官禁亦逐漸鬆弛，形同具文，但由此亦足知乾隆階段玉雕的盛況！

此外，因為新疆的平定，使北印度與中原的間接通路，也趨於順暢，使北印度特有的，含有濃郁波斯風格的玉雕作品，也源源進入中土。這種官方稱為「痕都斯坦玉」，玉工則習稱為「西番作」

的玉器，甚受乾隆的喜愛，故而內廷收藏頗多，也逐漸影響了我國傳統的玉雕審美方向，像紀曉嵐在閱微草堂筆記中，就記有：

「……今琢玉之巧，以『痕都斯坦』為第一，其地，即佛經之印度，漢書之身毒；精是技者，相傳猶漢武時，玉工之裔，故所雕物象，頗有中國花卉，非西域所有，沿舊譜也。又云：別有奇葯，能軟玉，故細入毫芒，曲折如意……。」

紀曉嵐不愧為四庫全書的總編輯，談及地理位置，絲毫不差，但卻仍有強烈的中土士大夫氣息，像稱波斯玉工，為漢武帝玉工的後裔；而明明刀工已不如人犀利，卻稱「渠有奇葯能軟玉」，不啻為夢囈，中國之積弱，即源自於此輩之心理。

此外，乾隆十大武功中，對緬甸的征討，使與雲南接壤的緬甸密支那地區，與中原暢通無阻，而緬甸特產的硬玉屬類，也大量進入中土。初時，多運至雲南桂林與騰衝一帶集中，供玉作坊的來人選購，故而「雲南翡翠」之名，不脛而走，此實為傳聞之誤；但「雲南產翡翠」之說，也並非全然不妥，因為，除了緬甸早期確為中國藩屬外，雲南與緬甸的確實疆界，也一直沒有弄清楚。

而乾隆時名臣紀曉嵐，在閱微草堂筆記卷十五「姑妄聽之」中，提到翡翠大量進入中土，士大夫自輕視以至於珍愛的經過，文曰：

「……蓋物之輕重，各以其時之好，尚無定準也；記余幼時，人參、珊瑚、青金石，價皆不貴，今則日昂；綠松石、碧亞鳥犀（碧璽，詳見本書第一編第五章），價皆至貴，今則日減。雲南翡翠玉，當時不以玉視之，不過如藍田、乾黃，強名以玉耳，今則以為珍玩，價遠出真玉上矣！」

此段記敘，對我國裝飾用珍寶的風行與變化，有很精闢的論述，對翡翠在中土的風行，更是重要的史料，因為：

第一、紀文首論：「蓋物之輕重，各以其時之好，尚無定準也。」實是精闢的見解，君不見，我國歷代所領風騷的珍飾，以我們現代眼光來分析，常是難以令人理解，像目前已淪為半寶石類的綠松石，在清初，卻是至貴的珍品呢！

第二、文中所言：「雲南翡翠玉，當時不以玉視之，不過藍田

、乾黃……。」由文中「藍田」、「乾黃」並稱，可知當時，蛇紋石類的「藍田玉」與新疆和闐玉，不僅價值相差極大，且時人多能分辨；另「乾黃」者，則是與當時最時興的另一種美石「田黃」，相比而論。這種產自福州閩侯壽山的美石，自唐宋時，即有開採，後經封洞數百年，至明末，精華始出，最貴者，為出於中版稻田一帶的黃色美石，愛石家暱稱「田黃」，色黃似栗，溫潤如脂，為製作印材的佳品，乾隆曾尊稱為「石帝」，但附近地區山上，偶產黃石，雖呈黃色，但卻乾澀無光，材質粗礪，質地與「田黃」相差甚遠，時人多以「山黃」、「乾黃」稱之，以「乾黃」與「田黃」之比，來形容「翡翠」與「白玉」之比，可見在乾隆朝以前，翡翠不受重視的程度。

第三、紀文中，記稱乾隆初期，只把翡翠「強名以玉」，此句文字，最具意義：我國玉器文化，綿延近萬年，雖有：「玉，石之美者」的定義，但自殷商起，新疆白玉就逐漸變成玉器的主流，幾千年以降，以至清初，眾人對玉的感受，已經定型了，即是：成品經盤摩後，具有蠟狀光澤，也就是說，這類玉器，光華不露，但卻隱隱然有溫潤之意的，才是「真玉」，但翡翠，雖硬度較白玉高，卻由於成份與組織結構的不同，一經打磨，即可泛出極亮的，類似玻璃光澤，但卻無法表現出，新疆玉那種溫潤、柔和的光澤，故而方被一般時人，不認為是玉，而是「強名以玉耳」！

第四、紀文中，「今則以為珍玩，價遠出於真玉上矣！」最具史料價值，明白敍述了「翡翠」在乾隆朝以前，絲毫不受重視，連稱之為玉，也有些勉強，但到了乾隆後期，則已成為珍物，價格遠遠高過白玉了。這其中的原因，有一部份是：我國自古，就是「物以稀為貴」，乾隆後期，自新疆運玉太多，多到貶低了「新疆玉」的價值，我們從乾隆以後的嘉慶、道光兩朝，迭下令減少貢玉，就可知道，乾隆中、後期，「新疆玉」進入中原的氾濫了。此外，西風東漸，西方的首飾審美觀念，影響了中土民情，此亦為自乾隆後期，「翡翠」價格扶搖直上的原因。我們試想，以當時雕工最好、質地最佳的羊脂白玉「子剛牌」而言，佩飾效果，從表面看，確是

比不上「既有水，又透光」，且又色彩艷麗鮮綠的翡翠，故而，西方審美觀念的進入中土，方使這種既可稱玉，又具首飾效果的「翡翠」，變成多珍之冠，以至於今日。

另從前文中，我們曾提到，清朝仁宗（嘉慶）、宣宗（道光）兩朝，迭諭令減少貢玉，使病民、勞民的苛政，得以改善；但是，從史家的角度分析，仁宗嘉慶是寬厚節儉，而宣宗道光則為狹隘小氣，雖同樣有減少貢玉的措施，但仁宗的作為，更足珍貴。我國玉器文化史中，自五代柴世宗，公然拒絕回鶻獻玉，並說出：「玉雖寶而無益」之語後，清仁宗也算是一位不受玉材誘惑的好皇帝，此所以，自乾隆後期，先有「苗亂」繼而有「川楚教匪之亂」，紛擾數省，擾亂達十年之久，內則有和珅的弄權與貪瀆，致使遠在海外的台灣，也有以天地會為名的「林爽文之亂」，此時，天下已呈明顯的動盪不安，亦幸賴清仁宗嘉慶的寬厚節儉，方能使清祚，再延長百年餘，以此與其父乾隆相比，乾隆朝多製玉，嘉慶朝減貢玉，但在我國玉器文化史上，嘉慶的地位，卻應在乾隆之上，此即擁有玉器再多，也比不上「自修玉德」，來得重要，玉器的主要價值，在於君子，應該用玉來作德行的砥礪，不通此一內涵，多玉如乾隆，又有何用？還不是平白便宜了「英法聯軍」、「八國聯軍」，與民初的軍閥餘孽如孫殿英之流！

清朝傳世玉器，也因為兩次國破之禍，流落民間甚多，形制亦頗複雜，茲列舉數品，以供參考：

一、白玉碗（如圖三十四A、B）：本器寬二十二公分，高五公分，為標準痕都斯坦玉器風格。曾有友人詢及，如何分辨「西蕃作」玉器的風格，筆者概而言之：「除了刀工不假外，全器散發出濃郁的波斯金、銀器造形！」蓋因為波斯文化，金、銀手工藝技術，發展得最完備，其後，才發展出玉雕，方會有此現象！

二、福壽菊瓣盤（如圖三十五A、B）：此一長達十三‧六公分的橢圓形玉盤，盤面作出雙層的菊瓣紋，刀工細緻、犀利，雖僅為簡單的線條，卻使全器呈現華麗之美，盤底，則雕出中國傳統圖案的蝙蝠與壽桃，寓意「福、壽雙全」，為「西蕃作」玉器紋飾受

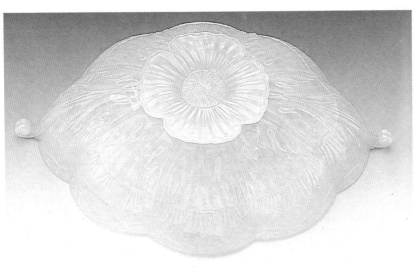

（圖三十四Ａ、Ｂ）本器作花瓣形，
側有兩耳，碗身作出草葉紋，碗足則
依形作出另一四瓣花，其上紋飾，猶
有波斯銀器中鏨花的風格，為「西蕃
作」玉器的特色。

（圖三十五A、B）痕都斯坦玉器，選材可分兩類，其一爲新疆白玉，另一類，則爲本圖所示的硬玉，此類玉種，若含翠色，即爲「翠」，若含赤紅色，即爲「翡」，合稱「翡翠」；如若不含雜色的純玉材，其中又多絲絮狀，我們則習稱之爲「冬瓜瓢」；西方人士沒有這麼多講究，純以品相命名，稱這類玉材爲「樟腦玉」。

到中原圖紋影響的一個好例子。

　　三、白玉嵌寶盂（如圖三十六A、B）：本器徑十七公分，高七・五公分，圓腹，敞口若一盤狀，此爲我國特有的容器形制，俗稱「唾壺」，以供隨時吐痰用，雖僅爲一不雅之器，但卻飾工精美，除琢出蓮花紋外，更鈎出金錢，嵌上紅、綠寶石；名爲寶石，其材質卻爲「料」，即是玻璃，在清初，爲極名貴、難得的鑲嵌材料。

（圖三十六A、B）本器材質，爲新疆白玉，與前圖相較，材質的差別，一目了然，二者所呈品相，完全不同，但從花紋與鑲嵌工藝觀察，仍爲痕都斯坦所作，非內宮造辦處仿造，但全器，塗金嵌寶，宜乎和珅之流的貪官使用。

　　四、嵌寶首飾盒（如圖三十七）：本器長寬約各八公分，作四片花瓣狀，上覆一蓋，器表雕出波斯花紋，爲典型的「痕都斯坦」玉雕首飾盒，這類玉盒，似乎已有固定形制，或略大，或略小，但造型均相同，筆者曾見數盒，刀工大同小異，均不見作舊痕跡，當爲清代作品。

（圖三十七）本件首飾盒，蓋上除琢出波斯花紋外，更嵌有水滴狀紅色玻璃四顆，綠松石五顆；綠松石爲我國古文物中，常見的嵌鑲寶石，學名爲「土耳其石」，材質以不見石紋、黑斑者爲上品，本器所嵌者，材質均佳。

　　五、玉香爐（如圖三十八Ａ、Ｂ）：本器高約十四‧五公分，整體造型，不論爐蓋、雙耳、爐身，都為中土的傳統香爐形制，但其上紋飾，細予觀察，處處均可見「痕都斯坦」玉雕的風格，尤其器底的菊瓣紋，更是顯露無遺，從這種「中西合璧」的造型，可得知，清初時，「痕都斯坦」玉雕，對我國玉雕藝術的重大影響。

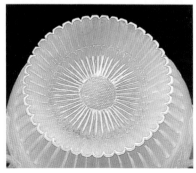

（圖三十八Ａ、Ｂ）清朝乾隆後期，因為對自己「十大武功」的自滿，而極愛「痕都斯坦」玉雕，甚至要求宮內造辦處的玉工，學習、模仿雕作，而當時駐回疆、駐西藏的大臣，也投其所好，蒐羅、訂購美器，以為進貢；這兩類玉雕，不同於初期的「西蕃作」玉器，而已有中西紋飾、造型雜於一器的現象。

　　六、玉圓盤（如圖三十九）：與前器相較，本器則爲未受中原影響的「痕都斯坦」玉雕，紋飾有濃郁的波斯金、銀器風格，器薄如紙，刀工犀利，琢磨的極爲柔和，乾隆初見這類玉雕，直呼之爲「鬼工」，其實，這其中並沒有特殊的奧秘，僅是玉工能取得較鋒利的刀具，與純度較高的解玉砂而已。

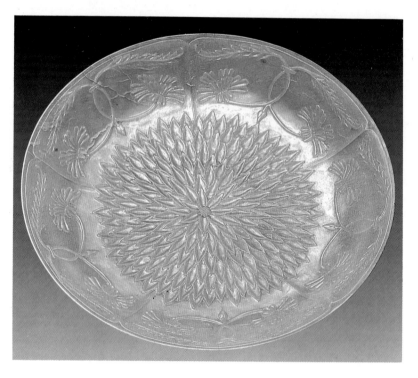

（圖三十九）本玉盤，徑約十九公分餘，爲傳統的「痕都斯坦」玉器，乾隆初見，驚呼爲「鬼工」，殊不知，僅是刀具犀利，解玉砂純度更高而已，此亦足證實，當時，西方科技已逐漸駕凌中土之上，而乾隆卻仍洋洋自得，以「十全老人」自居，乾隆時代，爲中國走向積弱的開始，筆者信然。

　　七、碧玉菊瓣碗（如圖四十）：本器徑約十二公分，高約四公分，下有圈足，全器作出七十二瓣花形，刀工犀利，造型柔和，但全碗卻嫌略矮，不同於中土碗盞的造形，足證這類玉雕，是自行從地區發展出來的，並非中原傳入；倒是其後傳入中土，加增了<u>乾隆</u>時代玉雕的新成份。

（圖四十）本器材質，亦爲<u>新疆和闐</u>玉，這類玉材，係由「透閃石」與「陽起石」構成；若玉質中，以透閃石爲主，則爲白玉系列，若以陽起石爲主，則是翠玉系列，陽起石所含愈多，則色愈呈墨綠，且其中，會夾雜一些墨綠色斑點，即爲本器所示。

　　八、翠玉蓋盒（如圖四十一）：本器造形，爲中土所原有，從漆器中，我們就可以看到相同的形制，但盒上紋飾，卻仍有濃郁的波斯風格；惟玉器材質，本件所示，與前器完全不同，前者爲新疆和闐玉，即俗稱的「軟玉」，本器則爲硬玉屬中的「翡翠」，惟因翠色較暗，俗稱之爲「油青種」，蓋因原玉質中，除翠色外，尚含有灰色系之故。

　　九、白玉「福壽雙全」碗（如圖四十二Ａ、Ｂ）：本器最寬處，達二十五‧五公分，由新疆和闐玉雕成，器身略似花瓣形，上有兩耳，就形作出蝙蝠狀，碗心則以淺浮雕作出一枝連有枝葉的雙蟠桃，二者呼應成一幅「福壽雙全」的吉語，尤其蝙蝠與蟠桃，均由減地雕出，這種玉雕，比陰線雕與透雕，費工更多，觀其造型，當爲內廷雕作。

（圖四十一）本器造型，出自中土，紋飾與刀工，則爲「痕都斯坦」玉作風格，這類小盒，民間尚有流傳，但多已殘傷不全，或僅餘盒身，如本圖所示之器，仍極完整，甚爲少見；這類蓋盒，缺殘的情形甚多，故而常有重新雕作，但因時代不同，二者刀工，細予觀察，仍可分辨！

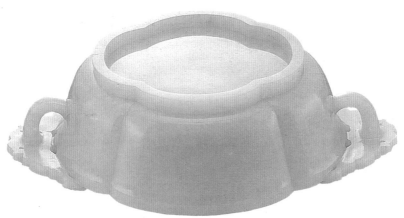

（圖四十二Ａ、Ｂ）清乾隆時，因「痕都斯坦」玉雕作品，傳入中土，乾隆極為喜愛，故而亦要求宮內造辦處玉工仿作，致使影響了大內玉雕的風格。從本器碗身的曲線，雙耳的側出，均可看出「西蕃作」玉器，對我國傳統玉雕所形成的影響，但其上紋飾，則仍是中土傳統的紋飾。

十、鏤雕龍螭帶鉤（如圖四十三A、B）：本器長十一‧三公分，寬二‧四公分，高二‧六公分，雕琢工整，玉質細緻，龍螭造型，華麗而不繁瑣，活潑卻不失莊重，當為出自內廷，以賞臣屬之器。清時，常將內廷玉雕，賞賜功臣勳將，文臣多獲賜煙壺、文玩之類，武臣則多為玉柄小刀、帶鉤、扳指之類，但作工均佳，與民間所作，完全不同。

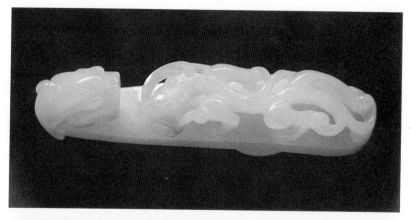

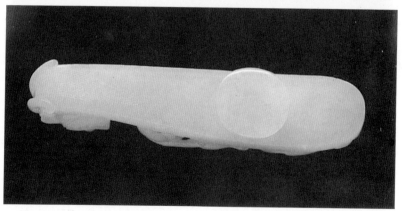

（圖四十三A、B）：帶鉤為我國早期的服飾器用，在史前時代的良渚文化，即有發現，後隨著帶釦的出現，而逐遭淘汰，但歷代歷朝，均有玉帶鉤的雕作，唯已成為珍玩，而非實用器。（餘見本書第二冊二〇〇頁）

十一、鏤雕盤螭大帶扣（如圖四十四Ａ、Ｂ）：本器扣合長十
‧三公分，最寬四‧七公分，高二‧六公分，係由一鉤與一環，二
器合組而成，鉤首作出龍首，鉤身則各鏤雕一隻四足落地，彎身探
首的盤螭，生動活潑，雕工精細，爲內廷賞賜之玉器。這類帶扣，
既爲實用器，亦爲珍玩，唯至淸末，西風東漸，已少人佩用，而成
爲純玩賞器！

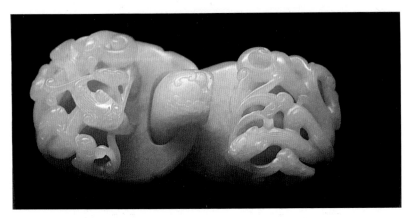

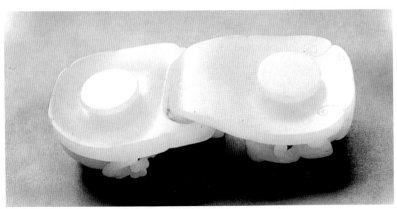

（圖四十四Ａ、Ｂ）本器可從反面扣
頭中，嵌入革帶，作實用器，但從本
器觀察，鉤首不見嚴重磨痕，器身亦
少見碰撞痕跡，應未作實用器；淸朝
後期，自洪楊之亂後，八旗、綠營均
已不堪一擊，而由湘軍代興，這些漢
人將領，每戰奏捷，則常獲頒賜「白
玉帶扣」，即爲本器形制。

十二、三環雙龍瓶形佩飾（如圖四十五）：本器造型優美，雖僅為一佩飾，仍可見「痕都斯坦」玉雕風格，尤其可貴者，此器尚留存入土受沁與土蝕的痕跡，因與白玉材質不同，受沁品相，亦不相同。

（圖四十五）本器材質非白玉，而係與翡翠同屬類的硬玉，惟不現翠色。全器寬三‧九公分，高三‧七公分，厚約一‧二公分，中雕一瓶，兩旁各盤一龍形，龍鬚與龍角相連處，各鏤雕出一環，構思巧妙，運刀流利，為難得一見的佩飾器佳作；其中瓶的造型，仍可看出「痕都斯坦」玉雕，對中土的影響。

　　十三、巧作並蒂蓮蓬墜（如圖四十六A、B）：本器為小件佩飾器，長約三‧三公分，厚約一‧七公分，係由一整塊「子玉」，就形雕成；「子玉」，又名「子兒玉」，為水玉中的精品，係由山顛，隨雪水沖入溪流中，經長期沖刷，材質不佳，或結構不密者，均被蝕裂分解，故而玉質美好者特多，有人傳稱：「子玉」由於長期入水，故特晶瑩……，顯係誤人之談。

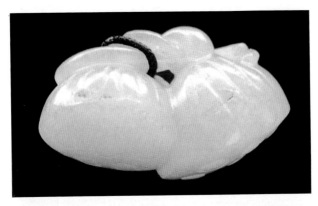

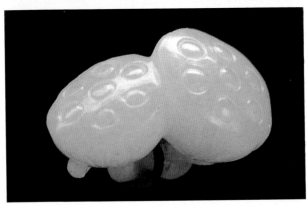

（圖四十六A、B）「子玉」，材質美好者特多的原因，是已經過大自然，長期的濯濯篩選，玉工取得這類美材，不像一般「山玉」，隨意開片，而係就形作出藝術品，蓋因捨不得剔除過多玉材，這種玉雕，最易見玉工功力，本器以一不成形之「玉子」，巧作成並蒂蓮蓬，宛若天成，美好自然，為難得一見的藝術品。（餘見本書第二冊一一九頁）

十四、玉翎管（如圖四十七）：本器長八、五公分，徑一‧六公分，為一光素圓筒狀，因無紋飾，這類玉雕，常不受人重視，但從我國玉器文化言，卻有重要的時代意義；因為，它是我國數千年帝制延續下來，最後一種禮儀用器，特具文化意義，一般人不知其重要性，甚至加工鏤刻圖紋，以吸引買主，但如此改雕，已使此器的文化性，喪失殆盡！其佩掛方式，為將翎管一端，繫於帽頂，羽翎則插入翎管內，拖在腦後。

十五、黃玉扳指（如圖四十八）：我國先民，佩戴指環的歷史很早，可追溯到史前時期，即有佩帶骨環。但「韘」，卻為射箭扣弦時的實用器，後則演變成「扳指」，但卻僅為裝飾、玩賞器。故而「扳指」，亦為清朝所興起的玉雕特有形制，八旗子弟手持鼻煙壺，指套玉扳指，為當時高貴的休閒裝飾！

十六、翠玉翎管（如圖四十九A、B）：清朝自中葉後，吏治已壞，朝中大僚，多奢侈浮華，故而出現以翠玉製作的翎管，一支鉅萬，視為珍藏，本圖所示之器，曾入土，故而較不易表現出材質的美好；另本器蒐購自國外，亦可知清末，我國古文物流散的嚴重。

十七、鏤雕喜字有環帶板（如圖五十A、B）：本圖所示之器，亦為清朝特有的服制器用，一套四塊，二有環、二無環，有環者，則為掛荷包、小刀、火鐮盒……等物，滿洲起源於我國東北，早期以遊獵為主，此為騎射所必須，但入關成立政權後，即演變成為服制之一部份，甚至大典中，帝皇亦需佩掛，只不過皇帝所用，為四金板，其上鑲有「東珠」。

十八、翠玉扳指（如圖五十一A、B）：本器外徑三‧一公分，內徑二公分，高二‧六公分。品評翡翠的好壞，首重色、勻、形、透，亦因此觀念，使曾入土的翡翠，多不受人重視。十數年前，因入土而曾受土蝕、土沁的翠玉，價均不高，近年，商人予以重新打磨光淨，高價出售，稱之為「老坑種」，這類翠件，上品特多，但筆者蒐古、愛古，不願袪除古文物上的歲月痕跡，再加上照片彩色失真，較難看出上品翡翠的珍貴品相。

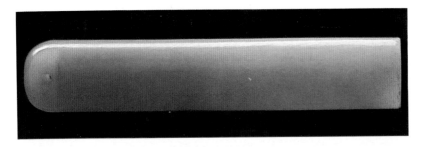

（圖四十七）清朝爲滿洲所建，滿洲早期以遊獵爲主，故有將獵物羽飾，插在頭上爲裝飾的習俗，及至建國，則有佩翎的禮制，翎分「花翎」、「藍翎」，其中「花翎」（孔雀翎），最爲名貴。「貝子」得佩三眼花翎，「公爵」得戴二眼花翎，一般官員，則需出於特旨，才能佩戴；清初，平定台灣的鄭成功降將施琅，平台後，康熙欲封其爲「靖海侯」，施琅懇辭，僅要求賜予花翎一支，由此即可知，在清朝官場上，花翎的珍貴了。

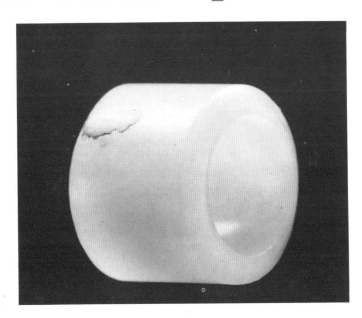

（圖四十八）扳指，起源於射箭扣弦的「韘」，以玉雕作，則變成純玩賞器，這種奢侈品，沒有禮制限制，各類材質都有，爭奇鬥艷，總以「稀罕」爲名貴，本器由黃玉琢成，且曾入土，古意盎然，爲一極佳的小件收藏品。

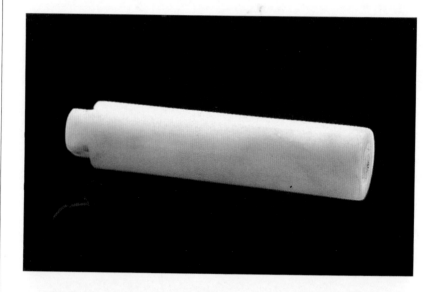

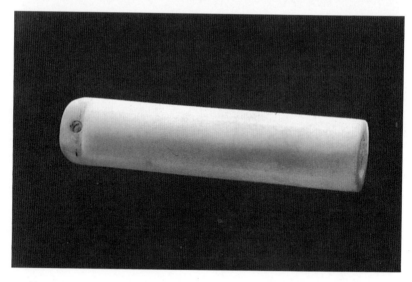

（圖四十九Ａ、Ｂ）本器材質，即為我們目前所習稱，翡翠中的「白底青」，筆者見翠玉翎管甚多，但卻少見冰種的上品翡翠玉翎管，而多為「白底青」，此或與中土傳統習俗，「男人綠色不上頭」有關；而本器，白底極細緻，翠色柔和，確為上品！

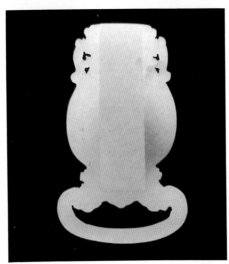

（圖五十Ａ、Ｂ）清朝宗室與大員，在大禮時，得佩「朝帶」或「吉服帶」，其上有帶板四塊，二有環、二無環，此即爲實物，雖仍可見遊牧民族之遺風，但卻以玉雕作，並精工細雕，已成爲奢侈的玩賞器，不復再見八旗入關血戰的雄姿了。

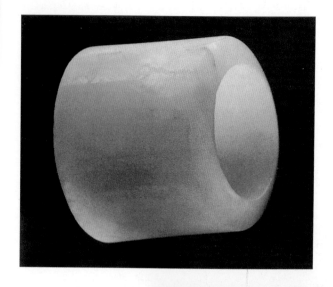

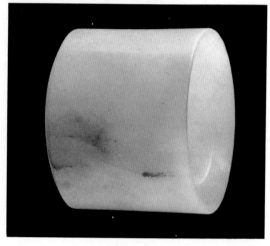

（圖五十一Ａ、Ｂ）翡翠之美，在於
地子透、翠色勻、形狀大、翠色足，
故而，欲求上品的全翠，難之又難，
小件玉飾，如：戒面中的馬鞍、蛋面
，偶尚得見，大件全翠玉雕，則極難
覓。

十九、玉釵（如圖五十二）：我國使用髮釵，最早僅以實用爲主，後則以裝飾、實用，二者兼而有之，材質包括：骨、木、竹、牙、金、銀，及各類鑲嵌器，唯因玉材質重易碎，並非製作釵、笄、簪……等髮飾的上好材料，但因玉器在我國文化中的重要地位，故而歷代，均有玉釵的製作，以至於今。

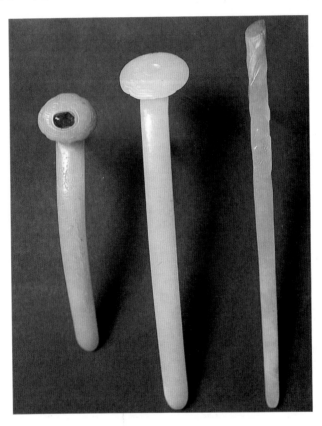

（圖五十二）本圖三器，二者爲軟玉，一者爲硬玉，其中一件，已近羊脂白玉，這類玉材，白中略帶粉色，但卻光澤溫潤，入手質感極佳；圖左一器，已入土受沁有黃斑，但其上碧璽，尚光潔，惟已略現裂痕，釵身以陰紋作出「五福捧壽」的圖案，爲難得的小件收藏品。圖右，則爲西方所稱的「樟腦玉」材質，亦即由無色硬玉雕成，其上紋飾，仍可見「痕都斯坦」玉雕風格。

二十、佩蟬（如圖五十三A、B）：蟬形玉雕，為我國所特有的形制，不見於其他古文明，主因係中國人的「生死觀」，較為特別之故。蟬的幼蟲，在地底蟄伏時間極長，但出世後的生命卻極短，古人以此引喻「人生」，故而自古有斂葬的唅器，雕成蟬形，以漢時最多。後則刻形以佩，並為儆身：「人生苦短，流光易逝」，確有形而上的涵義。

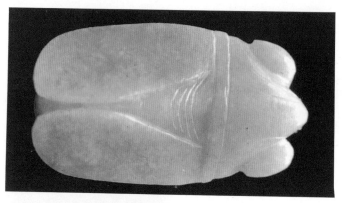

（圖五十三A、B）本圖上器，係硬玉雕成，質地尚可，但曾入土，下首之蟬，則為「留皮」雕作的白玉蟬，已現皮殼，但卻未入土，以二者比較，所現光澤，明顯不同，白玉溫潤，硬玉則有玻璃般光澤（何況本器曾入土），足可分辨。

附編 ❖ 硬玉中的極品──翡翠

第一章 ◈ 釋名

　　硬玉，並不是我國古籍中的名稱，更不是西方地質學、礦物學的名詞，對中國人來說，甚至可以說是一個屈辱的符號，但卻爲我國近代玉器界長期沿用。筆者不才，亦只有引此名，用以介紹「翡翠」的原礦——「鈉鋁矽酸鹽」的「輝石類礦石」——。

　　我國玉器文化，自殷商以後，雖然已開始以新疆和闐玉爲主流，但「玉，石之美者」的觀念，仍深植國人心中，而且，我國的自然科學，並沒有建立一套完整的化學成份系統，致使對「玉」的完整定義，一直含混不清，此所以會發生「卞和獻玉」的千古奇冤；甚至到了清初盛世的乾隆時代，以主編四庫全書，名聞千古的大學問家紀曉嵐，明明知道「翡翠」與「白玉」不同，但卻仍只是語焉不詳的說：「……强名之以玉……」。及至乾隆後期，「翡翠」價值日高，駸駸然有「百珍之冠」的味道，乾隆及以後諸帝的歷代官吏，也都陸續進貢了一些珍品，入藏於大內，更豐富了我國皇宮內苑的珍藏。尤其是乾隆中、後期，年年增修，踵事增華，號稱「萬園之首」的「圓明園」，更收藏有許多大件的「翡翠玉山子」及「插屏」……等極佳作品。據傳說，都是早期質地極精美的老坑種翡翠，由雲南督撫等疆臣進獻，現在多已不復可見；後清廷日衰，致使「英、法聯軍」僅數千人，就誤打誤撞的攻破了北京城，此爲我國，自北宋徽、欽二帝被擄的「靖康之難」後，千年來，第一次國都爲外國人所攻占。其時，東、西方隔閡甚深，文化差異也甚大，那些長期以「海上霸權」自居的英、法軍人，驟入富麗堂皇的天子內苑，直似「蠻牛闖入了磁器店」（當時外人的評語），使我國的古文物，又再遭受到慘不忍睹的浩劫，不但毀損無數，而且內苑多珍，盡被「英、法聯軍」有計劃的擄掠而去，甚至爲掩飾這種海盜式的擄掠，還放了一把火，把人類共同文化資產，美侖美奐的圓明園，燒成一堆廢墟。圓明園大火，延燒達三日之久，據清人筆記形容，烈火已熄後，殘燼中，仍不時冒出淺藍色火光，均係珍貴寶石與珍貴金屬所形成的火燄。

　　及後，清廷不但承認了曲辱的天津條約，更簽訂了續約，「英、法聯軍」才攜帶滿箱滿篋的所謂戰利品，洋洋而去；而當時，西方社會，多以「鑽石」為多珍之冠，兼及紅寶石、藍寶石、祖母綠……等，有色寶石為珍品，但卻不識「玉」，故而，由當時的一名法國礦物學家阿勒克斯‧達米爾，對擄掠而來的「翡翠」，作了化學分析，經與他在「鴉片戰爭」後，得自中國的新疆白玉藝術品，二者材質作比較，建立了「軟玉」與「硬玉」的一套分類觀念。

　　第一、軟玉類：即指「鎂鈣矽酸鹽」為成份的「新疆白玉」，主成份為「透閃石」與「陽起石」，因為「陽起石」中，含有少量鐵，使玉材泛綠；故而軟玉，若以透閃石為主成份，則呈白色，所含陽起石成份愈多，則呈綠色愈深；若主成份為陽起石，則呈墨綠色。這一類，結構呈纖維束狀的礦石，硬度約為六至六‧五之間，雖然硬度不是很高，但卻仍硬過一般鋼材，故而直接用刀，無法刻玉，而需用解玉砂作介質，來切、磋、琢、磨「新疆白玉」。（如圖五十四A、B）

（圖五十四A、B）新疆白玉，雖名為軟玉，但硬度仍在六至六‧五間，一般鋼材，不能刻玉，需借助解玉砂來切、琢玉器，這種方式，奏刀極不易轉折，即如圖示，此為辨別玉器「刀工」的第一課，細予觀察，當可了然於胸！

第二、硬玉類：是「鈉鋁矽酸鹽」為主成份的礦石，但因為是多晶體，可含有不同的色素離子，故而，可呈現不同的色系，像：「二價鐵」與「三價鐵」離子同時存在的硬玉，即可呈不同程度的紫色。另含「鉻離子」，或少量「二價鐵離子」，替代了「鋁離子」，則會呈現綠色。另又如：礦石露頭（露出地面），經極長時期，日晒雨淋，起了風化作用，使「鐵離子」析出成「氧化鐵離子」，則呈紅色或黃色。此所以，硬玉的次生礦石，近表層的玉皮，多為紅色與黃褐色，而直接從地下開採出來的硬玉原生礦，則不見外表有紅、黃色的原因；所以，我們若僅從呈色來分，硬玉礦有：白色、紫色、綠色……等「原生色」，與紅色、黃色、褐色……等「次生色」。

因為礦石所含金屬離子的些微差異，就可形成原生呈色的深淺差別；而呈色中，因為鐵離子析出的多寡，及外在環境的不同，也可能使褐、棕、紅、黃……等次生色有差異，此所以，我們可以大膽的說：「沒有兩塊硬玉，是完全相同的！」（如圖五十五）

（圖五十五）硬玉中的色澤，一為「原生色」，即是礦石中，所含金屬離子形成的色澤；另一種為「次生色」，則係因為礦脈暴露，使其中「鐵離子」，經千萬年日晒雨淋，析出成為「氧化鐵離子」所致，本圖示鼻煙壺，其淡綠色，為「原生色」，中有一褐縫狀呈色，則為「次生色」。

這類礦石，硬度在六‧五到七之間，與「新疆和闐玉」比較，略微硬了些，故而達米爾稱它為「硬玉」；「軟玉」與「硬玉」之辨，只是從中國擄掠搶奪而來的兩種玉材藝術品，取樣比較，而得出來的名詞，並不具特別的科學定義，就像名為硬玉類中的上品──翡翠，其硬度，多僅六‧五以上一點，與西方珍寶中，鑽石硬度的十，紅寶石、藍寶石的硬度九作比較，卻是軟了許多！

其次，有關「翡翠」的定名與起源，產生的爭執更多，主要因為：我國玉器文化的發展，起自史前，早過文字，故而影響了文字的形成，在許多甲骨文中，我們都可看出「玉」字的起源，繼而形成「玉」字為偏旁的文字，這些字，據統計，竟達百餘字之多，其中多與玉器有直接或間接的關係，可是「翡翠」二字，卻都不是以「玉」為偏旁，而是從「羽」部，說文解字釋其名為：

翡：赤羽雀也，出鬱林，從「羽」「非」聲。

翠：青羽雀也，出鬱林，從「羽」「卒」聲。

漢朝的鬱林郡，約指我國今日的廣西一帶，而翡翠鳥，正是我國南方，以至中南半島一帶，所產的鳥類，其羽毛，是我國早期，很重要、珍貴的一種裝飾，故而，後漢書賈充傳中記敍：

「交趾，土多珍產，明璣、翠羽……之屬。」

其中，所提到的「翠羽」，就是翡翠鳥的羽毛，像司馬相如在上林賦中提到：「建翠華之旗」，就是說：天子的旗纛，要用這種鳥的羽毛來裝飾；同樣所謂「翠輦」，亦是指天子的車駕，也要用這種鳥的羽毛來裝飾。

其後，民間也時興以這種鳥羽來美化首飾，名曰「鈿翠」，像李商隱的詩中有：

「旁有墮釵雙翠翹。」

「翠翹」者，就是指翡翠鳥的尾部長羽毛，因微向上翹起，特別美麗，而貼於髮釵上，是極美的一種頭飾，又稱之為「點翠」，故而三國時才子曹植，在其詩中，也曾吟詠道：

「戴金搖之熠熠，揚翠羽之雙翹。」

總而言之，這都是形容翡翠鳥的羽毛，具有極好的裝飾效果，與玉材尚毫無關係。據知這種鳥，似我國南方常見的水禽「魚狗」而略大，羽毛特美，雄的羽毛，以赤紅色為主，稱之為「翡」；雌鳥羽毛，以青綠色為主，稱之為「翠」。

及至，硬玉屬的礦石進入中原，經過長期的認識，大家逐漸知道，此類礦石，以青綠與赤紅色最為特殊，且吸引人，故而，有人開始用民間正時興的裝飾用「翡翠羽」來名之，久而久之，方成正名。

由此亦可知，硬玉類的「翡翠」，不從「玉」字偏旁，主要是從其顏色得名。這種現象，是境外寶石進入中土後，古人命名的一個通例。像前文所敍的紅寶石（紅雅姑）、藍寶石（藍雅姑）……等，均是以色為名，相沿成習至今，但反而成為近代學習者，欲研究西方寶石的一大文字障礙，因為，冠以顏色，常會使人有「先入為主」的觀念，以藍寶石為例，渠雖以「矢車菊」的正宗藍色為貴，但其色澤，卻廣泛的包括黃、白、綠、紫……等不同呈色，如若言之為「黃色的藍寶石」……等，常使人有不知所云之感。而硬玉屬以「翡翠」命名，當然也有這方面的障礙，故而，我們必需知道，硬玉屬中，從不含有色離子的透明白色，到紫色間，就有粉紫、茄紫、青紫、藍紫……等不同的呈色，而代表性的「翠綠」色澤，則更是細分的非常複雜，只有鎮日相玉，以此為業的極少數老師傅，才能娓娓道來！（如圖五十六）

近年，有人從另一說，稱：中國名「和闐玉」中色綠者，為翠玉，緬甸硬玉進入中原，為分辨不是中國的翠玉，稱之為「非翠」，久而久之，就稱為「翡翠」了。筆者浸淫於我國古玉研究甚久，不知我國何時何代，曾稱和闐玉為「翠」，古籍中，自說文解字，以至辭源、辭海，解釋「翠」字，只有：

㈠鳥名，羽美。

㈡硬玉之翠者。

㈢青綠色為翠。

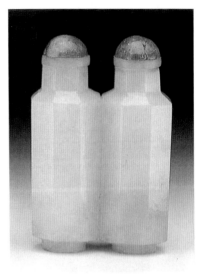

（圖五十六）古人對境外寶石，進入中土，多以色澤命名，但是翡翠的色系，卻極複雜，如圖所示，均爲翡翠煙壺，其中翠色，卻有明顯的不同，只有鎮日相玉，以此爲業的老師傅，才能娓娓道來，我輩欲深入瞭解，則只有一條捷徑，就是——多看實物——。

此三者，皆是從「翡翠」鳥名而來，古籍歷歷在目，何以竟偏信「非翠」之說，虛妄荒唐，實不足辯。

我國將硬玉類礦石，命名為「翡翠」的時間，已不可考，但在千年前的宋朝，就已經廣在民間與大內，有許多藝術製品在流傳了，像歐陽修在歸田錄中，記敘有：

「吾家有一玉罌，梅聖俞以為碧玉，（宋）真宗朝老內監，見而識之，曰：此寶器也，謂之「翡翠盞」。禁中有「翡翠盞」一隻，所以識之。公偶以金環，磨于罌腹，金屑紛紛而落，始知『翡翠』之能屑金也……。」

此為我國目前所知，最早一份有關硬玉類「翡翠」的記載，歐陽修是北宋學者中，較偏重實用之學的人，家中所藏「玉罌」（容器中，大腹敞口者，均可名之為「罌」），明知與一般新疆玉材質不同，也知道梅聖俞認為是碧玉（「新疆玉」呈綠色系者），認知是不對的，卻不知為何種材質，但是，宋真宗朝的老太監，寶物看多了，卻知道是「翡翠盞」；接下來，提到「翡翠屑金」之說，此一說法，在我國玉器界，流傳了幾百年，大家多是人云亦云的附和，卻不知其起源與事實。事實上，這只是一個簡單的琢工問題：在「翡翠」傳入中土之前，我國對白玉的雕琢工藝，已經相當有成就了，但其方法，仍只是傳統的，用解玉砂作介質，來磋玉、攻玉，「翡翠」的硬度，高過「白玉」半度以上，玉工用傳統琢白玉的解玉砂，不能完全得心應手，故而器內某些角度，無法打磨得如白玉般光滑，微小的凸稜、凹槽、毛腳，存在器表，遇到甚軟的真金，必會刮留些金屑，以此傳言成「翡翠屑金」，甚至演變成，用屑金法來檢驗是否為真「翡翠」，則就更為荒唐了，以實際經驗驗證，硬度略高的石材，又要表面不是打磨光滑，都可以把硬度僅不足四的黃金，刮下一些粉屑，反之，用硬度達十的鑽石光滑表面，也不能屑下金屑。

自歐陽修以後，記敘「翡翠」這種玉材的記錄，就多了起來，像：明朝姜紹書在韻石齋筆談中，曾提到一方與「碧玉硯」顏色相近，但卻材質不同的「翡翠硯」，也稱能「屑金」。

　　繼而，明末謝埜在金玉瑣碎中，不但對「翡翠屑金」的說法，提出了質疑，並且明確的指出，翡翠產自雲南、貴州一帶，其文曰：

　　「稗史『翡翠屑金』；或曰：非今之翡翠也，非滇、黔所產之翡翠也，乃前代外洋所產者，方可屑金。」

　　接著，謝埜介紹了一件珍物，是用翡翠琢刻成的螳螂，文稱：

　　「……頭頸翅爪，碧色通透，惟肚腹，上紅下白；紅色者，翡也，白色者，質也，其巧可愛。」

　　這就是我們現在所俗稱，玻璃底的「三彩翡翠」，謝埜能明指翡翠的產地，並指出翡翠螳螂中，紅色部份為「翡」，白色部份為原質地，確對鑒賞金玉，有極高的造詣，但是，他仍迷信古人所傳：「翡翠屑金」的說法，只因為翡翠螳螂，不能屑金，他才懷疑：是不是前代外洋所傳入的翡翠，才能屑金？當然不是！材質就是自黔、滇運進中原的同一種硬玉礦石，其時，已經可以用「俏色雕」的方式，作出碧色通透的螳螂玉雕，證實，當時已經可以把翡翠表面，打磨的極為光滑了，此所以，當然不能屑金！

　　謝埜作金玉瑣碎之時，正是我國玉雕工藝，一日千里的進步階段，陸子剛就在這個階段出世，時稱：

　　「碾玉妙手，造水仙簪，玲瓏奇巧，花莖細如毫髮……。」

　　以此刀工，欲所雕翡翠，內外均打磨細緻，已非難事，但卻無法「屑金」矣！（如圖五十七）

　　其後，歷經清初盛世，自乾隆之後，因海禁大開，西方的審美觀念，直接衝擊我國的一些傳統概念，（像自古，明媒正娶的正室，才能著紅裙，媵妾則不能著紅裙，只能著綠裙……等），而「翡翠」中的上品，確是少見亦難覓，價值日益昂貴，乃至慈禧當權，因渠非正宮皇后，只因生了同治，才得成為太后，與正宮慈安太后，兩宮並尊，此為一生好強的慈禧心中，一大隱痛，故而表明，特別偏愛翠色充足的翡翠，為此心結，還曾誅殺大臣張蔭桓。

　　清末，有能員之稱的張蔭桓，是辦外交的好手，曾奉派為英國維多利亞女皇加冕大典中的清朝慶賀專使，於回程中，在巴黎，購得名貴的「祖母綠」與「紅寶石」戒指各一枚，將價較昂貴的「祖

（圖五十七）古人傳說「翡翠屑金」，主因係：翡翠硬度高過白玉，早期玉工，無法將某些部份，打磨平滑、光亮所致。明末謝肇介紹翡翠琢成的螳螂：「……頭頸翅爪，碧色通透，惟肚腹，上紅下白，紅色者，翡也，白色者，質也。……」已與我們現代所認識的硬玉，完全相同，即如圖示；也因為知識與工藝的進步，翡翠即不能「屑金」矣！

母綠」，進呈慈禧太后，另一枚價格較低的「紅寶石」，進獻光緒皇帝，未料，張蔭桓卻未對慈禧寵信的太監李蓮英，打點周到，致使這心胸狹隘、陰毒的權閹，在慈禧欣賞戒指，顧盼自喜時，進讒稱：「難為他還記得這麼清楚！難道我們竟不配用紅的！」慈禧立時色變大怒；後「戊戌事變」，張蔭桓以帝黨獲罪，已謫貶遣戍新疆，慈禧想起李蓮英的進言，餘怒未熄，仍降詔殺之。

張蔭桓在清末，有能員之稱，亦頗風雅。據傳，渠收藏有書畫名家，「清初四王」中，王石谷的佳作，達百幅以上，故而其書齋，又名「百石齋」，渠既遭刑戮，繼又破家，「白石齋隨黃葉散」

，這是清末，頗令文人雅士惋惜的一件恨事！

　　也因爲慈禧太后，這種不正常的嫡庶心結，所引起的慘案，使清朝後期，宮婦、嬪妃，即常佩飾「翡翠」，以示無漢人的嫡庶歧見，而若慈禧賞賜首飾，則更搶先要求翡翠，以爲表態，致使「翡翠」價格更高，儼然已成大清皇室、官宦家庭中，足以炫人的珍飾之首了。

　　像在翁同龢日記中記紋，渠因任光緒皇帝的老師，故而在光緒大婚時，獲賞戴花翎；得此殊榮，親友賀禮爲：

　　「曾劼剛送玉翎管一、翎一；醇王送玉翎管一，翎一；福中堂翎一、玉管一；……馬得春亦送翎一，翠管一，還之。……。」

　　馬得春爲北京大木商，送禮特重，是一支「翡翠」翎管，也因爲這支「翠管」太貴重了，翁同龢不便收受，才予退還。由此段文字紋述，即可知，清末「翡翠」珍貴的程度。

　　另翁文中記紋「翠管」，亦足證明：「翡翠」名稱的來源，稱始自於「非翠」之說，直是荒唐可笑！

第二章 ◈ 「翡翠」原礦的形成與產出

　　我國早期，對世界的認識，是以「自我」爲中心的思維模式，這源自於「五行相生剋」的理論，有「中」，才會有東、南、西、北，亦如同，有「土」，土即能生金，金生水，水生木，木生火，火生土，是一樣的道理；所以，我們稱自己是「中朝」、「中國」；而翡翠，卻是產自於我國所稱的極南之地，爲蠻荒瘴癘之區，人跡罕至，隔閡尤甚，故而，對「翡翠」的形成與產出，有無數的傳說與傳言，但都是極不科學的。

　　例如：「翡翠屑金」之說，就是一個毫無理性可言的傳說，但卻爲我國正統士大夫、儒士所公認，並長達數百年之久；但如果我們再追溯「翡翠屑金」的謠傳根源，那就更是荒唐了，它竟是「翡翠泄金」的訛傳；因爲古人傳說，羽毛極美，是中土主要飾物的翡翠鳥，是食粟泄金，而「泄金」的傳言，久之，竟訛傳成翡翠玉石可以屑金。屑金之言，已屬荒唐，「翠鳥泄金」，則更是不知從何說起，但卻在我國流傳了數千年，一些號稱淵博的通儒，不但深信之，更筆記之、札記之！

　　故而，我們根本無法從我國古籍中，找出「翡翠」原礦形成與產出的正確記錄，只能從地理位置作分析。

　　首先，自明朝起，大家已經公認，「翡翠」產自雲南，故而習稱「雲南翡翠」。但是，我們目前所知，翡翠的產地，卻是在緬甸，這其中，固然因爲產翠區，深入蠻荒，採玉人得玉後，運到雲南的桂林、騰衝……等，大市鎮來販售，所形成的錯誤認知，但古人所敘「雲南產翠」，卻應該算是有根據的，依據明史所記「緬甸」，文敘：

　　「緬甸，古朱波地，宋寧宗時，緬甸、波斯等國進白象，緬甸通中國，自此始……，洪武二十七年，置「緬中宣慰使司」，以土酋卜剌浪爲使，……；永樂元年，詔設「緬甸宣慰使司」，以那羅塔爲宣慰使，……於是，緬有二宣慰使。……」

　　故而，自明初起，緬甸地區，不但有中朝設置的兩個宣慰使，

而且都劃歸雲南土司轄理，以此言，稱之為「雲南產翡翠」，就地理淵源分析，當算不訛！

而從歷年這個地區「宣慰使」的進貢記錄來看，多以象、馬、象牙為主，並未提及「翡翠」，因為，明朝皇室，所重的珍寶，除了上品白玉外，更以緬甸、錫蘭……等地所產的紅寶石、藍寶石、黃寶石、碧璽、貓兒眼……等各類寶石為主，並不重視「翡翠」，參諸史料，證明紀曉嵐所敘清初時，「翡翠」尚不受時人重視，確是信言！

其實，翡翠的生成狀況，並非有何神奇，而是與一般礦石相同，都有一定的生成條件；像「鑽石」，是在地層深處，純碳經過極高溫度，極高壓力的特殊環境下，結晶形成的。而「翡翠」，卻是由礦石中的一種「鈉長石」（化學成份為$NaAlSi_3O_8$），在不是高溫，卻是極高壓力下，形成「去矽作用」（即分析出部份二氧化矽），就形成硬玉礦石的鈉鋁矽酸鹽類（$NaAlSi_2O_6$）。但是，這個壓力，需要極高極高，一般人力，絕對無法達到，即使在地層深處，足以達到，但卻因為同時會有高溫，反而不會形成翡翠，故而「翡翠」，必需要有特殊的地理環境條件，才能形成，形成的條件：

「必須是地殼運動比較強烈的地區。」

因為，我們目前所知，也只有地殼板塊移動、擠壓，所產生的巨大壓力，方足以形成硬玉礦石，同樣的，我們也知道，整個地球上，地殼板塊運動頻繁的區域，多是「地震」頻仍的「地震帶」，以此分析，地球上產出硬玉礦的區域，不論是中南半島的緬甸，或是日本，甚至蘇俄、哈薩克，美國加州，及墨西哥等地，都是地震頻頻發生的區域，亦足證實，硬玉礦的形成，確實需靠地殼板塊擠壓的鉅大壓力，才足形成；但是，並非所有的地殼活動頻繁區域，都有硬玉礦，因為，他還需要有大量的「鈉長石」，生成在幾千億年前，並且要生成在地殼淺表的適當位置，故而，我們只能說，產「翡翠」的地區，必多地震，但眾多常有地震的區域，卻並不是均產「翡翠」。

我國起源於上古，即有陰陽、五行、八卦之說，至易經而總其

成，後至春秋時代，開始發展出了「風水地理」的理論，繼而傳衍至兩宋，在「風水地理」中，又附會出了：「陰宅陽宅的地理、風水合宜，可蔭及後世子孫」的立論；以陽宅的地理觀點而言，有許多是古人住居衛生的生活經驗，只是附會陰陽、變異之說，有的可信，有的則不可盡信。

但在各家派的「堪輿風水」理論中，卻都有「地氣拔盡」之論，像指稱：

「安徽、鳳陽地瘠人貧，且又常遭天災，鄉民只有淪落四方，靠『打花鼓』乞討為食，主要是因為出了朱元璋一個開國皇帝，將秀氣拔盡所致……」。

雖係齊東野語，似不足採信，但以觀「翡翠」，這種珍寶的產地，卻多是地震頻仍的貧瘠地區，是否亦是這種珍稀的礦石，已將「地氣拔盡」？

雖然，我們只能簡單的敘述硬玉類礦石形成的大致原因，但實際情形卻是複雜萬端，即以硬玉礦的形態，就可略分為兩大類：

第一類、原生礦：即硬玉礦形成後，混雜附著在岩石中，形成礦床，有的呈片狀，有的呈脈狀，多生成於地形較高處，可鑿石採取，但卻不見「風化外殼」（即俗稱的玉皮）。

第二類、次生礦：即是原生的硬玉礦形成後，由於地殼的變動，使礦床斷裂析出，隨雨水沖入河流一帶，經過極長期的自然風化作用，使這些單獨的硬玉礦，其中的「鐵離子」成份，逐漸析出表面，而成為「氧化鐵」，使礦石呈現出黑灰、或黑黃色的玉皮，這一類翡翠，即是行家俗稱的「泥沙皮」礦石，雖屬「次生礦」，但也歷經了數十萬年之久，是為「古河流次生礦」。而另一種硬玉礦石，雖也自「原生礦」中，經地殼變動，隨雨水沖入河流一帶，但是，因為受自然風化的時間短，沒有形成「泥沙皮」，故而外表較光滑，那就是我們選玉過程中，所謂的「水皮」了。（如圖五十八）

也因為，近兩百多年來，硬玉屬中的上品「翡翠」，在以中國人為中心的廣大社會中，身價鵲起，而礙於地理位置的分佈，不論

（圖五十八）翡翠原生礦，經過自然侵蝕，被沖入河床中，歷經千萬年的風化作用，使其中「鐵離子」，逐漸析出，成爲「氧化鐵離子」，形成黃、褐、紅，或黑的玉皮，爲翡翠行家所稱的「泥沙皮」，即如本圖所示；如若礦石被沖入河流，受自然風化的時間短，沒有形成「泥沙皮」，即爲我們所稱的「水皮」了。

日本、蘇俄、美國、澳洲……等，有硬玉礦的區域，都距中國極遙遠，致使緬甸硬玉，成爲一支獨秀的產區；可是，一般腰纏萬貫的買家，不可能到窮山惡水的礦區選購原材，故而，早期的雲南幾個大城鎮，就成了採玉人運玉下山的集散地，也因爲原生礦是呈礦床形式存在，又多生成在山顛，極不易開挖搬運，故而早期都以一顆顆的「次生礦」，爲主要的交易對象。但是，自深山峻嶺中，運輸

笨重若石的礦石下山，極費人力、物力，如若採選不當，不但血本無歸，甚至有凍餒倒斃山谷之虞，因而，相沿成習的演變出了一種特殊的礦石交易方式，即是：不論「泥沙皮」、「紅皮」、「水皮」的各類「次生礦石」，運到集散地後，均僅磨出一塊小窗口（行家稱爲「水口」），買家就只能從這一小片，切去玉皮的硬玉礦石中，判斷其中顏色的分佈與形狀；不含雜質的純色，不值錢；紫色，不值錢；花綠，不值錢；色翠綠而質地太粗，也不值錢；而若從「水口」中，看見綠色，則此璞要價必高，但此綠色，若僅爲一小片，只是俗稱的「片色」，而不是呈團塊狀的「倉色」，則此買家，必然血本無歸；然若整塊礦石內部，不但翠色多，且色、勻、形、透，一應俱全，則「班生此行，無異登仙」，以一璞之微，而成鉅富矣，因爲選「璞」的風險太大，故而有「神仙難斷寸玉」之諺。

也因爲買翡翠原石的風險太大了，致使許多神怪傳說，不逕而走，惟均荒誕不經，毫無科學依據，但如若攏記，十數萬字亦不足盡言，筆者曾戲言：「北客探參，南客探翠」，禁忌、避諱特多，實因珍品難求所致。以我國人民習性，凡生命、財富愈不定時，迷信、傳說即特多，以此言，近代工商社會愈發達、愈緊湊，相對的投資風險愈高，商人輩迷信的比例愈多，良有以也！

但若僅從選購硬玉礦石的傳言分析，依筆者所體會，無一爲眞，甚至連傳說中，選玉材達數十年的老師傅，爲人恭維爲「神眼」、「鷹眼」、「鬼眼」……者，依筆者的接觸與觀察，多是虛妄，若有者，也僅只是比一般人多了一些經驗而已；可是，硬玉「次生礦」的形成，千奇百怪，諸多經驗，也不可能完全涵蓋，更遑論僅憑一窗，即可預知內涵翠色的多寡，故而，仍以碰運氣爲多。

近年，因爲緬甸政治制度的不同，原則上，各類硬玉礦，均收歸國有，爲求得更多外匯，多已將玉材切開標售，以供人選購，甚或將上品翡翠，切成薄片，供人挑選，如此，買玉的風險減少了，但許多良材，卻只能作婦女腕鐲、戒面、牌飾……等，難以雕作出具有藝術性的鉅作與佳作了。

第三章 ⊕「翡翠」的種類與分級

　　雖然,「翡翠鳥」有:雄鳥羽赤紅,曰「翡」;雌鳥羽青綠,曰「翠」的分別。但是,就翡翠礦石而言,長期以來,均只有翠色為上品,其餘色澤,不論黃、紅、白、紫……,均稱雜色,無甚價值。近數十年,審美之風大變,紫色漸為人喜,暱稱之為「紫羅蘭」;「紅、綠、紫」或「紅、綠、白」三色共生者,暱稱為「福祿壽」或「三彩」;甚至紅翡,亦為人所喜。但不論價格如何哄抬,均仍無法與正宗的翠色相比,故而:大家目前所習稱的「翡翠」,不再是指單色、兩色或多色的硬玉,而僅是指翠綠色的硬玉了。民間早已習慣如此引用,筆者亦不能免俗!

第一節 ◎「老坑翡翠」與「新坑翡翠」

　　有關翡翠的種類,在早期市場上,只單純的分為「老坑種」與「新坑種」兩類,所謂:

　　一、「老坑種」翡翠:一般人只是夸夸其談的說,所謂「老坑」,是指早在一、兩百年前,就已經發現、開採翡翠的坑洞,這些區域,產出的翡翠,質細色翠,「水份」又足,多是上品,故而「老坑種」的翡翠,就是上品、極品翡翠的代名詞。

　　二、「新坑種」翡翠:則是泛指百年以內,所開採的新礦區,因為好礦材的區域,都早已經被選用,成為「老坑」,故而「新坑種」的翡翠,就比較差了,不是「有色無種」,就是「地子」極差的「豆種」,……等。

　　這套理論,似乎言之成理,但卻經不起質疑!

　　首先,硬玉礦的礦床,是經過特定的自然作用所形成。以翡翠的好壞、優劣而言,係決定於礦脈形成時的環境因素,與礦脈形成的時間(此時間為數萬年,至數十萬年),而與礦區發現的早晚,似乎無關,筆者曾詢問多位相玉、雕玉的老師父:

　　「何以說,『新坑』就沒有好翠?以開採的先後,來定『老坑』、『新坑』,是否科學?有何種比較合乎邏輯,讓人心服的立論?」

　　他們大多結舌以對，甚至還有人答稱：「『新坑』出了上品好翠，就是所謂『老坑』啦！」不通以至於斯；故而，筆者驗證出，翡翠以「新坑種」、「老坑種」來分，完全沒有科學依據，而且多少帶有一些，「內行人唬外行人」的意味，確是標渺之言！

　　可是，在前文中，提到的一些品鑑「翡翠」的行話，卻仍在目前市場上採用，像：「水份」足；所謂「水份」，是指翡翠的透明度，以往，多數翡翠商販傳稱：硬玉「次生礦」，多是採取自河流中，因為長期浸泡在溪流裡，水份進入了翡翠內部，故而透明度特好，因而以「水份」，來稱呼「翡翠」的透明程度……。這更是無稽之談，因為現代礦物學的知識，已經告訴我們，「翡翠」的基本成份，已是固定，色澤差異，僅在於色素離子的影響，礦石長期浸泡水中，只能產生風化與分解作用，水份何能進入礦石的結晶體中？此實因為玉販知識淺薄，所謂「內行人講外行話」也！可是，「水份」一詞，卻已成了翡翠市場上的慣用語，又稱為「水頭」，均是指翡翠的透明程度，像透明度差的，我們習慣會說「水份少」或「水頭短」，而透明度高的，則為「水份足」或「水頭長」了。

　　除了「水份」之外，行話還有「地子」一說，所謂「地」，就是指「底」的意思，也就是說：翡翠，袪除了綠色部份，所剩留下來的品質與呈色，略有西方繪畫中，「底色」的涵義，這一部份，關係翡翠的品質甚大，像我們習稱的翡翠「地子」有：

　　豆青地：一種不透明，卻又帶有黃色系的「地子」，材質中，可見晶體顆粒，如豆狀，品質粗窳，是較不入流的翡翠地子。

　　瓷地：乳白色，不透明，如瓷器般的地子；如若材質緊密，結晶顆粒小，再掛上些呈團塊狀的翠綠，就是俗稱的「白底青」了，這類玉材，因為乳白色澤的襯托，翠色特顯，在清朝後期，尤為士大夫等文人所喜用。

　　油地：半透明，但底色中，略帶灰藍色，會使翠綠呈色，變的較為陰暗，影響了翡翠的品質。

　　藕粉地：也是呈半透明狀，但底色中，卻略含淺粉或淺紫色，常使翠綠變成較鬆散的淺綠色，為惟一的缺點。

　　冰地：即地子透明如冰塊狀，如果加上純正的翠色，即為上品翡翠，極為難得。

　　玻璃地：不但透明，而且明亮如玻璃般，為極品翡翠的標準「地子」，如若能配合上純正的翠色，則為極品矣，雖有斗金，亦難購得。

　　此外，我們也常聽到「有色無種」，所謂「色」，當然是以「翠綠」為主，容下文分析。如若一塊翡翠玉石，色澤純正，但是質地粗鬆，透明度又差（水頭短），在翡翠市場上，就稱之為「有色無種」；故而，翡翠行家所謂的「種」，就是泛指玉石的材質與透明度，但是，如若「種」好，表現出來的品相，已接近琉璃的程度，但卻無色、或雜色、或綠色不足，我們則就稱之為「有種無色」了；故而，上品的翡翠，必須是「色」、「種」兼具，如果翠「色」，純正收斂，而玉「種」，已近乎玻璃般的密緻、透明，就是「萬難見一」的極品翡翠，如若是小件作品，如馬鞍、戒面等，偶尚可見，但若大到一只翠鐲，即為無價之寶矣！從此亦可知，所謂「地子」與「玉種」，可以說是翡翠材質的一體兩面，只不過由「玉種」中，分出不同等級的「地子」，以供鑑賞。

　　目前，市場上，常以綠玻璃，偽作翠鐲（行話稱玻璃為「料」），這種贗品，模仿再像，筆者一望即知，但卻無法言傳，筆者習稱那種光澤、顏色，為「妖色」，極不正統，但一般人，卻難以分辨；惟玻璃比重較輕，入手亦當可知；而且，玻璃係由高溫融製而成，細予觀察，內中必有不正常的波狀流紋，與微小氣泡，不難分辨。（另翡翠，因係礦石結晶構造，斷裂面，呈不整齊的毛邊狀，而玻璃斷裂面，卻極光滑，此法雖易分辨，但似乎尚無人用此方法，來鑑賞價值鉅萬的極品「玻璃種翡翠」，一笑！）

　　既然，除了「色」正以外，翡翠的「種」，也是重要，但因為硬玉礦本身，就是多晶體的礦物，如果組成的晶體太粗，結合成類似短柱狀，在橫剖面下，可以用肉眼看出，晶體與晶體的邊界，像是一粒粒的綠豆，就是我們所習稱的「豆種」了，這種玉質，水頭必差（不透明），行家稱之為很「乾」，是屬下品玉材，但若細分

，又有糖豆種、冰豆種……等級，以至於最差最差的「粗合豆」（由此名，亦足知豆粒之大了）。硬玉原礦中，色、勻、形、透，均屬上品的，確是不多，一般材質，多以「豆種」居多，故而販玉行家，常嘆稱：「十有九豆」！

近年，依據我們走訪礦區所得，因為緬甸政府，實施「玉礦國有化政策」，均由國家販售，而因緬甸缺乏外匯，開礦的工程，都呈如火如荼般的展開，不論緬茂、潘茂、南山茂等地的原生礦，或烏龍江及其支流，溪谷中的次生礦區，產量都極大，有人戲稱：如此挖法，不出幾年，礦藏必竭！

但是，依據緬甸政府所提供的，礦帶探勘資料分析，依目前，每年數十萬公斤的開採量，再過兩、三百年，也絕對開採不完，近年，華人社會日趨富裕，故而香港珠寶商人，刻意哄抬翡翠價格，並到處喊稱：「緬甸翡翠將竭！」此為不正當的商業宣傳手法，依筆者手頭資料顯示，絕非如此！

也因為，早期認知的不足，多習慣將翡翠，分為「新坑」與「老坑」兩類，從前述中，我們已可知，如此分類的荒謬，但是，「因錯就錯，積習難改」，目前，已成為翡翠市場上的共同言語，尤其在這種既古老又傳統的珠寶行業中，不以「老坑」、「新坑」來分辨玉材的好壞，似乎已無其他語言，故而筆者認為：既然如此，我們不妨將原來的「新、舊礦坑」觀念，作一修正，爾後，品評翡翠，只要「地」是冰種以上，而色又翠綠正統的，我們不妨以「老坑」稱之，其餘的，只能概略稱之為「新坑種」了；事實上，許多相玉、雕玉的老師傅，就已經是用這種方式，來分別玉材的好壞了。筆者曾找了一小塊，新開採原生礦中的上品硬玉原材，拿給一位號稱老師傅級的相玉專家看，他仔細相看過後，再三盤摩一番，就斷然說道：「不錯，老坑種，算是好東西嘍！」故而，如果我們揚棄早年，師徒相傳，老礦坑、新礦坑的不當說法，純以水頭、地子、顏色來分辨翡翠，「老坑」與「新坑」之間，仍是可以有一番「柳暗花明」的新定義！

可是，如果你常進翡翠礦區觀察，就會發現，在溪床上採集到

的次生礦，出好翠的比例，確是多於原生礦床所產，這其中，有許多似是而非的口訣，在探玉人口中流傳，似乎莫莫乎其神，但卻多是沒有科學依據的傳說，比較能令人信服的說法，倒是地質學家的解釋：

「翡翠中的上品，必定是礦體結晶密實；像『豆種』翠，晶體的接合處，用肉眼都看得出來，就不是好『翠』；而『次生硬玉礦』，本來都是『原生礦床』，只是長遠中，遭到風化，被水流沖積搬運到溪谷、險灘，這些次生礦，在長期水流搬運、沖積，以至沈積的過程中，結構粗窳、鬆散、有隙縫……等，品質差、有缺陷的原礦，已經被大自然風化、侵蝕而去，經過了這種長時間的自然淘汰與過濾，次生礦出好翠的機會，多過原生礦，也就不足為奇了……。」

這也就是，所謂泥沙皮、水皮的礦石，比原生礦，較易出好翠的原因；惟原生礦，仍有出好翡翠的機會，事實也證明，確是如此！

第二節◎玉「種」的分類

除了前述翡翠的「老坑」、「新坑」之分外，還有人概略的以翡翠生成品相，來作分類，像前述，大家熟知的「豆青種」與「白底青種」外，還有：

一、油青種：這種「翡翠」，常有好「地」，但卻翠色不正，因為地子中，含有灰、黑色，使呈色發暗，翠色不揚，而不夠鮮艷，但也因為這類玉種，結構細緻，可以打磨出油亮般的光澤，所以俗稱為「油青種」，「油」與「青」，為這類玉種的品相特點，行家選用這兩個字，極為傳神。

二、花青種：這是翡翠材質中，最常見的一種，「地子」可粗可細，也可能帶有淺綠、淺黃或紅紋，但其上的翠色，卻是呈不規則的分佈，有的呈脈狀，有的呈絲狀，有的則呈點狀，但大多數，卻像是綠色顏料，被滴入水中，呈氤氳的狀態，這些呈色品相，我們都稱之為「花青種」，在目前市面上，極常看到，多屬中、下品硬玉材中所採出。

　　但因為「花青種」翡翠，所呈綠色的濃、艷、深、淺？分佈的是否均勻？「水頭」是否足夠？「地子」中，是否有其他雜色影響？故而，仍有一些等級差別，像：「豆底花青」、「油底花青」、「馬牙花青」……等；筆者曾在一翡翠公司中，看到一件「冰種花青」，翠色雖呈脈狀分佈，但色澤夠艷，且地子極好，不見雜色，水頭又足，已經算是一塊相算好的「花青」了，不料，該店自稱師傅級的經理，居然向我介紹，這是高檔上品的「白底花青」，把我嚇了一跳，只有唯唯而退；市面上，對翡翠不懂，卻又硬充內行的人，確是不少！因為，筆者從未聽過有什麼「白底花青」，如若地子，是不透明的乳白色，再掛上不規則的翠綠，那不就是「白底青」了嗎？故而，就「花青種」的翡翠而言，有「豆底花青」、「油底花青」……等，就是沒有「白底花青」，因為她已經被命名為「白底青」了。（如圖五十九A、B）

（圖五十九A、B）本圖所示，即為「花青種」翡翠，這類翠玉，在市面上，極常見到，但因「底子」的不同，有「豆底花青」、「油底花青」……等多種。本圖A，即為價值不高的「豆底花青」。圖B，則為「油底花青」。

　三、金絲種：嚴格的說，這類翡翠呈色，也是「花青種」之一，但販玉行家，爲她取了一個極好聽的暱名，而便於銷售，她也是在不同的硬玉「地子」上，分佈不均勻的翠色，其他的分佈狀況，都歸類爲「花青種」，即如前文所敍；但若翠色，呈一絲絲、或一片片，而又作平行排列的，就是俗稱「金絲種」的翡翠了；故而，我們亦可得知，如若平行的翠色條帶或絲帶，既濃又密，而且顏色鮮艷，水頭若再充足，必屬上品，但若是平行的綠紋，既淺又稀，或水頭不足，地子乾澀，則就屬下品「金絲種」翡翠了；許多人不明就理，因文害義，從字面上解釋「金絲種」翡翠，就是：「翠玉中，偶有紅、黃紋經過，像金絲一般，會顯得翠色很美，就是『金絲種』翡翠！」，這是完完全全不對的生意人說法。（如圖六十）

（圖六十）本圖所示翠玉，即有「金絲種」的特徵，其上翠色，若呈「平行」的絲、條、片狀，我們都可稱之爲「金絲種」翡翠；但有商人，以翠玉中的紅、赤、黃紋，稱爲「金絲種」翡翠，則是謬之千里！

　　因為玉材中，若出現不同的色紋，或割裂紋，基本上，從鑑賞翡翠的觀點來說，已經是缺陷了，如若不是「俏色雕」，何來美感可言？但是，各類玉紋，對玉質的影響，仍有差別，像：

　　割紋：它是在「翡翠」形成時，晶體與晶體間，結合不夠緊密，所顯現出來的紋路，如若是小件成品，用銅板輕擊，仍會發出清脆的聲音；這種「割紋」，表示玉質的結構，雖然有脆弱處，但卻不是裂紋，故而，行話稱之為「割紋」。（如圖六十一）

　　裂紋：它是玉材在形成後，地殼變動，產生擠壓的剪切力，使礦床產生裂紋，雖然也是自然力造成的，但卻可能形成「閉口式裂紋」，一般而言，這種裂紋，不論是否有雜色滲入，打磨去玉皮，細予觀察，不見裂痕，用手細撫，也感覺不到裂痕的存在，這就是所謂「閉口式裂紋」。基本上，這類玉紋，與「割紋」相同，尚不易斷裂；可是，若用手輕撫，紋線不光滑，就是「張口式裂紋」，這類玉材，不論在切、割、雕、琢、打磨，甚至使用過程中，都有隨時斷裂的可能，自然是玉材的重大缺陷。

　　故而，打磨去玉皮，細觀玉材紋路，予以分析，是相玉的重要

（圖六十一）本圖所示瓜稜形鼻煙壺，其上礜紋，即為翡翠行家所稱的「割紋」，這是在翡翠形成階段，晶體結合不夠緊密所致，雖使玉材變得較為脆弱，但用金屬輕擊，仍可發出清脆聲，在翠玉材中，均可常見，對材質影響不大。

步驟，左右整塊玉材的使用方式，與雕琢切割方向，行話稱之爲「去皮問紋」，相玉者的功力高低，足可在此顯露。

可是，製成品卻不同了，因爲，商人常用蠟等塡充物，將裂紋補平，使人不易察覺，但若紋中有色，無法抹去，就謊稱爲「金絲紋」，實爲荒唐、可惡！（如圖六十二）

翡翠的種類，除了前述以色澤來分類外，更有一些用質地分。筆者嘗言，我國自古就從來沒有發展出一套完整的地質學分類，對白玉、硬玉的品鑑，也多是些經驗法則，其中，偶有些珍貴立論，但在「口耳相傳」的「師徒相授」中，卻常常以訛傳訛的，弄出一些怪理論；就以翡翠的分類而言，既有「老坑種」、「新坑種」，以新舊礦坑，作分類的怪誕說法。繼而有「油青」、「花青」、「金絲」……等，以翠色呈色與分佈的不同，來作分類。此外，還有以「地子」的特殊，來作分類，像：

一、馬牙種：「馬牙」者，不是指翠色的好壞，而是先認定翠色，已經到了不錯的程度，而材質，也不見「豆種」的顆粒，但是，卻不透明，似乎是水頭不足，可是，這類玉種，卻材質緊密，像是細緻的瓷器一般。早期，運送玉礦石，都依賴獸力，像騾、馬、

（圖六十二）本圖所示，即爲玉材中之「裂紋」，有「開口式裂紋」與「閉口式裂紋」之分；從圖示光線反射，可見裂紋的縫隙，此種裂紋，爲玉材的重大缺陷，在切割雕琢中，有斷裂之虞；分辨「割紋」與「裂紋」，是相玉者的重要任務之一，由此亦可顯現相玉者的功力。

驢……等，這些食草的牲畜，牙齒外裹的琺瑯質，質地甚佳，故而，玉工自然而然的，習稱這類玉種爲「馬牙種」。「馬牙種」翡翠，在「地子」中，常會含有絲絲白色，摻雜在翠色裡，降低了她的價值。（如圖六十三）

　　二、芙蓉種：這種玉材，透明度很好，但在質地結構中，有類似雲絲狀的白絮，這是由於一般「豆種」或較差的硬玉，經過地質變化，形成了「再結晶作用」，而呈現的「地子」，故而均較通透。這類玉種所帶的翠色，也因爲「重結晶作用」，而多顯爲淡綠；如若不帶黃、灰色，則就是「芙蓉種」的上品，如若其中，有深青色飄浮，則多稱爲「芙蓉起青根」，如果深綠色，呈不規則的散佈，就是「花青芙蓉」了。（如圖六十四）

　　芙蓉，在我國，泛指兩種植物，其一是落葉灌木，秋半開花，有黃、白、紅等色；另一種，則是稱我國傳統的蓮花（荷花）；爲了區分，常稱前者爲「木芙蓉」，後者爲「水芙蓉」；故而，我國有「芙蓉出水」或「出水芙蓉」的成語。若以此言，荷葉初舒時，色呈淡綠，嬌艷鮮翠，以此比喩「芙蓉種」的翡翠，確是貼切無比。

（圖六十三）「馬牙種」翡翠，乃是指玉材的翠色，已經到了不錯的程度，但材質卻不通透，而又不見「豆種」的顆粒，只見材質緊密，似如瓷器般光滑細緻，因渠類似馬牙的琺瑯質，故而，名之爲「馬牙種」。

（圖六十四）「芙蓉種」翠玉，透明度比較好，故而，「地子」均較通透，因爲，這類玉種，是「豆種」或較差的玉材，經過地質變化的「再結晶作用」所形成，因而內部會有雲絲狀白紋。其中，以淡綠色爲上品，若僅爲深青色飄浮，則爲「芙蓉起青根」，即爲本圖所示。

　　三、雷劈種：這類玉種的地子，一般都不錯，可是，卻有一些不規則的裂紋，像是被雷劈過一般；形成這類裂紋的成因，除了炸石造成的振動外，最主要的是，翡翠原礦露頭（露出地面）後，長期受日晒雨淋，內外冷熱傳導不均勻，形成內應力，而使礦石結晶裂開，這是屬於「張口式裂紋」，使用或佩帶久了，可能形成斷裂或剝落，故而，不論色、形、勻、透均佳，但仍屬次等翡翠。

　　早期，開採玉礦的人，常在露頭的礦石中，發現此一現象，誤認爲，礦石曾遭雷劈所形成，故而名之爲「雷劈種」，其實，細予分析，這些礦石中，細小裂紋的產生，是因日晒雨淋造成，勉強稱之「雷劈」，誰云不宜，只是名稱駭人，故而現今市場上，多稱之爲「牛毛紋」。（如圖六十五）

（圖六十五）本圖所示，即爲「雷劈種」翡翠，色澤與地子均佳，但細予觀察，其上有許多不規則的細小裂紋，這是由於硬玉礦露出地面後，長期經過大自然的日晒雨淋，內外冷熱傳導不均勻所形成。切割、雕琢，或佩戴時，容易剝落，爲玉材的缺陷。

第三節◇評鑑「翡翠」的方法——色、勻、形、透

　　市面上，有「翡翠」區分等級之說，平心而論，這是一種偏重於商業行爲的分類。當然，有了等級標準，商品的價格，才有依據，確是一件好事！可是，以翡翠而言，正如前文所紋，她不可能有完全相同者，而左右她的品質，卻又有「地子」、「水頭」、「色澤」、「分佈」、「濃淺」、「大小」……等，諸多因素，故而，要想像世界四大寶石（鑽石、紅寶石、藍寶石、祖母綠），訂定出一套國際上通行，且又都認可的等級標準，確是戞戞乎何其難也；而且，若欲訂定「翡翠」的等級，必需要有類似標準器的實物，供人比對；方足令人信服！可是，以翡翠的差異與多變，何者可以稱爲標準？是否能讓人信服？都是不易解決的「死結」。

　　但是，奇怪的是，市面上的「翡翠」分級，卻是大行其道。筆者深入瞭解研究，這些分級中，多是將翡翠的顏色、濃度、透明程度、均勻程度，分成不同等級，再把所欲比較的翡翠，套放進去，就可以分出等級來了。這種方法，對外行人來看，似乎很合理，可是，筆者卻深知：翡翠如果能這麼容易分級，就沒有什麼神奇之處了；像市面上，以「顏色」分類，有：特佳、次佳、尚佳、尚可、略差、較差、甚差、特差、極差……，這些都僅是客觀的形容詞，卻見不到主觀的標準；而又如，評論「色澤」，稱：「純正綠色」、「帶藍綠色」、「微灰綠色」、「微黃綠色」……等，更是值得商榷，因爲：

「標準在那裡？是以光譜呈色作比較嗎？」

此外，如顏色濃淡中的「極濃」、「很濃」、「較濃」、「偏濃」、「略濃」……等，或翠色均勻程度的「極均勻」、「很均勻」、「甚均勻」、「較均勻」、「尚均勻」……等，直似在玩文字遊戲，使人頭昏腦脹，尤其令人驚詫的是，雖然各家的分類比較方式，都大同小異，可是用實物作試驗，在此家，可能是：

「顏色濃淡：偏濃。翠色：尚均勻。顏色：尚佳……。」

而在另一家，則可能是：

「顏色濃淡：略濃。翠色：較均勻。顏色：尚可……。」

可是從你購買的那家，等級一定最高：

「顏色濃淡：很濃。翠色：很均勻。顏色：特佳……。」

其實，這並不令人混淆，簡而言之，這只是翡翠買賣的生意經而已，如果你真的瞭解翡翠，很容易就知道，什麼是「東西真的好，又便宜！」，什麼是「騙外行，亂開價！」了，所以，有關目前市面上，「翡翠」分類分級的資料，在沒有統一與經過公眾認定之前，筆者在本書中，一概不列，並非筆者不知，而實是：「君子有所不為也！」

更何況，不看實物，僅憑文字介紹與圖片，就可教人分別翡翠的等級？尤其，翡翠已列入上品、極品，優劣、差異，僅在一線之間，圖片何能表達？筆者實是不願自欺欺人，自誤誤人！

但是，識者若問：「難道翡翠的好壞，根本無從分辨？」事實也不是如此，從許多終生與「翡翠」為伍的老師傅口中，可以得知，相看翡翠的好壞優劣，在於「色、勻、形、透」四個字。

色：是指翠色。在「地子」中，不含灰、黑、黃、紫等雜色，而使翠色污染變色，那是一種純正的翠綠，仔細審視，直有種汪洋一片的翠綠感，即為上品翠色。（如圖六十六）

勻：則是指首飾用翡翠，一片翠色，不見雜質、白紋、絲紋，或雲狀結構，綠就是綠，翠就是翠，不會有顏色的濃淡、陰影顯現，就夠得上「勻」字了。

形：是指形狀言，這一條件，比較偏重於商業性；翡翠上品，

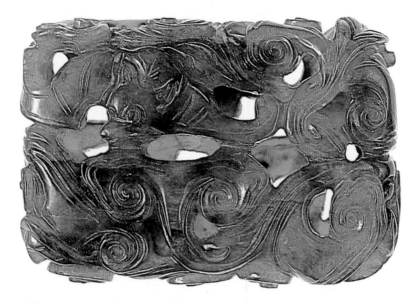

（圖六十六）本圖所示，即上品翡翠，所呈現的翠色，是一種純正的翠綠，而且，本器也稱得上綠色均勻。但地子略差，即有我們俗稱「水頭略不足」的現象，但已經稱得上是「上品」翠玉了。

　　愈大愈少，故而，愈大愈珍，此乃不移的事實，因而，同一類似品質，形體愈大者，必愈珍貴。全翠的冰種戒面，尚可常得，但若是胸飾牌，面積大了數倍，則就不易常見了（極薄片除外）。如若你曾看過那一幅有名的慈禧太后油畫像，雖然，油畫較不易表現小件首飾，但你只要看她左右手所戴的「玻璃種全翠鐲」，就可以知道「什麼才是國寶了！」可是，近人頗多妄者，常以高價，購得翡翠珠串項鍊，而洋洋自得，固然，上品翡翠珠串，已是難得，但尚可從不同卻類似的材質中湊得。尤其許多珠串，根本是由上好翠件的「下腳料」雕琢湊成。筆者絕無意批評上品翡翠珠串項鍊不值錢，要知翡翠難得，上品翡翠，更是難覓，能湊成珠串項鍊，當然價值不菲，可是，不論珠粒再多，卻終不能與一環，同質地的整個手鐲相比，此即為「形」受到相玉專家重視的原因。

　　透：就是指翡翠材質的透明度，也廣義的包括：玉種不含其他

雜色、雜質，光線能夠直接透過，而不只是反射，大約我們所稱的「冰種」、「玻璃種」翡翠，多可達到這種標準。只是，硬玉中，能達到這類品質的礦石不少，卻不甚值錢，因為，若沒有翠色與生成均勻的配合，只能稱之為「有種無色」，也因此，「透」的條件，方列為上品翡翠要件中：「色、勻、形、透」四項之末。可是，若翡翠色、勻均佳，但「透」的條件不足，常使翠色，因不足透光，而顯得沈鬱、悶暗，對翡翠的品相影響，還是非常的大。（如圖六十七）

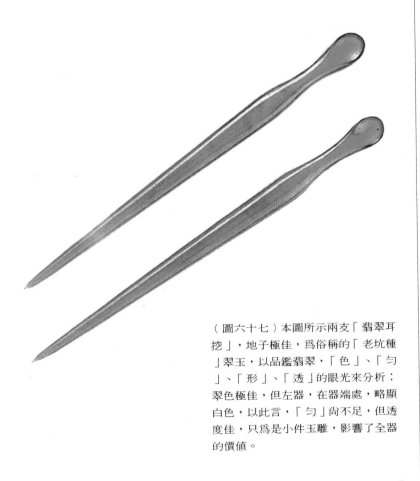

（圖六十七）本圖所示兩支「翡翠耳挖」，地子極佳，為俗稱的「老坑種」翠玉，以品鑑翡翠，「色」、「勻」、「形」、「透」的眼光來分析：翠色極佳，但左器，在器端處，略顯白色，以此言，「勻」尚不足，但透度佳，只為是小件玉雕，影響了全器的價值。

第四章 ◈ 翡翠的鑑定

翡翠即翡翠，為何本章尚需稱之為：「翡翠的鑑定」？乃因翡翠的價值太高了，故而稱偽、作假、染色、偏色、燒烤……等，不一而足，其目的，在提高玉材的價格。辨別這些作偽的手法，美其名曰：「翡翠的鑑定」。

筆者作「古玉簡史」數十萬言，以敘述古玉器為主，從前文中可以知道，自西漢始，佩帶上古出土玉器，以為徵身、厭勝，就已經很普遍了，也因為這種習慣，使作偽古玉器的玉匠，有了存在空間，再加上，我國自古以來，對玉材的定義、成份，一直沒有確定的標準，致使出土玉器，何謂「沁色」，何謂「質變」，何謂「土染」，何謂「玉材原色」，都是眾說紛紜、莫衷一是，再加上，不同材質的美石、似玉，入土所受的沁蝕品相，完全不同，更混淆了我們對玉器入土受沁的認知。所以，自宋朝以後，作偽古玉的行業，就已經很興盛了，目前，市場上偽古玉泛濫的程度，已不只是魚目混珠，而已經到了「以偽為真」、「真假莫辨」的程度，但筆者卻未寫出古玉器的作偽手段，為何？主要是，偽古玉器的仿作、偽作自宋以後，近千年來，已經吸附在我國玉器文化中（直接的講，可以說，已經融入我國玉器文化中），難以區隔，而且自宋以後，偽玉入土，古玉重刻……等，已形成真假難辨的情形，故而有人稱：

「玩古玉者，先是被別人騙，繼而是自己騙自己，然後是騙別人！」

這誠然有一部份實情，但卻不一定都是故意的，像：「被別人騙」言，「別人」對玉器的認知程度有多高？如果不高，認為是真品，何謂「被騙」？而「自己騙自己」、「騙別人」，也是同樣的道理！

但是，翡翠的作偽，就完全不同了，簡而言之，它是一種惡劣的斂財、欺騙行為，欺騙那些對翡翠有憧憬，卻又不識貨的買家；並且，由於近代工商業社會競爭的激烈，人性的貪婪，更使製作偽假翡翠的行為，變本加厲，筆者曾遇一案：

　　某友，自香港某珠寶公司，購得一翠鐲，言明上品「Ａ貨」，如若不對，可以退貨還錢，當然，價值不菲。返台後，經人鑑定，爲「脫色補膠」的「Ｂ貨」（如註），既與當初所言不符，當然可以要求退貨，但是，送回到該珠寶公司時，該公司經理，看了又看說：這隻玉鐲，確是「Ｂ貨」，但我們當初賣的是「Ａ貨」，這隻玉鐲，已經不是我們原來賣的那隻了！當然，退錢免論……。吾友曾對我說，以後，再也不到香港買珠寶古董了！筆者還特別安慰他：天底下，有商人，就有奸商，可是，到底還是殷實、本份的商人多，不可一概而論！

　　雖說如此，但遇到這類嘔人的事，總是令人遺憾。故而，若對翡翠有興趣，對作僞作假的方式，有些認識，確是應該的！

　　筆者註：目前，市面上對真僞翡翠的分辨，以Ａ、Ｂ、Ｃ三類分別，尚稱科學，筆者爲便於說明，亦只有暫依此分類：

　　一、Ａ貨：不論翡翠好壞，只要未經任何化學處理的天然翡翠，我們都稱之爲「Ａ貨」。

　　二、Ｂ貨：源自於我國古老的「脫黃」手段；以強酸溶蝕一些翡翠表面的氧化金屬，已經破壞了礦石的結構，不但材質變鬆散，表面更有坑疤，再以蠟或環氧樹脂，予以固結，並美化表面。

　　三、Ｃ貨：玉質基本上是真的，但顏色卻是用化學染料染進去的，即是俗稱的：「人工染色翡翠」。

第一節 ◎ 尚稱合理的美化「翡翠」方式

　　因爲，翡翠無法建立客觀的等級標準，所以，她不同於一般西方珠寶珍飾，以「克拉」等重量方式計價，而是以件標價，賣家爲求售得高價，總欲將商品予以美化，此爲合理手段，不可以欺騙論之，像：

　　第一、翡翠小件飾品，以鑑賞的標準「色、勻、形、透」言，已談不上「形」，如果翠色好，又分佈均勻，但地子卻差，透明度不夠，就是我們俗稱的「水頭不足」，賣家可能將翡翠切薄，或挖空，因爲材質薄了，透光度增加，似乎「水頭長」了許多；此需買

家仔細觀察，尤其在已經鑲嵌完成的翡翠飾品上，較易發生這類情形，但就本質言，賣家並未對翡翠本身，動過手腳，故不應以作偽視之！

第二、焗色（燒色）：多年前，筆者曾得一硬玉釵，釵頭雕工極佳，且呈鮮艷的紅色，為一極難得的小件玉雕佳作，送請一位長輩鑑賞，他直言不諱的說：「材質、雕工都好，顏色也燒得不錯，是好東西！」筆者初時愕然：「顏色既然是焗燒上去的，怎麼還可以稱為好東西！」

後來，年齡漸長，見識略多，才逐漸明白這位長輩評鑑的真諦；因為，西方上品有色寶石，如以紅寶石為例，紅寶石必須紅到「鴿血」的色澤，才是真正上品，若是略發暗的「牛血」，或色淺的「櫻桃紅」，價值就差多了；故而，自中古以來，探寶石的工人或珠寶商人，就習慣將色澤略差的紅寶，埋在砂中焗燒，使色澤變艷麗些，及至近代，科技一日千里，加溫焗燒寶石，以使呈色更美的方式，極為普及，且為世界各珠寶商公認的合法手段。

翡翠也是相同的狀況，但只能作出紅色，也就是所謂的「翡」；其要件之一為：硬玉材必須本來就有黃、褐、紅色，俗稱「色根」，若無此根，則除了染色外，是焗不出紅色的，因為，天然硬玉中的「翡」，是礦石中所含的褐鐵礦，因為失水而轉化成「赤鐵礦」，使玉材透出紅色，故而「焗色」，是用人工加熱的方式，使這一變化，快速完成，而能得到鮮艷的紅色；其作法為：

先將帶有黃、褐色的硬玉，清洗乾淨，否則，可能在「焗」的過程中，雜質造成「滲碳」作用，污染了玉材；其次，將爐面鋪砂，硬玉材則放在砂面上，緩慢加溫，如此，自然界的氧氣，可供給玉材中的「褐鐵礦」，燒成以氧化鐵為主的「赤鐵礦」，到得顏色轉變成暗紅色時，即逐漸降低溫度，待硬玉冷卻後，鮮艷奪目的「紅翡」就出現了，其後，將玉材浸在漂白水中約三、四小時，以袪除燒焗過程中雜質的滲附，並使硬玉中的氧化鐵能更充分的氧化，促使紅色變得更為鮮艷。

有人稱：焗燒出來的「紅翡」，較不透明，色澤也比較乾，這

是事實。因為，天然紅翡的出現，是在自然界中，緩慢變化而成的，對硬玉結晶體，不致有破壞，而人工的焗色，雖是同一原理，可是，卻用加熱縮短了變化的時間，在加溫過程中，可能破壞少部份礦石晶體中的「結晶水」，故而呈現不透、略乾的品相，但是，硬玉礦石的品相，何只萬萬千千，其中，乾而不透的自然紅翡，所在多有，何者為「焗色」，何者是「自然」，也就不是很容易分辨了。

由於，焗燒紅翡，並不是很困難的技術，而且一般行家，也都不視為作偽。故而，我們在俗稱為「福、祿、壽」三彩的硬玉擺件中，見紅翡部份，雖生得位置好，顏色也特佳，似乎是難得的「巧色」雕作，但價值卻不高，因為，可以利用焗色而得之也！（如圖六十八）

（圖六十八）本圖所示，即為焗燒出來的紅翡品相，但「焗燒」紅翡，必須硬玉材質中，原有少量紅、褐、赤色，即是俗稱的「色根」，未有此根，除了染色一途外，是無法焗燒出鮮艷的紅翡，也因此之故，紅翡的「巧雕」作品，價值並不高。

第三、舊翠改雕，或重新拋光：因爲翡翠的價值甚高，故而，常有將舊件改雕、重作的例子，此亦不應視之爲作僞。目前，在市場上，最常見的是，將老翡翠菸嘴，加雕出山水、人物、佛像，作成像是玉珮般的佩件。因爲：煙桿已朽的一截翠玉菸嘴，毫無造形藝術可言，如若再是實用器，其上必有齒嚙痕跡，內孔亦必煙垢沁染，造型不佳，品相亦醜，但若經浸泡漂白水後，奏刀改琢，則又成爲一件很有價值的翠玉飾品了，這類老翠菸嘴改雕的作品甚多，其特徵爲：中心必有一筆直的穿孔，其中，偶尚可見類似玉沁的痕跡，此種沁蝕品相，筆者曾戲稱爲「菸沁」，蓋菸油中所含尼古丁極毒，對硬玉、軟玉都能造成嚴重的沁染。

此外，硬玉屬的翡翠，硬度在六點五到七之間，雖較白玉（軟玉）略硬，但比起西方傳統首飾，像鑽石硬度爲十，紅寶石、藍寶石硬度爲九，卻是軟了許多；故而，不論翡翠手鐲、佩飾，戴用久了，必會在光滑的表面，形成一些細微的刮痕，而出土的硬玉，雖入土的時間多不長，但也品相不佳。故而珠寶商人常將老翡翠放到滾筒中打磨，待光亮後，竟似新品。這種重新拋光，美化翡翠的品相，我們亦不能以「作僞」視之！惟這種翻新手法，卻常不知不覺的，摧毀了一些眞正是老坑極品翡翠的古文物！（如圖六十九）

第四、在舊翠、老翠的拋光過程中，多是在滾筒中，以超微波操作，如若玉材本來就有前文所敍述的「張口性裂紋」，即易斷裂。此外，翡翠既以佩飾爲主，也易碰傷、斷裂，但材質上好，且又珍貴，自然捨不得丟棄，此時，即產生兩種狀況：

一、殘件改雕：將殘破之器，就所剩形狀，重新改雕，這種狀況，在白玉雕件中，也常發生。像以四分之一的殘剩翠環，兩端鑲上金邊，作成胸飾，或將殘環，切成小段，兩頭包金，以金鍊相連，作成腕飾……等。

二、殘件重鑲：例如，將上好的斷裂翠鐲，鑲金嵌寶，把斷裂處，包覆裝飾起來，或者，將有殘傷的牌飾、胸飾，以重鑲包覆的方式，用金、銀掩飾起來。我國自古，就有「已非完璧」的成語，形容女子失去貞操，爲重大缺憾，對翡翠殘件重鑲而言，我們雖不

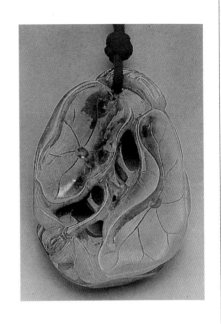

（圖六十九）本圖所示，為老件翡翠
玉墜，經過重新拋光的品相；惟這種
手段，常對出土的老坑翡翠，因為入
土時的沁蝕，而造成玉器的斷裂，摧
毀了一些古文物。

必看得如此嚴重，但是，具有殘傷、裂紋重鑲的翡翠，價值確是差
了許多許多。

　　總而言之，既有老翠，即易有殘，既多翡翠，即易有傷。珠寶
商人予以掩飾、美化，乃是必然，也稱合理。但若買家能細心留意
，仍可發現。總而言之，「罕見必疑」，為其口訣，例如：為何這
件佩飾，造型如此奇特？為何此件上好翠鐲，要包上一段赤金，再
鑲上鑽石？為何翠牌要加金邊？……等。但仍賴賣家明言，如果明
知翡翠有缺憾、傷殘，有意掩飾後，卻不明言，那就有些欺騙意味
了！

第二節 ◇ 作偽作假的欺騙行為

　　自有翡翠買賣以來，作偽作假的詐騙行為，就層出不窮，千奇
百怪、無奇不有。其大者，用針筒注射大量的綠色鉻鹽到有裂紋的
原石礦中，詐騙才入行投資礦石買賣的新手。其小者，則如路旁攤
販，一排排的染色硬玉，待價而沽……等。

　　有人常謂：「行家與有權勢的人，古董商與珠寶商多不敢得罪。」因為，行家眼銳目利，懂得又多，作偽作假，不易逃過；有權勢的人，商家不敢得罪，或得罪不起，當然不敢賣作偽作假的東西給這兩種人。其實，卻不盡然。在清末，有一段賣假翡翠的公案，上當的，就是當時最有權勢的政治人物。

　　清末，「八國聯軍」之後，仍由「慈禧太后」當權，朝政更壞，因為她起用了早年對她家庭有恩惠的慶親王奕劻作軍機大臣領袖（即內閣首輔），慶親王既庸且貪，甚至貪婪到家中傭僕均不發薪水，而靠大官拜訪王府所給的「門包」，提出一定成數，作為傭僕的薪資。此人的貪墨與昏庸，當代聞名，慈禧卻用此人主理全國大政，清朝之亡，最直接的近因，就是「慶王掌樞」！

　　據知此君，既好財貨，更愛翡翠；一日，文案清客陪他逛當時北京城中古玩舖林立的「琉璃廠」；在一家有名的古玩舖中，看上了一只「玻璃地全翠」的翡翠扳指，當時，古玩舖的東家與古董師傅都外出，僅留一小學徒看店，小學徒見來客氣派甚大，服飾華麗，故而，在問及扳指價格時，故意加碼了一百兩銀子，果然，來客也沒有回價，就付了六佰兩銀票，將扳指買走了。並且還直對旁人說：「便宜！便宜！」

　　待古玩舖東家與古董師傅回來，小學徒洋洋自得的敘述，作成了一筆大買賣，東家一打聽來人，臉色大變，稱：「這是當國的慶王爺！那個扳指，是『料仿』（翠色玻璃）的假貨！怎麼可以賣給他？得罪此人，要傾家蕩產了。……」一行學徒，也都臉色大變，惶惶不安。但卻只有古董老師傅，神態甚是平和，他首先告誡大家，不可將那隻翠玉扳指是「料仿」的消息，走漏出去，並且篤定的對大家說：「放心啦，像慶王這種有權有勢的翡翠行家，有誰敢在他面前說他喜歡、卻又是親手買的扳指是假的。……」其後，果然如那位老師傅所言，一切平靜無波，毫無事故。

　　此外，因為上品翡翠，實在太稀少、太名貴了，行家的眼光，固然不錯，相信行家，當然是對的，可是，牽涉到金錢交易，財帛易動人心，尤其目前工商業社會，處處以功利掛帥，再加上人心澆

薄，一般不熟的行家，多不願惹是非，就算是極相熟的朋友，前腳幫人選翡翠，後腳再到珠寶行拿佣金的，所在多有。據筆者所知，不少專家、行家，甚至名師、教授之流，都作這種勾當，筆者早已見怪不怪，但亦只有浩嘆：「人心不古」！也因為如此，筆者怕引起誤會，不便舉出翡翠行家設局騙人的例子，僅舉另一例，亦足讓人知道，行家騙起人來，更是心狠手辣！

我國近代名畫家張大千，為藝壇祭酒，享譽極高；但他成名後，特重享受，賣畫所得，仍不足維持生活，故而長時期以偽造古畫斂財。這段事實，不但張氏門生，都不否認，甚至張氏本人，亦坦承不諱；渠平生所作假畫最多的，就是「明末四僧」中最有名的──石濤──。

早在上海租界時期，有一豪富程霖生，人稱「地皮大王」，家財萬貫，得知張大千精於藝事，又是石濤專家，刻意結交，敬禮有加。而張大千得知程霖生要找一幅高達一丈的石濤山水，作為他「石濤堂」的鎮堂之寶，就特意尋了一幅兩丈多的明朝宣紙，精心仿造了一幅假的石濤山水中堂，不但印款俱全，並刻意作舊的極像，隨後，即找一相熟的古董掮客去找程霖生兜售。程某收藏石濤作品不少，也略俱眼力，見畫不假，要價雖達五仟銀元，也還值得，不過有一條件，要請石濤專家張大千看過。待汽車把張大千接來，張裝模作樣的看了又看，卻說是假的，並指出：某處皴法不對，某處下筆太柔……，生意自然告吹。待張大千返回到家，那古董掮客已經怒氣沖沖的在等了，劈頭就罵張大千莫名其妙，開人玩笑……。張大千對那古董掮客，僅耳語數言，掮客方恍然大悟，次日，又去看程霖生，說：「那件大幅的石濤山水中堂，張大千買去了。」程聽說大怒，要掮客去找張大千買回來，張大千故意道歉說，日前匆忙，看走了眼，回家仔細研究，石濤確是有那種筆法與皴法……。程只以為，張大千既是石濤專家，肯花五仟銀元投資的石濤作品，定是佳作，刻意要求買回。最後，付了一萬銀元給張大千才成交，但宣佈，不歡迎張大千再進他的「石濤堂」；而程霖生卻終生不知，他所收的兩、三百幅石濤作品，十之八九，都是張大千的偽作手

筆。

此為真人真事，也是筆者所謂行家、專家欺矇拐騙的例子。以張大千的藝事與名望，尚且對熟人作出這種事來，是否令人覺得「人心叵測」？

故而，若本身對那類藝品、古文物有興趣，對作偽作假的手法，有些瞭解、認識，總是不錯的！像翡翠這種高價值的珍寶，作偽的方式，約有：

第一、染色：品鑑翡翠，以「色、匀、形、透」為主，色居第一位，如若硬玉材，地子不錯，水頭又長，若再翠色鮮艷，則價值不菲矣！故而，染色翡翠，必然應時而生，其手段，有高有低，低者，染上之色，常隨汗水脫褪，污染衣襟，令人氣結；手段高者，染上去的翠色，可維持多年，方始慢慢變淡。

但其手法，卻都是相同的，即是把清洗乾淨的色差礦石，略微加熱，使其略膨脹，即迅速浸入化學染料中。染玉手段的高低，端視選用染料的好壞，這類染料，多是重金屬氧化物，像氧化鉻溶液……等，都是劇毒物質；浸泡時間的長短，則視玉種的好壞，質地堅密者，常需浸泡月餘，總而言之，必需待染色劑，進入玉材結晶的顆粒隙縫，方足完成。

天然翡翠的翠綠呈色，是礦石結晶體中的金屬離子，使它呈色，顏色相當穩定，且與晶體顆粒，是分不出界限的；而染色的翡翠，卻是染色劑滲入晶體隙縫中，故而顏色與晶體間，有明顯的分界；而且，顏色也不穩定。

筆者就曾有一友，高價購得一隻翠鐲，半夜中，興奮的打電話給我說：她的翠鐲買對了，真是值得！因為這隻玉鐲，跟她有緣，她已經把玉「戴活了」！筆者細問其故，她說她的玉鐲，翠色似乎會動，神奇極了……。筆者一聽，心知不妙，因為，那是染色玉材褪色的先兆。因為，稱玉內顏色會動，只是一種錯覺，其實，只是侵入玉材晶體隙縫中的染色劑，因為終日的盤摩，開始滲出、褪色，……，其後，果然如此！

但是，筆者也曾見過，不借助高倍數的放大鏡，無法觀察出染

色與否的高段染色翡翠！尤其，目前市面上，有一種理論，稱爲：用濾色鏡看翡翠，若不變色，就是眞貨；呈紅色的，就是染色翡翠……。這種立論，是很危險的。因爲我們一般所使用的「陶氏濾色鏡」，是透過紅色的濾色膠片，使紅、橙等色系的光線透過，而重金屬「氧化鉻」，濃度高時，會發生紅光，固然可知是否爲染色翡翠，可是，將染色翡翠浸泡中性水一段時期，再上蠟後，因爲表面，重金屬氧化物的減少，從濾色鏡中觀察，紅色就很微弱了，再加上天然翡翠也會含有發生少量紅光的重金屬；故而，用濾色鏡觀察翡翠，只是相對的，而非絕對的，仍需具有相當經驗與認知，方足鑑定。

第二類，翡翠作假的方式，就是所謂的「脫黃」；這種美化翡翠的方法，因爲對玉質會造成重大的傷害，故而，大家多以作僞視之。其實，這是一種很古老的手法，「B貨翡翠」，就是模倣這種方式，只是手法更巧妙，用藥更多樣而已。

從翡翠的形成，我們可以知道，她有原生礦與次生礦的分別，在「古河流次生礦」中，因爲礦石露出地面，受大自然的氧化與分解作用，使其中所含的鐵、錳……等金屬析出，氧化成「氧化鐵」或「氧化錳」……等物質，形成玉皮，就是我們所俗稱的「泥沙皮」；可是，這種內含金屬的氧化作用，並不僅限於表面，有時，沿著礦石的隙縫，晶面鬆散處，深入到礦石內部，而且，也可能聚生在礦石某一處；這些黑、棕、黃的斑點，不但減低了翡翠中翠色的鮮艷程度，更因爲這些斑痕，使玉材像是受到污染般的骯髒，故而，不知起於何時，也不知始於何人，發現：用酸液，可以把翡翠表面所呈現，難看不雅的「氧化金屬」斑點侵蝕去，使翡翠變得「地子」更純，翠色更艷。於是，翡翠的「脫黃」手法，就出現了。

據筆者所知，早期的「脫黃」手法，主要是使用濃醋，再加上一部份含有漂白作用的草藥。在玉作界，視爲極珍貴的不傳之秘，而各家的配方，也略有不同，甚至，許多玉作坊的徒弟，都要靠已退休的老師傅，用私藏秘方，來浸泡翡翠「脫黃」；我們從少部份傳世的老翡翠觀察，早期的「脫黃」手法，確是不差，而且對玉材

結構的傷害，也比較小。

可是，因為科技的進步，使大家瞭解到，要袪除翡翠上的「氧化金屬」斑點，一般強酸都能作成，而且效率更快且好，事後，再用西方進口的漂白水，清洗一番，烤上樹脂膠，不但翠色顯得漂亮，甚至透明度都能增加許多，於是，所謂翡翠的「Ｂ貨」，就正式出現了。

雖然，用洋藥中的強酸，像鹽酸……等脫黃，可以縮短到一、二十天，實在太便捷了，而逐漸把舊式的「脫黃」密方淘汰了，但卻不知：西洋強酸的侵蝕性太強，固然可以很快把翡翠中的「氧化金屬」斑點溶解掉，但是，溶解的範圍加大，使翡翠的整體結構，都受到了嚴重破壞，不但變得組織鬆散，表面盡是坑坑凹凹，而且，因為硬玉中的「氧化金屬」常沿著翡翠結構比較脆弱的晶體面滲入呈色，由於浸強酸後，致使玉材產生裂縫；這些缺點，雖然可以藉助「環氧樹脂膠」，來美化與彌補，但是，因為整個翡翠的結構，都受到強酸侵蝕，結晶體受到破壞，嚴格的來說，已經不是原來的翡翠了，就像聊齋誌異中的故事一般，女人若換了一張臉，不論多漂亮、美艷，大家都已經認為，不是原來的女人了。（如圖七十）

目前，市面上所售翡翠，絕大多數都是經過這種「改頭換面」過的「Ｂ貨翡翠」，只是所使用的手法更高，所使用的外敷樹脂更好，更不易為人察覺；可是，卻仍有一些地方，容易露出破綻，像：

一、「Ｂ貨翡翠」的翠色，比較飄逸飛揚，不若天然翡翠中的翠色，那樣沈斂，這主要是因為，內部結構遭受破壞所呈現出來的品相；可是，一般沒有經驗的人，多難以體察出來。故而此點，僅可作為參考。

二、經浸泡強酸的過程，翡翠被鎔蝕掉一些金屬氧化物，再加上必須以樹脂膠等物，裹敷美化，故而在比重上，一定較天然翡翠略輕；惟因差異不大，此點亦僅供參考。

三、也因為外敷樹脂膠等物，不耐高溫，點火略加燒烤，即會發黃、烤焦，此點極易分辨。可是，一般火溫，雖不會對天然翡翠，造成傷害（天然翡翠，可耐高溫到攝氏一千度以上），但卻可能

（圖七十）翡翠玉材，能達到「色、
勻、形、透」標準的極少，且因玉材
形成的特殊條件，常使玉材中，有黑
、棕、黃……等斑點，污染了玉器的
美感，後經人發現，強酸可以侵蝕去
掉那些影響美感的斑點，於是，翡翠
「脫黃」的手法，就出現了；目前，
我們在市場上，所見的「B貨翡翠」
，就是援用「脫黃」的手段，只不過
，所使用的酸液，更濃、更強而已，
但也因為如此，破壞了翡翠玉材的晶
面結構，使用金屬輕擊，已不能發出
清脆的聲音，只有「啞聲」了。

，因為燃燒不完全的碳粒，對翡翠造成滲碳、薰黑的表面作用，何況一般人，也捨不得把極品翡翠，拿來燒烤；故此點，也僅供參考。

四、天然翡翠經過打磨光亮，所顯現出來的是玻璃般的「冷光」，而樹脂的光澤，卻比較柔和，但其間，也僅只有一線之隔，何況目前，製作B貨的水準更高，一般人尚難分辨，故亦只供參考。

惟最後一點，卻是最精確可靠，那就是，在三、四十倍的顯微鏡下觀察，如若玉紋，有被破壞的痕跡，那絕對就是人工處理過的翡翠，因為，自然界還沒有一種強酸，能把天然翡翠，侵蝕、破壞成那個樣子！

但是，由於科技的進步，B貨類的翡翠，確也有可取處，因為它「地子」的純淨，在一般天然翡翠中，確實不容易找到，只是浸強酸的手段，太過霸道，使堅硬過石的玉材，變得「虛弱」了，變得「虛有其表」，既不耐磨，亦易受傷，甚至會無緣無故的斷裂，但從美觀而言，仍有可取之處，像仕女日常佩掛的手鐲，選用此類，亦無不可！

可是，如果你是用天然翡翠的價格，買到「B貨翡翠」，那就太不值得了！

89.12.16